독자의 1초를
아껴주는 정성을
만나보세요!

세상이 아무리 바쁘게 돌아가더라도 책까지 아무렇게나 빨리 만들 수는 없습니다.
인스턴트 식품 같은 책보다 오래 익힌 술이나 장맛이 밴 책을 만들고 싶습니다.
땀 흘리며 일하는 당신을 위해 한 권 한 권 마음을 다해 만들겠습니다.
마지막 페이지에서 만날 새로운 당신을 위해 더 나은 길을 준비하겠습니다.

길벗 IT 도서 열람 서비스

도서 일부 또는 전체 콘텐츠를 확인하고 읽어볼 수 있습니다.
길벗만의 차별화된 독자 서비스를 만나보세요.

더북(TheBook) ▶ https://thebook.io

더북은 (주)도서출판 길벗에서 제공하는 IT 도서 열람 서비스입니다.

SEISEI AI OSHI WAZA TAIZEN
Copyright © 2024 Kazuhiro Taguchi, Ryoko Morishima, Masaki Ishitani
Korean translation rights arranged with Impress Corporation
through Japan UNI Agency, Inc., Tokyo and Botong Agency, Gyeonggi-do

이 책의 한국어판 저작권은 보통 에이전시를 통한 저작권자와의 독점 계약으로 ㈜도서출판 길벗에 있습니다.
신저작권법에 의해 한국 내에서 보호를 받는 저작물이므로 무단전재와 무단복제를 금합니다.

생성형 AI 활용 백과사전
GENERATIVE AI ENCYCLOPEDIA

초판 발행 · 2025년 6월 19일
초판 2쇄 발행 · 2025년 8월 18일

지은이 · 타구치 카즈히로, 모리시마 료코, 이시타니 마사키
옮긴이 · 서수환
발행인 · 이종원
발행처 · ㈜도서출판 길벗
출판사 등록일 · 1990년 12월 24일
주소 · 서울시 마포구 월드컵로 10길 56(서교동)
대표 전화 · 02)332-0931 | **팩스** · 02)322-0586
홈페이지 · www.gilbut.co.kr | **이메일** · gilbut@gilbut.co.kr

기획 및 책임편집 · 정지은(je7304@gilbut.co.kr) | **편집** · 정지은 | **표지 디자인** · 장기춘
제작 · 이준호, 손일순, 이진혁 | **마케팅** · 임태호, 전선하, 박민영, 서현정, 박성용
유통혁신 · 한준희 | **영업관리** · 김명자 | **독자지원** · 윤정아
교정교열 · 강민철 | **전산편집** · 박진희 | **CTP 출력 및 인쇄** · 정민문화사 | **제본** · 경문제책

▶ 이 책은 저작권법의 보호를 받는 저작물로 이 책에 실린 모든 내용, 디자인, 이미지,
  편집 구성은 허락 없이 복제하거나 다른 매체에 옮겨 실을 수 없습니다.
▶ 인공지능(AI) 기술 또는 시스템을 훈련하기 위해 이 책의 전체 내용은 물론 일부 문장도 사용하는 것을 금지합니다.
▶ 잘못 만든 책은 구입한 서점에서 바꿔 드립니다.

ISBN 979-11-407-1465-0 93000
(길벗 도서코드 080450)

정가 24,000원

독자의 1초를 아껴 주는 정성 길벗출판사

㈜도서출판 길벗 | IT단행본&교재, 성인어학, 교과서, 수험서, 경제경영, 교양, 자녀교육, 취미실용 www.gilbut.co.kr
길벗스쿨 | 국어학습, 수학학습, 주니어어학, 어린이단행본, 학습단행본 www.gilbutschool.co.kr

페이스북 · https://www.facebook.com/gbitbook

생성형 AI 활용 100과 사전

타구치 카즈히로, 모리시마 료코, 이시타니 마사키 지음
서수환 옮김

길벗

지은이의 말

Generative AI Encyclopedia

최근 인공지능(AI)의 진화가 빨라지고 있습니다. 특히 2022년 1월에 챗GPT(ChatGPT)가 공개된 이후, 생성형 AI의 진화 속도는 엄청나서 일상생활이나 비즈니스 방식에 혁명을 일으키고 있습니다. 마치 인간과 이야기하는 것처럼 대답을 생성하는 챗GPT가 대표적이지만 2023년에는 아름다운 이미지를 그리는 AI를 비롯해 음악이나 동영상을 생성하는 것까지 생성형 AI는 다양한 형태로 우리의 창의성을 자극하며 새로운 가능성을 제시하고 있습니다. 이 책은 이런 혁신적인 기술을 보다 깊이 이해하고 일상생활이나 비즈니스에 실용적인 활용 방법을 탐구합니다.

소개 장에서는 생성형 AI 기초와 책에서 다루는 내용을 소개합니다.

1장은 챗GPT의 기초적인 사용법과 유료 버전을 소개합니다.

2장은 다양한 상황에서 챗GPT를 효율적으로 사용하는 방법을 찾아봅니다.

3장은 일상생활을 풍요롭게 하는 챗GPT 사용법을 소개합니다.

4장은 비즈니스 상황별로 생성형 AI의 유용한 활용 방법을 탐색합니다.

5장은 일상생활을 풍요롭게 하는 생성형 AI 아이디어를 소개합니다.

6장은 언어 학습을 지원하는 생성형 AI 활용 방법을 탐색합니다.

7장은 다채로운 분야에서 이미지 생성형 AI 매력과 가능성을 찾아봅니다.

8장은 음악 생성형 AI의 창의적인 용도를 소개합니다.

9장은 동영상 생성형 AI의 놀라운 가능성과 응용법을 찾아봅니다.

처음부터 순서대로 읽으면 생성형 AI의 현주소와 관련된 전반적인 지식을 얻을 수 있도록 구성했습니다. 물론 흥미가 있는 장만 골라서 읽어도 됩니다. 이 책을 통해 생성형 AI의 매력을 깊이 이해하고 여러분의 생활과 일에 혁신을 일으키는 힌트를 발견할 수 있기를 바랍니다.

저자를 대표해서, 타구치 카즈히로

옮긴이의 말

Generative AI Encyclopedia

"AI님, 진도 너무 빠르신 거 아닙니까?"

2022년 말, 챗GPT가 등장한 이후 아침에 눈만 뜨면 새로운 기술이 쏟아지는 시대가 되었습니다. 어제까지는 안 됐던 게 오늘은 되고, 오늘 배운 건 내일이면 구식이 되기도 합니다. 바둑으로 인간을 이겼던 알파고 때도 놀랐지만, 지금은 매일 매일이 알파고급 충격입니다. 예전에 '10년이면 강산도 변한다'고 했는데 요즘 AI 업계에선 10주도 너무 깁니다. 체감상 한 달이면 강산이 두세 번은 바뀌는 느낌이죠. 이렇게 변화의 속도가 미친 듯이 빠를수록 우리에게 더 필요한 건 '기초 체력'입니다. AI가 아무리 발전해도 결국 어떤 도구를 언제 어떻게 써야 할지, 옳고 그름은 사람의 판단에 달려있습니다. 그러려면 일단 뭐가 있는지, 어떻게 써야 하는지부터 알아야 합니다. 이 책은 그 출발점으로 딱 좋은 안내서입니다. 다양한 상황 속에서 어떤 AI 도구가 있고, 각각을 어떻게 활용하면 되는지를 친절하고 구체적으로 설명해 줍니다. 책을 번역하는 몇 달 동안에도 기능은 계속 바뀌고 새 도구는 쏟아졌지만, 그 와중에도 변하지 않는 건 '기초를 알고 쓰는 사람은 언제나 앞서간다'는 사실이었습니다. AI는 AI고, 사람은 사람입니다. 기죽지 마시고 이 책으로 차근차근 기초를 다지며 여러분만의 'AI 내공'을 키워 보시길 바랍니다. 이미 우리는 AI와 함께 사는 시대에 들어섰습니다. 이왕이면 현명하고 즐겁게 살아가기 바랍니다. 늘 함께 좋은 일, 나쁜 일을 나눌 수 있는 사랑하는 가족에게 고맙다는 말을 전합니다.

PS... 사실은 이 글도 AI가 작성을 도와줬습니다. 사용한 프롬프트는 '역자 서문을 작성하려고 합니다. 다음의 [초고]를 이용해서 유머스러우면서도 정중한 어투로 800자 내외의 역자 서문을 완성해 주세요.'입니다.

2025년 봄, 서수환

베타 테스터 후기   Generative AI Encyclopedia

챗GPT의 등장 이후 수많은 생성형 AI가 개발되었고, 이제 AI가 우리 일상 깊숙이 자리 잡았습니다. 이제는 '활용할까 말까'를 고민하는 시대가 아니라 '어떻게 활용할 것인가'가 더 중요한 화두가 되었습니다. 이 책은 총 100가지 생성형 AI 활용법을 소개합니다. 독자 여러분은 100가지 아이디어와 적용 사례 중 필요한 활용법을 자유롭게 선택해 실천할 수 있습니다. 특히 사업을 준비 중인 분들에게는 100가지 사업 아이템을 발굴할 수 있는 기회가 될 수 있으며, 그런 점에서 이 책은 실용적이고 영감을 주는 도서라고 할 수 있습니다.

이장훈 _ 우나프론트

이 책을 통해서 시중에 공개된 다양한 생성형 AI 도구들을 직접 활용해보며 자연스럽게 배울 수 있었습니다. 특히 흔히 사용하는 질문/답변 활용 사례뿐만 아니라 이미지/동영상 생성이나 음악 생성과 같이 콘텐츠 생성 방법도 다루고 있어, 이런 내용을 경험해 보지 않은 사람도 생성형 AI로 쉽게 결과물을 낼 수 있도록 소개한 부분이 좋았습니다. 물론 유료 서비스를 활용해야 조금 더 기대하는 성과물이 나오지만, 환경이 갖춰져 있다면 이 책을 통해서 본인이 원하는 결과를 얻을 수 있을 거라 생각합니다.

강찬석 _ LG전자 소프트웨어 엔지니어

책의 제목처럼, 생성형 AI 활용법을 '100과 사전'이라는 콘셉트로 풀어낸 점이 매우 흥미로웠습니다. 단순히 이론을 나열하는 데 그치지 않고, 실생활과 업무에 바로 적용할 수 있는 다양한 예시와 실용적인 가이드를 담고 있을 것이라는 기대감을 안겨 주었습니다. 제목에 걸맞게 생성형 AI의 기본 개념부터 시작해 실생활과 업무에 적용할 수 있는 구체적인 활용 사례까지 폭넓게 다루려는 시도가 인상적이었습니다. 초보 입문자부터 일정 수준의 활용 경험이 있는 사용자까지 모두 아우를 수 있는 구성 또한 돋보이며, 생성형 AI 시대를 살아가는 모든 사람에게 실질적인 도움이 될 수 있는 훌륭한 안내서라고 생각합니다.

강경목 _ 하림그룹 한국썸벧(주) 영업전략팀장

생성형 AI와 관련된 정보는 매일같이 인터넷에 넘쳐납니다. 하지만 정작 어떤 생성형 AI를 어떻게 찾고, 어떤 요령으로 활용해야 하는지에 대한 실용적인 가이드는 많지 않은 것이 현실입니다. 특히 LLM 기반 RAG나 AI 에이전트와 같은 개발 중심 주제에만 편중되어 있는 경향이 있습니다. 그런 점에서 이 책은 일반 사용자부터 입문자, 실무자까지 넓은 계층의 독자에게 생성형 AI의 새로운 가능성을 열어 주는 유익한 책입니다. 무턱대고 웹사이트에 접속해서 씨름하기보다는, 책을 따라 아이디를 만들고 직접 접속해보고 다양한 출력물을 만들어보는 과정에서 느낄 수 있는 실습의 재미도 큽니다. 이미지 생성, 글쓰기, 동영상 편집, 설명서 작성 등 다양한 분야의 실습을 통해 독자 스스로 직접 경험해볼 수 있도록 구성되어 있습니다.

지용호 _ 개발자

> **주의 사항**
>
> 원서는 2024년 1월 시점의 정보이며, 번역서는 2025년 2월 기준으로 내용을 업데이트했습니다.
> 책에 게재된 실행 결과를 기록한 화면 이미지 등은 각 생성형 AI가 그 당시 생성한 결과입니다.
> 책에 소개한 내용에 따른 결과물에 대해 저자 및 출판사 모두 일절 책임을 지지 않으므로 양해 바랍니다.
> 책에 기재된 웹사이트 등은 예고 없이 변경될 수 있습니다.
> 책에 기재된 회사명, 제품명, 서비스명 등은 일반적으로 각 회사의 상표 또는 등록상표입니다. ™, ®, © 마크는 생략했습니다.

목차

Generative AI Encyclopedia

Chapter 0 소개

001 왜 지금 '생성형 AI'가 주목받고 있는가? ... 24
- AI와 생성형 AI의 차이점 ... 24
- [생성형 AI 진화 요인 ①] 머신러닝과 딥러닝의 진화 ... 25
- [생성형 AI 진화 요인 ②] 트랜스포머 모델 등장 ... 26
- [생성형 AI 진화 요인 ③] 고성능 GPU 등장 ... 26
- [생성형 AI 진화 요인 ④] 이용 가능한 데이터 증가와 응용 분야 확대 ... 26
- 가까워진 생성형 AI ... 27

002 계속 늘어나는 생성형 AI의 종류 ... 28
- 텍스트 생성 ... 28
- 데이터 생성 ... 30
- 코드 생성 ... 30
- 이미지 생성 ... 31
- 음성 생성 ... 32
- 음악 생성 ... 33
- 동영상 생성 ... 34
- 3D 모델 생성 ... 35

003 이 책에서 다루는 생성형 AI ... 36
- 챗GPT ... 36
- 그외의 생성형 AI ... 37
- 생성형 AI 이용 시 주의점 ... 38

Chapter 1 챗GPT로 생성형 AI의 기본을 체험해 보자

004 챗GPT 계정을 만들어 이용하기 40
　OpenAI 계정 만들기 40
　기존 계정으로 OpenAI 계정 만들기 43

005 질문과 대화로 답을 이끌어내는 프롬프트의 기본 44
　[활용 예 ①] 일단 질문을 해봅시다 44
　[활용 예 ②] 질문뿐만 아니라 대화도 할 수 있습니다 45

006 채팅 이력을 저장하고 공유하는 방법 47
　채팅 시작과 이력 참조 47
　이력 제목 변경하기 48
　채팅 이력 공유하기 49

007 챗GPT 맞춤형 지침으로 원하는 답변을 받아 보자 50
　맞춤형 지침 설정하기 50
　어떻게 쓰는가에 따라 다양한 활용법이 존재함 52

008 챗GPT 설정 메뉴를 확인해 보자 53
　설정 메뉴 표시하기 53
　설정의 일반 항목 54
　데이터 제어 설정 항목 54

009 스마트폰으로 챗GPT를 이용해 보자 57
　앱을 내려받아 이용하기 57
　챗GPT 앱 화면 57

010 음성 모드 기능을 이용해서 핸즈프리로 챗GPT와 대화하기 60
　음성 모드 기능 이용하기 60

011 챗GPT 플러스에서 할 수 있는 일과 업그레이드 방법 — 62
　챗GPT 플러스란? — 62
　챗GPT 플러스로 업그레이드하는 방법 — 64

012 인터넷 검색을 통해 최신 정보를 바탕으로 답변하는 챗GPT 플러스 — 66
　최신 정보를 확인할 수 없는 무료 버전 챗GPT — 66
　챗GPT 플러스는 인터넷 검색도 할 수 있습니다 — 67

013 이미지를 업로드해서 질문할 수 있는 챗GPT 플러스 — 69
　이미지를 포함한 프롬프트를 작성할 수 있습니다 — 69
　이미지에서 일부만 알고 싶을 때 — 70

014 챗GPT 플러스의 DALL-E 3으로 그림을 그려 보자 — 71
　DALL-E 3으로 그림을 그려 봅시다 — 71
　대화하며 그림 개선하기 — 72
　생성한 그림 저장하기 — 73

015 오리지널 채팅 기능을 제공하는 GPTs를 이용해 보자 — 75
　OpenAI의 GPTs 이용하기 — 75

Chapter 2. 바로 써먹기! 실용성 높은 챗GPT 활용 예

016 챗GPT에 적합한 일과 적합하지 않은 일 — 80
　챗GPT에 적합한 일 — 80
　챗GPT에 적합하지 않은 일 — 81
　챗GPT 적합 여부와 관계없이 잘 활용하는 방법 — 82

017 웹 미디어, 블로그 등 기사 아이디어를 내 보자 — 83
　처음에 무엇을 물어봐야 할까요? — 83

가르쳐 달라고 하면 더욱 간결하게 대답하기	84
아이디어가 떠올랐다고 해서 끝내지 않기	85

018 SNS 원고, 캐치프레이즈, 제목, 첫 문장 아이디어 100개를 제안하기 — 87
갑자기 100가지 안을 내라고 요구하지 않는 것이 요령	87
10개가 정해졌으면 각각 10배로 늘리기	90
각각 10배로 늘리면 순식간에 아이디어 100개 완성	93
같은 내용이 10번 반복된다면?	93

019 유튜브 동영상 아이디어 내기 — 94
유튜브에 상품 소개 동영상을 올리고 싶은 경우	94
아이디어가 너무 많다면 줄여 보기	96

020 진정성을 담은 사과문 대신 써 주기 — 97
상사가 SNS에서 문제를 일으킨 경우	97
중요한 부분을 빠트리지 않은 사과문!	98

021 마음을 울리는 캐치프레이즈를 생각해 보기 — 99
상품 캐치프레이즈 생각하기	99
일반적인 답변이 돌아오면 구체적인 정보 추가하기	100

022 회의에 필요한 의제를 정리해 보자 — 102
어떤 회의인지 알려 주기	102
파워포인트로 만들기	103

023 백지 상태에서 계약서나 약관의 초안 작성하기 — 106
계약서, 약관의 요건이란?	106
내용을 이해하고 형식 확인하기	108
초안을 구체화하고 반드시 전문가에게 검토받기	109

024 백지 상태에서 보도 자료 작성하기 — 110
보도 자료에 필요한 항목 확인하기	110
보도 자료 예시 작성하기	111
예시 내용을 구체화하면 보도 자료가 완성됩니다	113

025 웹 브라우저에서 동작하는 자바스크립트 코드를 작성해 보자 ... 115
　　웹 브라우저에서 동작하는 자바스크립트 ... 115
　　프로그램을 파일로 만들기 ... 119

026 웹사이트 검색 기능으로 사이트 요약하기 ... 121
　　웹사이트 조사는 2단계로 ... 121
　　중요한 페이지 찾아보기 ... 122

027 DALL-E 3으로 프레젠테이션에 사용할 이미지 생성하기 ... 124
　　사진을 이용할 때 발생하는 문제점 피하기 ... 124
　　머릿속 이미지를 상상 이상의 수준으로 뽑아내기 ... 125

028 손으로 그린 그림을 읽어 HTML 만들기 ... 127
　　전문가가 아니라도 HTML을 만들 수 있습니다 ... 127
　　단순한 HTML 작성 외에도 다양한 작업을 할 수 있습니다 ... 130
　　생성된 HTML 확인하기 ... 134

029 CSV 파일을 데이터 분석해 파워포인트 자료 작성하기 ... 135
　　통계 자료 분석하기 ... 135

030 이미지를 보고 아이디어 제안하기 ... 139
　　어떤 이미지라도 척척 대답하기 ... 139
　　얻은 정보를 바탕으로 아이디어 내기 ... 140

Chapter 3. 삶의 질이 향상된다! 생활에 도움이 되는 챗GPT를 활용한 예

031 새로운 취미 제안하기 ... 144
　　자신이 한 번도 해 본 적이 없는 취미 제안하기 ... 144
　　새로운 취미에 필요한 정보 얻기 ... 145

032 반려동물 이름을 생각해 보자 · · · 148
　특징과 유래를 반영한 이름을 제안 받기 · · · 148
　제안된 내용 중에서 다시 고르기 · · · 149
　조금 바꿔보자 · · · 150

033 문장을 정중한 표현으로 재작성하기 · · · 151
　단순한 불평을 제대로 된 형식으로 다시 쓰기 · · · 151
　윗사람에게 실례가 되지 않는 문장으로 바꾸기 · · · 152

034 이메일 답장 작성하기 · · · 154
　이메일 요점 정리하기 · · · 154
　답장 작성하기 · · · 155

035 DIY 도움을 받아 보자 · · · 158
　구조와 난이도에 맞춰서 알려 주기 · · · 158
　초보자용 설명서 작성하기 · · · 159

036 마음이 힘들 때 폭풍 칭찬을 받아 보자 · · · 163
　무슨 말을 해도 칭찬해 주기 · · · 163
　격려와 위로도 받아 보자 · · · 164

037 캐릭터를 설정해 대화하기 · · · 165
　캐릭터를 설정해 이야기하기 · · · 165
　사람이 아닌 것과 대화하기 · · · 167

038 여행 계획 세우기 · · · 169
　일정과 목적지, 여행 스타일에 맞는 일정 만들기 · · · 169
　나만의 여행 가이드 작성하기 · · · 171
　테마에 맞는 계획 세우기 · · · 172

039 각각의 입장에서 토론하기 · · · 173
　문제를 설정하고 토론하기 · · · 173
　상세한 입장을 정하고 논점 한정하기 · · · 174

040 까다로운 주제에 대해 답변하는 요령 배우기 — 176
- 아이의 곤란한 질문에 침착하게 대답하기 — 176
- 말 꺼내기 어려운 주제를 시작하는 방법 — 177

041 사진에서 레시피나 꾸미는 방법 배우기 — 179
- 요리 사진을 보고 메뉴명과 레시피 찾기 — 179
- 어울리는 옷차림 제안하기 — 180

042 절대로 다른 사람의 작품과 겹치지 않는 일러스트 만들기 — 182
- 한국어로 어떤 그림이 필요한지 이야기하면 끝! — 182
- 밑그림을 바탕으로 삽화 만들기 — 184

043 설명서를 추가하여 나만의 맞춤형 챗봇 만들기 — 185
- 설명서를 읽고 내용 기억하기 — 185
- 오리지널 GPT를 자유로운 아이디어로 만들어 보자 — 190

044 원하는 답변을 이끌어내는 요령 — 191
- 프롬프트 입력에 도움이 되는 포인트 — 191

Chapter 4 비즈니스를 돕는 생성형 AI를 활용한 예

045 회의 대화 내용을 받아 쓰기 — 194
- 클로바노트 이용하기 — 194
- 참석자 변경과 텍스트 편집 — 195
- 노트 공유 — 196

046 웹 브라우저에서 PDF 내용을 바로 요약하기 — 197
- 가장 먼저 할 일 — 197
- 프롬프트 입력 방법 — 198
- 요약된 내용 활용하기 — 200

047 기사 소재를 만들어 보기 　　　　　　　　　　　　　201
　노션 AI에 아이디어를 요청해 보기 　　　　　　　　201
　초안 작성도 AI와 함께 　　　　　　　　　　　　　202
　기사 개요가 잡히면 나머지는 직접 작성하기 　　　203

048 회의록으로 작업 목록 작성하기 　　　　　　　　　205
　회의록에서 작업 목록 만들기 　　　　　　　　　　205

049 프로그래밍하는 데 도움받기 　　　　　　　　　　208
　생성형 AI는 프로그래밍의 번거로운 부분을 대신해서 처리합니다 　208
　깃허브 코파일럿 데모 실행하기 　　　　　　　　　208
　코딩 부담이 줄어 초보자에게도 유용합니다 　　　211

050 AI에 주식 투자 도움받기 　　　　　　　　　　　212
　프로픽 AI란? 　　　　　　　　　　　　　　　　　212
　시간이 없는 주식 투자자에게 유용한 리서치 보고서 AI 　213

051 구글 서비스 정보를 바탕으로 생성형 AI에 질문하기 　215
　제미나이 확장 기능 　　　　　　　　　　　　　　215
　제미나이 확장 기능을 사용하기 위한 설정 　　　　215
　@로 참조할 서비스를 지정해 질문하기 　　　　　216

052 생성형 AI를 구글 문서 및 구글 드라이브와 연동하기 　218
　완전히 잊고 있던 문서 다시 발견하기 　　　　　　218
　축적된 문서로 계획 세우기 　　　　　　　　　　　219

053 자사 제품 FAQ(자주 하는 질문) 봇 만들기 　　　222
　GPT 빌더로 GPTs 만들기 　　　　　　　　　　　222
　영어로 출력된다면? 　　　　　　　　　　　　　　223
　구매 방법, 기타 정보 학습시키기 　　　　　　　　223
　불필요한 옵션 끄기 　　　　　　　　　　　　　　224
　아이콘을 바꾸고 마무리하기 　　　　　　　　　　225

Chapter 5 생활 지수 향상! 생활을 돕는 생성형 AI의 활용

054 사진에서 상품명과 레시피 등 다양한 정보 얻기 — 228
  [활용 예 ①] 사진에 찍힌 차 이름 물어보기 — 228
  [활용 예 ②] 사진에 있는 요리의 레시피 물어보기 — 230

055 지메일 내용을 바탕으로 지난 메일에서 요점 정리하기 — 233
  간단히 복습하기 — 233
  생성된 결과를 더 자세히 살펴보기 — 234
  생성 결과 요점 정리하기 — 235
  요약한 문장 공유하기 — 236

056 유튜브에서 조건에 맞는 동영상 추천받기 — 237
  동영상 찾기 — 237
  유튜브 확장 기능이 동작하지 않는 경우도 있습니다 — 238

057 환각 증상이나 유해 정보를 억제한 생성형 AI — 239
  생성형 AI의 안전성 — 239
  클로드 사용법 — 240

058 책 한 권 분량의 텍스트를 통째로 요약하기 — 242
  챗GPT에서 할 수 없던 긴 텍스트를 한꺼번에 처리하기 — 242
  프롬프트 예: 한 문장으로 정리할 때까지 — 243

059 구글 검색도 생성형 AI로 더욱 편리하게 이용하기 — 244
  SGE는 검색을 지원하는 생성형 AI — 244
  일반적인 사용 방법 — 245
  추가로 검색하기 — 245

060 빙의 코파일럿을 활용해 인터넷 검색하기 — 247
  빙의 코파일럿이란? — 247
  일반 검색과 코파일럿 연동 — 247

061 윈도우 11의 사이드바에 코파일럿 표시하기   249
윈도우 11에서 코파일럿 사이드바에 표시하기   249
엣지 브라우저에서 실행하는 코파일럿   250
계속 진화하는 윈도우   250

062 유튜브 내용을 번역하면서 요약하기   251
동영상 요약과 자동 번역까지   251

063 GPTs로 역사 문제를 출제하는 선생님 만들기   254
한국사 퀴즈 만들기   254
칭찬하거나 정답률 높이기   255

064 DALL-E 3으로 실제 인쇄물 데이터 만들기   257
DALL-E 3으로 디자인 출력하기   257
챗GPT와 대화하면서 디자인 조정하기   258
출력 결과를 거의 그대로 이용 가능   259

065 고글 없이 맨눈으로 3D 아바타와 대화 즐기기   260
휴대용 입체 영상 디스플레이 Looking Glass Go   260
3D 아바타와 생성형 AI로 대화 가능   262

Chapter 6 영어 학습을 돕는 생성형 AI

066 영어를 한국어로 번역하기   264
[활용 예 ①] 영어를 한국어로 번역하기   264
[활용 예 ②] 영어 기사 요약하기   265

067 영어로 작성된 논문의 요점 파악하기   267
영어 논문도 그대로 복사해 붙여 넣기   267
12만 자 분량의 논문 압축하기   269

068 한국어를 외국어로 번역하기 — 270
- [활용 예 ①] 한국어 문장을 영어로 번역하기 — 270
- [활용 예 ②] 영어 이외의 언어로 번역 가능 — 271

069 영어 비즈니스 이메일 작성하기 — 272
- 요건과 어투를 개괄적으로 정리하면 끝 — 272
- 이름과 회사명을 추가하면 완성 — 273

070 영문 첨삭 받기 — 275
- 문법 실수나 표현까지 교정하기 — 275

071 영어 단어 암기법 찾기 — 278
- 영어 단어 깊이 파악하기 — 278
- 문맥에 따른 의미 차이를 예문과 함께 알기 쉽게 설명합니다 — 279

072 챗GPT와 영어 대화 주고받기 — 280
- 무료로 온라인 영어 회화를 체험 가능 — 280

073 GPTs로 나만의 영어 선생님 만들기 — 283
- 영어 학습에 특화된 GPT 만들기 — 283
- 사용하기 — 284

074 챗GPT보다 우수한 DeepL로 영문을 번역하자 — 285
- DeepL이란? — 285
- [활용 예 ①] 웹 브라우저에서 번역하기 — 285
- [활용 예 ②] 웹 브라우저의 확장 기능 이용해 번역하기 — 286
- [활용 예 ③] 확장 기능 + 데스크톱 앱을 이용해 번역하기 — 287

075 윈도우에서 바로 쓸 수 있는 코파일럿으로 웹 기사 번역하기 — 288
- 코파일럿과 함께 웹 브라우징 — 288

076 다양한 언어를 지원하는 점이 장점인 구글 번역 — 291
- 구글 번역의 장점 — 291
- 기본적인 번역 방법 — 291

| 번역할 수 있는 언어가 압도적으로 많습니다 | 292 |
| 웹페이지 전체를 편하게 번역하기 | 293 |

Chapter 7. 다양한 용도의 이미지 생성 AI

077 이미지 생성 모델, DALL-E 3을 무료로 이용하기 — 296
- 무료로 고기능 이미지 생성 AI 사용하기 — 296
- 모바일에서도 생성할 수 있습니다 — 297

078 예술적인 화풍이 매력적인 미드저니 체험하기 — 299
- 미드저니 이용하기 — 299
- 이미지 생성 방법 — 300

079 PC에서 이미지를 생성할 수 있는 스테이블 디퓨전 — 302
- 스테이블 디퓨전이란? — 302
- 스테이블 디퓨전 XL — 302
- 스테이블 디퓨전 WebUI — 303

080 스테이블 디퓨전을 웹 브라우저에서 사용하기 — 305
- 드림 스튜디오 이용하기 — 305

081 편리한 AI 그림 그리기 도구 모음, 클립드롭을 사용하기 — 308
- 클립드롭 이용하기 — 308
- Reimagine — 309
- Sketch to Image — 309
- Cleanup — 310

082 챗GPT로 이미지 생성 프롬프트를 만들기 — 311
- 프롬프트를 챗GPT에 상담하기 — 311
- 프롬프트로 각종 이미지 생성 AI 실행하기 — 312

083 스마트폰으로 촬영한 사진 배경 바꾸기   314
캡컷의 AI 배경 기능 이용하기   314

084 어도비 익스프레스로 상업적으로 이용할 수 있는 소재 만들기   316
어도비 익스프레스로 상업적으로 이용할 수 있는 소재 만들기   316
텍스트로 이미지 만들기   317
풍부한 템플릿   317

085 어도비의 생성형 AI 기술 어도비 파이어플라이를 웹 브라우저에서 이용하기   319
많은 어도비 제품에서 이용할 수 있는 어도비 파이어플라이   319
텍스트로 이미지 만들기   320
생성형 채우기   320
AI 모델도 선택할 수 있습니다   321

086 이라스토야 화풍의 이미지 생성하기   322
AI 이라스토야란?   322
원하는 이미지가 있다면 검색이 빠름   323

Chapter 8 창조성을 돕는 음악 생성형 AI

087 챗GPT에 가사와 코드 진행 맡기기   328
작곡은 어렵지만 작사는 문제없음   328
챗GPT에 코드 진행 부탁하기   329

088 가사에서 멜로디와 코드 진행 만들기   332
자동 작곡 AI CREEVO 이용하기   332

089 프롬프트 작성만으로 노래 만들기   335
스테이블 오디오로 노래 만들기   335

| 090 | **프롬프트로 보컬이 포함된 노래 생성하기** | **337** |

스노 AI란? 337
스노 AI로 보컬이 포함된 노래 만들기 337
독창적인 가사와 곡명으로 작곡 의뢰하기 339

| 091 | **음성 합성 앱 VOICEVOX로 내레이션 만들기** | **341** |

VOICEVOX로 내레이션 만들기 341

| 092 | **실시간으로 목소리를 바꿀 수 있는 보이스 체인저** | **343** |

Paravo로 음색 바꾸기 343

Chapter 9 놀라운 생성 결과, 동영상 AI의 세계

| 093 | **텍스트나 이미지로 간단히 동영상 생성하기** | **348** |

런웨이란? 348
동영상을 기반으로 생성하는 Gen-1 349
텍스트나 이미지를 기반으로 생성하는 Gen-2, Gen-3 349
그 외에도 다양한 기능 351

| 094 | **스마트폰으로 사진이나 텍스트에서 간단하게 동영상 생성하기** | **352** |

스마트폰으로 찍은 사진으로 동영상 생성하기 352

| 095 | **텍스트나 이미지에서 원하는 대로 동영상 클립 만들기** | **354** |

피카란? 354
생성 시 편리한 기능 355
다양한 모델 선택 가능 356

096	**Stability AI, OpenAI, Meta도 동영상 AI 연구 중**	**357**
	스테이블 비디오 디퓨전	357
	소라	358
	무비 젠	359

097	**아바타를 이용해 내레이션 동영상 생성하기**	**360**
	Elai.io로 내레이션 원고에서 동영상 만들기	360

098	**웹 기사를 요약해 동영상 만들기**	**362**
	기사 URL만 입력해도 요약 동영상을 만들 수 있습니다	362

099	**기존 동영상의 해상도 올리기**	**364**
	캡컷 동영상 업스케일러 이용하기	364

100	**프롬프트로 유튜브 쇼츠 동영상 만들기**	**366**
	유튜브 쇼츠 동영상 간단히 만들기	366

찾아보기　　　　　　　　　　　　　　　　　　370

chapter

00

소개

Section 001

진화 요인을 대략적으로 파악해 봅시다

왜 지금 '생성형 AI'가 주목받고 있는가?

사용 AI 없음

추천 포인트 이 책은 생성형 AI를 쉽게 설명하는 것이 목적이지만 우선 그 전에 AI(Artificial Intelligence, 인공지능)가 무엇인지 정의합니다.

AI와 생성형 AI의 차이점

AI는 인간의 사고방식이나 행동을 모방하고 학습과 문제 해결 등의 능력을 지닌 컴퓨터 시스템 또는 소프트웨어를 말합니다. AI를 이용하면 특정한 작업을 자동화하거나 복잡한 문제를 해결할 수 있습니다.
그리고 **생성형 AI는 말하기, 조사하기, 쓰기, 그리기 같은 인간의 창의적인 능력을 모방해 새로운 콘텐츠를 자동 생성하는 AI의 일종**입니다.
이 기술은 문서, 사진, 동영상 등 대량의 샘플 데이터셋(data set)을 이용해 학습(머신러닝)하고, 그 지식을 이용해 완전히 새로운 텍스트, 이미지, 음악 등을 만들 수 있습니다.
그러면 **왜 최근에 생성형 AI가 주목받고 있을까요?**
거기에는 몇 가지 중요한 기술 진화의 역사가 있습니다. 전문 용어가 조금 많이 등장하지만 전부 이해할 필요는 없습니다. 어렵다고 느낀 독자는 다음 [002]로 건너뛰어도 됩니다.

[생성형 AI 진화 요인 ①] 머신러닝과 딥러닝의 진화

머신러닝은 대량의 정보를 분석하고 패턴을 찾아서 새로운 상황이나 문제에 응용하는 기술입니다. 또한 **머신러닝(machine learning, 기계학습) 중에서도 딥러닝(deep learning, 심층학습) 기법은 좀 더 복잡한 데이터나 패턴을 학습해 고도의 작업을 효과적으로 수행할 수 있게** 되었습니다.

즉, 최근 머신러닝과 딥러닝의 진화는 동시에 AI 학습량의 방대한 증가에 힘입은 결과입니다.

그림 0-1 AI의 진화

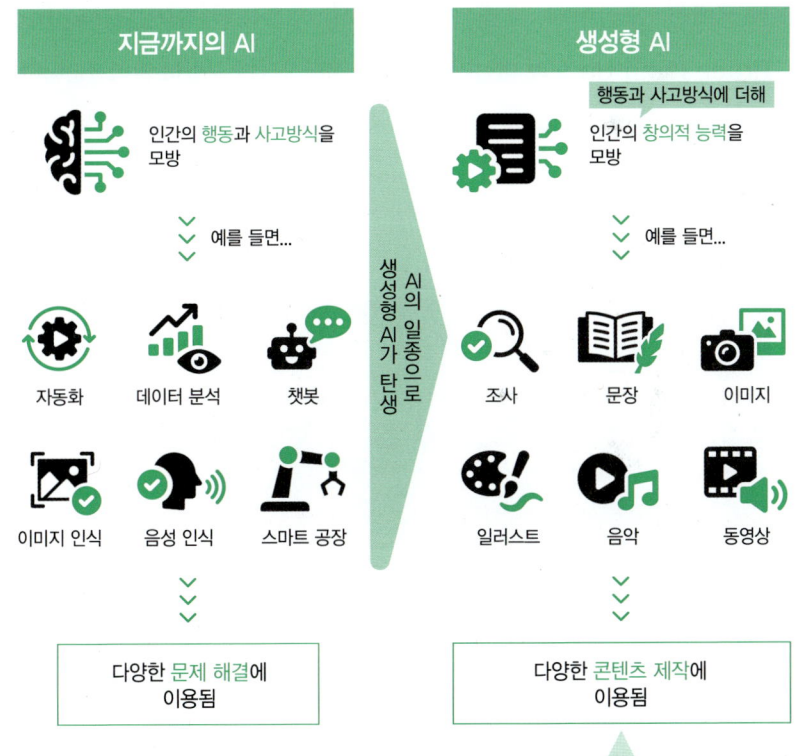

chapter 00 소개

[생성형 AI 진화 요인 ②] 트랜스포머 모델 등장

트랜스포머 모델(Transformer model)은 2017년 구글 연구팀이 개발한 자연어 처리(NLP)의 혁명적인 접근 방식입니다. 이 모델은 특히 텍스트 데이터 이해와 생성 면에서 기존 방식을 크게 뛰어넘는 성능을 보이며 생성형 AI 분야에 획기적인 영향을 미쳤습니다.

[생성형 AI 진화 요인 ③] 고성능 GPU 등장

예전에는 게임이나 그래픽 분야에서 이용하던 GPU(Graphic Processing Unit)가 머신러닝에 매우 적합하다는 사실이 밝혀졌습니다. GPU는 대량의 데이터를 병렬 처리하는 능력이 높아서 복잡한 머신러닝 모델의 훈련에 이상적인 환경을 제공합니다.

그림 0-2 엔비디아 GPU

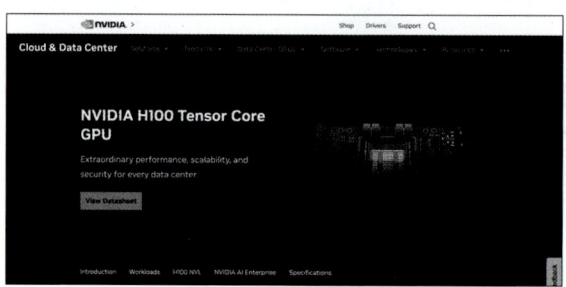

엔비디아의 최신 고성능 GPU NVIDIA H100 Tensor 코어 GPU
출처: https://www.nvidia.com/en-us/data-center/h100/

[생성형 AI 진화 요인 ④] 이용 가능한 데이터 증가와 응용 분야 확대

인터넷 보급에 따라 인터넷에서 방대한 데이터를 이용할 수 있게 되면서 AI는 다양한 데이터셋으로 학습할 수 있게 되었습니다. 예를 들어 전 세계에서 끊임없이 공개되는 무수한 텍스트 데이터, 이미지 데이터, 음성 데이터, 동영상 데이터가 있습니다.

방대한 데이터를 학습할 수 있는 환경에 마련되면서 생성형 AI는 예술, 음악, 문학 등 다양한 분야에 응용할 수 있게 되었습니다. 결과적으로 AI가 만들었다고 믿기 어려울 만큼 대단한 작품을 보는 기회도 늘어나서 대중의 폭 넓은 관심을 끌게 되었습니다.

그림 0-3 생성형 AI로 만든 이미지

생성형 AI로 작성한 우주복을 입은 귀여운 고양이의 우주 유영. 현실에서는 있을 수 없는 이미지도 진짜처럼 생성할 수 있습니다.
출처: Adobe Stock

가까워진 생성형 AI

이러한 기술 진보에 따라 **생성형 AI는 이론적인 개념을 넘어 누구나 활용할 수 있는 현실적인 애플리케이션으로 진화**했습니다. 물론 독자 여러분도 생성형 AI를 활용하는 사용자 중 한 명입니다. 그 수는 계속 늘어나서 자신도 모르게 스마트폰 애플리케이션에서 생성형 AI를 이용하고 있는 경우도 있습니다. 생성형 AI는 기술의 세계에 커다란 영향을 줄 뿐만 아니라 우리의 생활에도 침투하고 있습니다.

Section 002

지금 어떤 생성형 AI를 이용할 수 있나요?

계속 늘어나는 생성형 AI의 종류

사용 AI 없음

추천 포인트 지난 섹션에서 지금 생성형 AI가 주목받는 이유를 설명했습니다. 그러면 어떤 AI가 있을까요? '무엇'을 생성하는지에 주목하여 분류해 봅시다.

텍스트 생성

생성형 AI는 미리 대량의 텍스트 데이터를 분석해 언어 패턴을 학습하고, 그 지식을 활용해서 새로운 텍스트를 생성합니다. 이야기나 시, 뉴스 기사, 보고서, 이메일 등 다양한 형식의 텍스트를 작성할 수 있습니다.

응용한 예는 뉴스 기사 자동 작성, 창조적 글쓰기, 콘텐츠 마케팅, 챗봇 대화 등 다양합니다. 특히 데이터 기반 뉴스 생성과 고객 지원 분야에서 응용하는 사례가 늘고 있습니다.

주요 서비스로 챗GPT(ChatGPT), 제미나이(Gemini), 코파일럿(Copilot), 클로드(Claude) 등이 있습니다.

그림 0-4 구글이 제공하는 제미나이

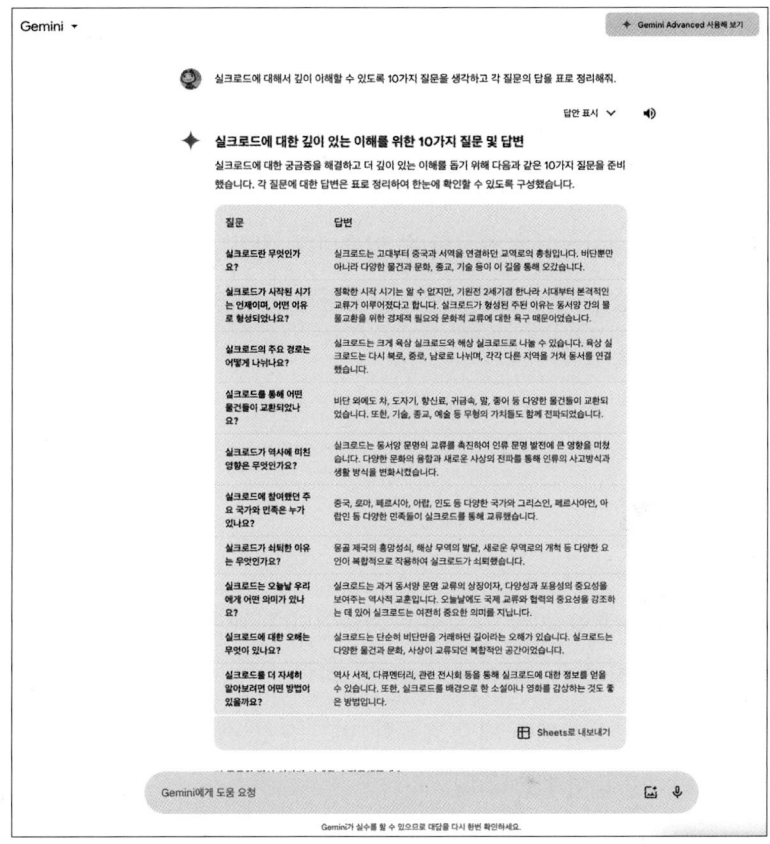

구글이 제공하는 텍스트 생성형 AI인 제미나이에게 실크로드와 관련해서 질문한 결과. 보기 좋게 표로 정리해 줍니다.

데이터 생성

데이터 생성형 AI는 실제 데이터를 모방하거나 새로운 데이터셋을 합성하는 데 사용하는 기술입니다. 이런 종류의 AI는 통계 분석, 데이터 과학, 머신러닝 훈련에 응용합니다. 예를 들어 프라이버시를 보호하기 위해 익명화된 의료 데이터를 생성하거나, 머신러닝 모델 훈련에 활용할 광범위한 데이터셋을 작성할 수 있습니다. 데이터 생성형 AI는 실제 데이터의 특성을 지니면서도 새로운 통찰력과 예측에 도움이 되는 새로운 데이터를 만듭니다.

주요 서비스로 챗GPT, 코파일럿 등이 있습니다.

코드 생성

프로그래밍 코드를 자동 생성하는 기술입니다. 개발자가 지시한 요건에 따라 효율적이고 정확한 코드를 작성합니다.

응용한 예로 소프트웨어 개발 효율화, 버그 수정, 새로운 애플리케이션 프로토타이핑 등이 있습니다.

코드 생성형 AI는 프로그래밍 지식이 없는 사람이라도 프로그래밍에 접근할 수 있고, 개발 프로세스를 가속화하는 혁신적인 도구가 되었습니다.

주요 서비스로 깃허브 코파일럿(GitHub Copilot)이 있습니다. 챗GPT도 코드 생성 능력이 높은데 책에서 일부 코딩 예제를 소개합니다.

그림 0-5 자동으로 코딩하는 챗GPT

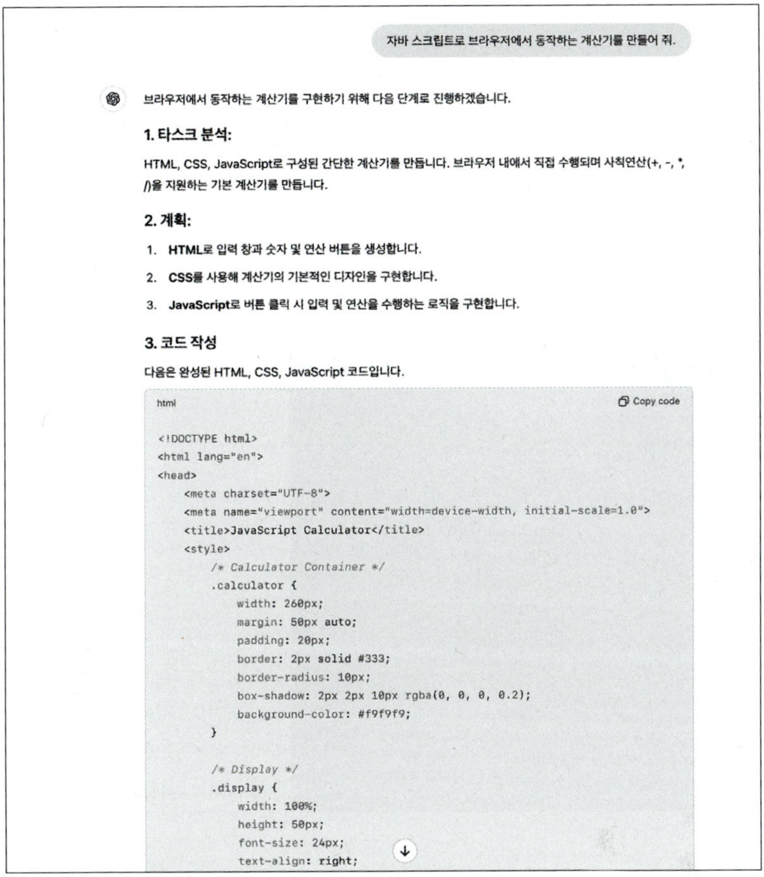

> OpenAI가 제공하는 챗GPT에 자바스크립트로 웹 브라우저에서 동작하는 계산기를 코딩하는 예. HTML, CSS, 자바스크립트 코드를 만들어 줍니다.

이미지 생성

특정 지시(프롬프트)나 바탕 그림의 데이터에 기반해서 독창적인 예술 작품이나 사실적인 이미지를 만들 수 있습니다. 이 기술은 디지털 아트 제작, 제품 디자인, 교육 자료 작성 등 폭넓은 분야에서 응용할 수 있습니다.

응용한 예로 그래픽 디자인, 게임 개발, 가상현실 콘텐츠 생성 등이 있습니다. 최근에는 영화나 TV 방송의 특수 효과에도 사용합니다.

주요 서비스로 DALL-E 3(챗GPT에서 이용 가능), 미드저니(Midjourney), 스테이블 디퓨전(Stable Diffusion) 등이 있습니다.

그림 0-6 미드저니

텍스트에서 일러스트를 생성하는 미드저니의 예. '고대 유적지의 돌기둥 사이를 활강하듯 달리는 로봇'을 영어로 프롬프트에 입력한 결과물입니다.

음성 생성

텍스트를 자연스러운 음성으로 바꿔서 생성하는 기술입니다. 이런 종류의 AI는 텍스트 기반 정보를 음성 데이터로 변환하여 사람의 말투를 모방해 읽어 줍니다.

응용 사례로 오디오북 내레이션, 음성 어시스턴트, 자동 응답 시스템, 교육용 오디오 콘텐츠 등이 있습니다. 접근성 향상을 위한 화면 읽기 서비스에도 사용됩니다.

음성 생성형 AI는 다른 언어, 억양, 목소리 어투 등 다양한 음성 스타일로 생성할 수 있어서 사실적인 음성 경험을 제공합니다.

주요 서비스로 클로바노트(ClovaNote), VOICEVOX가 있습니다.

음악 생성

텍스트나 기존 음악을 바탕으로 다양한 음악 장르와 스타일로 새로운 곡과 멜로디를 만드는 기술입니다.

응용한 예로 영화나 게임의 사운드트랙 제작, 아티스트 곡 작업 보조, 교육용 도구 등이 있습니다.

주요 서비스로 스테이블 오디오(Stable Audio), 스노 AI(Suno AI) 등이 있습니다.

그림 0-7 스노 AI

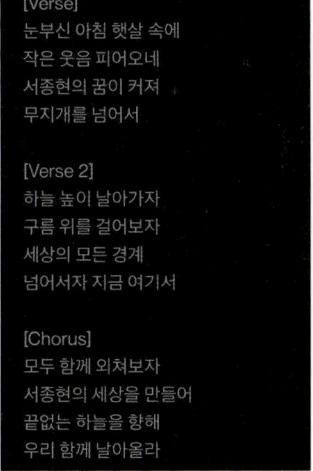

텍스트로 작사, 작곡, 편곡까지 해 주는 스노 AI를 이용해서 노래를 생성한 예. 만든 가사에 맞춰서 노래까지 불러줍니다.

동영상 생성

사용자의 지시나 바탕이 되는 데이터에 기반해서 동영상 콘텐츠를 생성합니다. 이 기술은 이미지나 짧은 비디오 클립을 가지고 완전한 동영상을 작성할 수 있어서 특정 시나리오나 테마에 맞는 동영상을 생성할 수 있습니다.

응용한 예로 영화나 광고의 특수 효과, 애니메이션 제작, 교육이나 트레이닝 비디오 생성 등이 있습니다. 게임 등에서 실시간 생성, 동영상 콘텐츠 변환 및 개선(업스케일링) 등에도 이용합니다.

주요 서비스로 런웨이(Runway), OpenAI의 소라(Sora) 등이 있습니다.

그림 0-8 OpenAI의 소라

> 텍스트에서 동영상 클립을 생성하는 소라의 예제 동영상. 세련된 여성이 따스하게 빛나는 조명과 생동감 넘치는 도시 간판으로 가득 찬 도쿄 거리를 걷는 장면을 만드는 프롬프트를 입력해서 만든 결과입니다.

3D 모델 생성

사용자 지시나 데이터를 바탕으로 사실적인 3D 오브젝트나 환경을 자동으로 생성하는 기술입니다. 건축 시각화, 제품 설계, 게임 개발, 가상현실 콘텐츠 제작 등에서 응용할 수 있습니다. 의료 분야에서 3D 시각화, 교육 자료 작성에 이용합니다.

3D 모델 생성 AI는 복잡한 모델링 과정을 간소화해서 시간과 리소스를 절약하면서 정밀도 높은 3D 모델을 생성할 수 있습니다.

주요 서비스로 스플라인 AI(Spline AI)가 있습니다.

챗GPT를 중심으로 다양한 장르를 다룹니다

이 책에서 다루는 생성형 AI

사용 AI 없음

 추천 포인트 책에서 다루는 생성형 AI 종류를 살펴보는데 기본적으로 앞 섹션에서 언급한 모든 종류의 생성형 AI를 다룹니다. 그중에서도 특히 OpenAI의 챗GPT를 중점적으로 다루겠습니다.

챗GPT

우선 이 책에서 큰 비중을 차지하는 챗GPT를 간단히 소개하겠습니다. 챗GPT는 샘 올트먼이 이끄는 미국 AI 벤처 OpenAI가 개발한, **대량의 텍스트 데이터를 학습해 인간과 같은 자연스러운 언어를 생성하는 능력을 보여 준 대규모 언어 모델(LLM) AI**입니다.

사용자가 일상 대화처럼 자연어로 질문하거나 요청을 보내면 챗GPT는 이에 대응해서 답변을 제공합니다. 답변은 일반적인 대화 응답뿐만 아니라 **문장 작성이나 요약, 특정 스타일과 어투에 맞는 콘텐츠를 생성**할 수 있습니다. 이런 결과물은 교육, 고객 지원, 엔터테인먼트 등 다양한 분야에서 활용됩니다.

챗GPT 이외에도 제미나이, 앤트로픽(Anthropic)의 클로드 등 LLM을 활용한 챗봇 AI가 등장했는데, 2022년 11월에 처음으로 챗GPT가 공개되었을 당시에는 AI라고 생각할 수 없을 만큼 자연스럽고 정확한 답변 덕분에 전 세계의 큰 주목을 받았습니다. 그리고 불과 몇 달 후인 2023년 1월에 1억 명 이상의 사용자 수를 기록했습니다.

또한 출시 후에도 계속 기능을 추가해서 현재는 텍스트 생성, 코드 생성뿐만 아니라 OpenAI에서 개발한 **이미지 생성 AI 모델인 DALL-E 3을 사용해 아름다운 이미지를 생성**할 수도 있습니다.[1]

챗GPT는 생성형 AI 붐의 계기가 된 것은 물론이고, 마이크로소프트와 제휴, CEO인 샘 올트먼의 갑작스러운 해임 소동 등 지금도 OpenAI와 챗GPT는 생성형 AI 업계 화제의 중심입니다. 따라서 **책에서도 전체 분량의 절반 정도를 챗GPT가 차지**합니다.

그외의 생성형 AI

하지만 생성형 AI는 챗GPT뿐만이 아닙니다. 구글, 메타, AWS(아마존), IBM, 애플 등 유명한 빅테크 기업도 모두 생성형 AI에 힘을 쏟고 있습니다.

또한 스테이블 디퓨전으로 유명한 이미지 생성 AI 스타트업인 Stability AI처럼 AI 전문 스타트업의 제품도 많이 등장하고 있습니다. **이러한 서비스 중에서 일이나 취미에 이용할 수 있는 AI 제품을 엄선해서 소개**합니다. 앞에서 주요 서비스의 예로 소개한 생성형 AI 외에도 여러분이 잘 들어 보지 못한 몇 가지 생성형 AI도 골랐습니다.

그중에서 특히 **무료로 체험해 볼 수 있는 서비스를 많이 골랐습니다.** 여러분도 직접 체험해 봤으면 하기 때문입니다. 책을 보고 흥미가 생겼다면 해당 서비스에 접속해 무언가 만들어 보세요.

---

[1] 검색, 에이전트 만들기, 캔버스, 추론 모델 등 계속해서 기능을 추가 중입니다.

생성형 AI 이용 시 주의점

마지막으로 몇 가지 주의점을 이야기하겠습니다. 생성형 AI는 이제 막 시작되어 여전히 발전 중인 기술입니다. 생각한 것과 다른 결과가 출력될 수 있습니다. 아니 오히려 그럴 가능성이 더 높을 것입니다.

또한 최근에는 많이 줄었지만, 환각(hallucination)이라고 하는 잘못된 정보나 차별적인 정보를 AI가 자신만만하게 출력하는 경우도 있으므로 상업적으로 이용하려면 아직 높은 장벽이 있습니다.

이럴 때는 생성형 AI를 제대로 사용할 수 없다고 한탄할 것이 아니라, **어떻게 하면 더 잘 이용할 수 있을지 좋은 사용법을 고민하는 편이 좋습니다.** 이 책은 그런 힌트를 많이 제공합니다.

AI 분야의 기술은 믿을 수 없을 만큼 빠른 속도로 발전 중입니다. 몇 년 뒤가 되면 그때는 '이렇게 간단한 문제에 왜 그렇게 고생했을까'라고 생각할 날이 올지도 모릅니다.

chapter

01

챗GPT로 생성형 AI의 기본을 체험해 보자

챗GPT를 이용할 준비를 합시다

챗GPT 계정을 만들어 이용하기

사용 AI 챗GPT, 챗GPT 플러스

추천 포인트 챗GPT는 누구나 무료로 이용할 수 있지만 이용하려면 OpenAI 계정이 필요합니다. OpenAI 계정을 만드는 두 가지 방법을 소개합니다.

OpenAI 계정 만들기

OpenAI 계정을 만들려면 이메일 주소가 있어야 합니다. 그러면 곧바로 계정을 만들어 봅시다.

이미 구글, 마이크로소프트, 애플 등의 계정을 가지고 있다면 이 섹션 끝에 OpenAI 계정을 간단하게 만들 수 있는 방법을 소개하고 있으니 참고하세요.

그림 1-1 OpenAI 계정 만들기

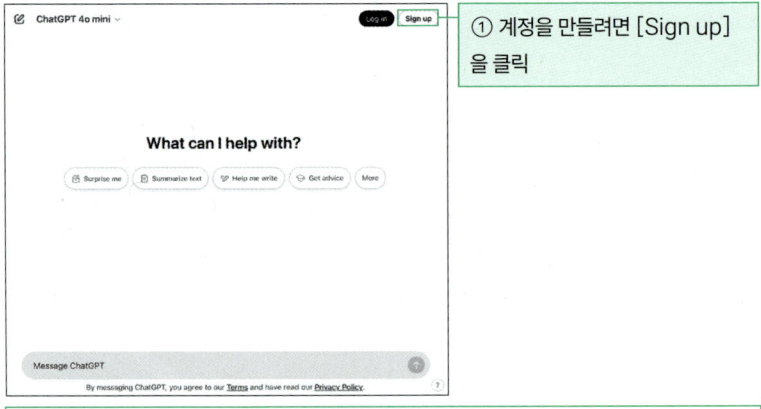

① 계정을 만들려면 [Sign up]을 클릭

웹 브라우저에서 챗GPT(https://chatgpt.com)에 접속하면 이런 화면이 표시됩니다. 이미 계정이 있다면 [Log in]을 클릭합니다.

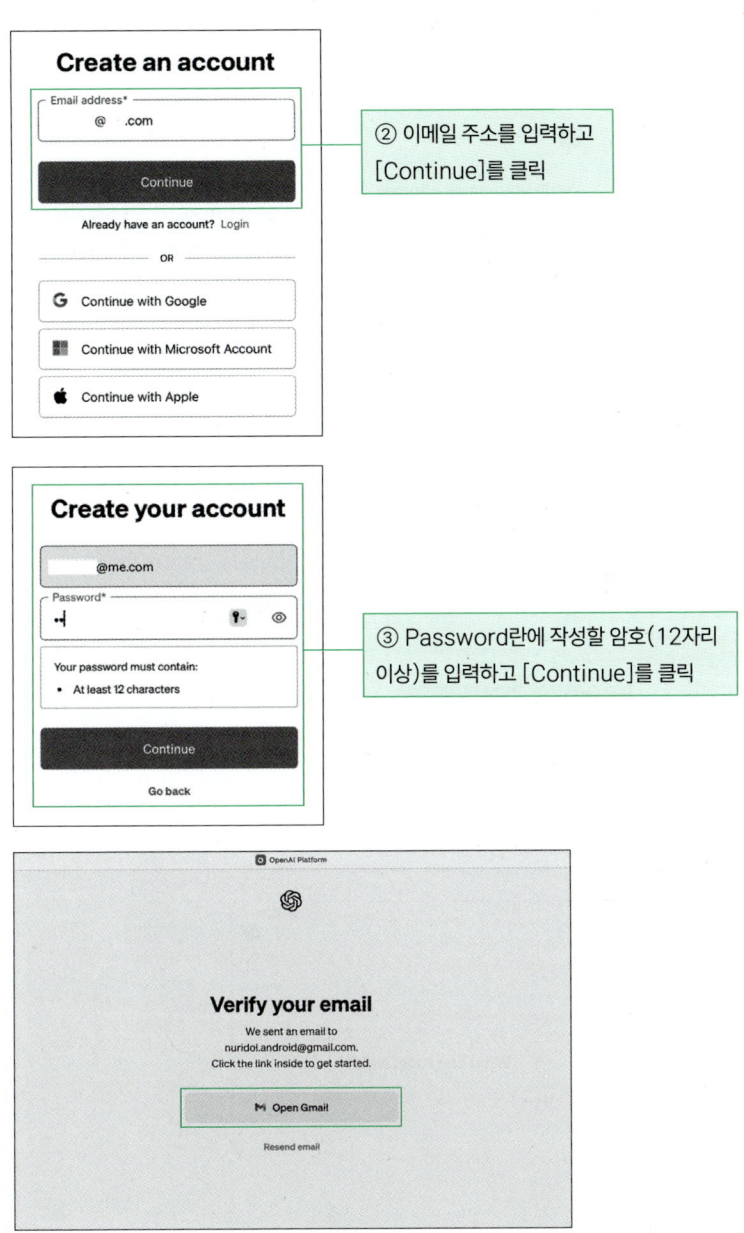

입력한 이메일 주소에 확인 메일이 도착했는지 확인합니다. 지메일(Gmail) 주소라면 [Open Gmail] 버튼을 클릭하면 열립니다.

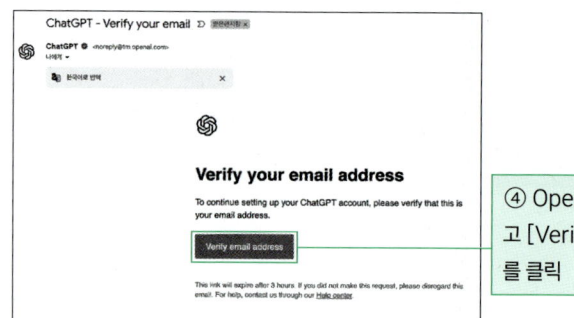

④ OpenAI가 보낸 메일을 열고 [Verify email address]를 클릭

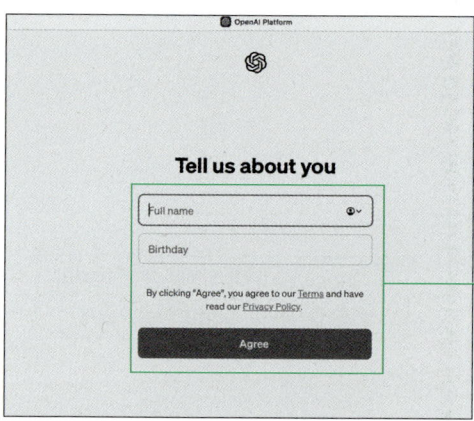

⑤ 이름과 생년월일을 입력하고 [Agree]를 클릭

참고로 본인 확인 용도로 전화번호를 입력해서 인증을 요구하거나, 사람인지 확인하는 캡차(CAPCHA) 화면이 표시되는 경우도 있습니다.

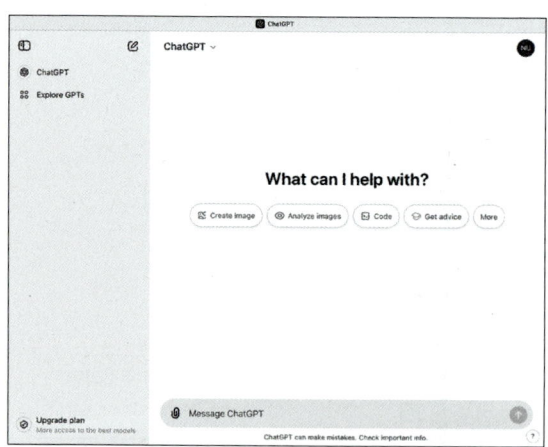

이것으로 가입이 끝났습니다. 이제 챗GPT를 이용할 수 있습니다.

기존 계정으로 OpenAI 계정 만들기

이미 구글, 마이크로소프트, 애플 계정이 있다면 OpenAI 계정을 간단히 만들 수 있습니다.

그림 1-2 기존 계정으로 OpenAI 계정 만들기

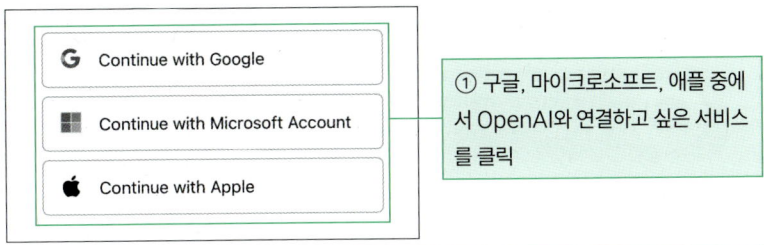

① 구글, 마이크로소프트, 애플 중에서 OpenAI와 연결하고 싶은 서비스를 클릭

웹 브라우저에서 챗GPT(https://chatgpt.com)에 접속해서 표시되는 화면 오른쪽 위에 있는 [Sign Up] 버튼을 클릭하면 왼쪽 화면처럼 표시됩니다.

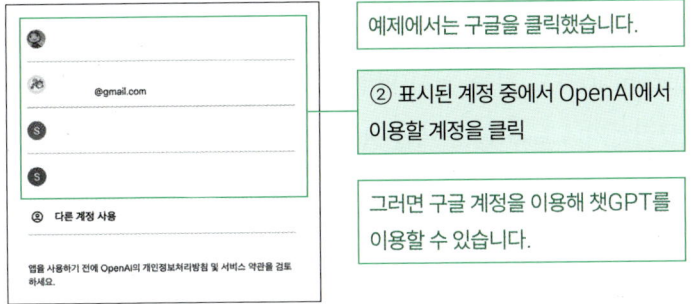

예제에서는 구글을 클릭했습니다.

② 표시된 계정 중에서 OpenAI에서 이용할 계정을 클릭

그러면 구글 계정을 이용해 챗GPT를 이용할 수 있습니다.

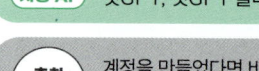 챗GPT, 챗GPT 플러스

추천 포인트 계정을 만들었다면 바로 챗GPT를 이용해 봅시다. 기본적인 사용법은 프롬프트 입력란에 물어보고 싶은 내용을 입력하면 끝입니다.

[활용 예 ①] 일단 질문을 해봅시다

화면은 왼쪽 사이드바와 오른쪽 메인창으로 나뉩니다. 메인 화면 아래 부분에 있는 '**무엇이든 물어보세요**' 칸이 **프롬프트 입력란입니다.** 여기에 프롬프트(prompt)라고 하는 지시(명령)를 입력하고 오른쪽에 있는 아이콘을 클릭하거나 Enter 를 누르면 질문할 수 있습니다.

그림 1-3 챗GPT의 화면

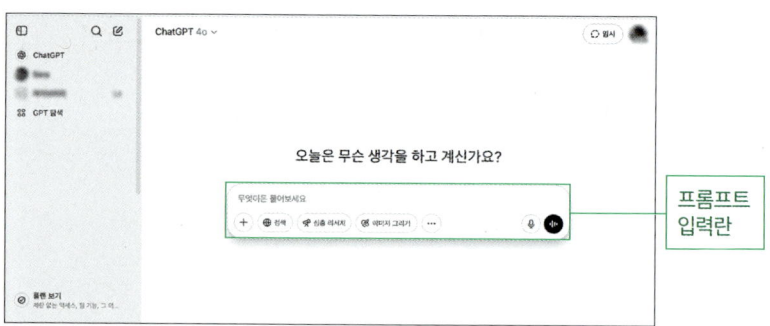

📋 **프롬프트 입력**

　ChatGPT를 알려 주세요.

🤖 **응답**

ChatGPT는 OpenAI에서 개발한 대화형 인공지능 언어 모델로, 사용자의 질문에 답하고, 정보 제공, 아이디어 도출, 글쓰기 지원, 코딩 도움 등 다양한 작업을 수행할 수 있습니다. 자연어 처리 기술을 바탕으로 사람과 대화하는 방식으로 설계되었으며, 수많은 텍스트 데이터로 학습되어 다양한 주제에 대해 답변할 수 있습니다.

다음은 ChatGPT의 주요 특징입니다:
1. **대화 기반 인터페이스**: 사용자와 대화하는 형식으로 설계되어 자연스럽고 유연하게 대화할 수 있습니다.
2. **다양한 응용 분야**: 정보 검색, 글쓰기, 번역, 학습, 프로그래밍 등 여러 분야에 활용 가능합니다.
3. **언어 모델의 한계와 주의 사항**: AI 모델로서 모든 답변이 완전히 정확하거나 최신 정보를 반영하지는 않을 수 있습니다. 특히 특정 날짜 이후의 정보는 업데이트되지 않으므로 최신 정보를 제공하려면 주의가 필요합니다.
4. **개선된 대화 흐름 유지**: 최신 버전에서는 대화 맥락을 잘 유지하면서도, 이전 대화의 세부 사항에 너무 얽매이지 않도록 개발되었습니다.

ChatGPT는 질문을 통해 원하는 정보를 얻거나 도움을 받을 수 있는 강력한 도구로, 학습, 창작, 문제 해결 등 다양한 방식으로 활용될 수 있습니다.

[활용 예 ②] 질문뿐만 아니라 대화도 할 수 있습니다

챗GPT의 답변이 마음에 들지 않으면 '더 알기 쉽게', '더 자세히'라고 추가로 질문하면서 **마치 사람과 대화하듯 소통**할 수 있습니다.

📋 **프롬프트 입력(계속)**

컴퓨터를 하나도 모르는 사람도 알 수 있게 ChatGPT를 설명해 줘.

🗨️ 응답

좋아요! ChatGPT를 아주 쉽게 설명해 볼게요.

ChatGPT는 **대화하는 컴퓨터 프로그램**이에요. 마치 사람처럼 질문에 대답하고, 대화하는 걸 목적으로 만들어졌어요. 여러분이 하고 싶은 질문을 하면, ChatGPT가 알고 있는 정보 안에서 답을 찾아 설명해줘요. 꼭 친구처럼 말이에요!

예를 들어, ChatGPT에게 "날씨가 어떻게 돼?"라고 물어보면, 날씨에 관한 정보를 알려줄 수 있어요. 또, "좋은 요리법 좀 알려줘"라고 하면, 다양한 요리법을 알려줄 거예요.

이렇게 작동해요:

1. **사용자가 질문**: 하고 싶은 말이나 질문을 ChatGPT에게 해요.
2. **답변 제공**: ChatGPT는 컴퓨터 안에 저장된 많은 자료와 정보로 질문에 답해요.
3. **계속 대화**: 한 번에 끝나는 게 아니라, 이어서 대화할 수도 있어요. 추가로 궁금한 걸 물어볼 수도 있죠!

뭐든 물어볼 수 있어요: 영화 추천, 공부 방법, 간단한 코딩 설명, 게임 정보 등 거의 모든 분야에 대해 이야기할 수 있어요.

ChatGPT는 이렇게 사용자와 자연스럽게 대화할 수 있는 똑똑한 도우미 컴퓨터라고 생각하면 돼요.

HINT

영어가 아니라도 쓸 수 있나요?

원래 챗GPT는 영어를 기반으로 개발되어서 영어로 질문하고 답변할 때 가장 좋은 결과가 나온다고 합니다. 하지만 영어 이외의 언어로 작성된 텍스트도 수집해서 훈련했기 때문에 한국어를 비롯한 다양한 언어도 대응합니다. 하지만 언어를 사용하는 사람이 적어서 수집된 자료가 많지 않은 언어로는 답변을 잘하지 못합니다.

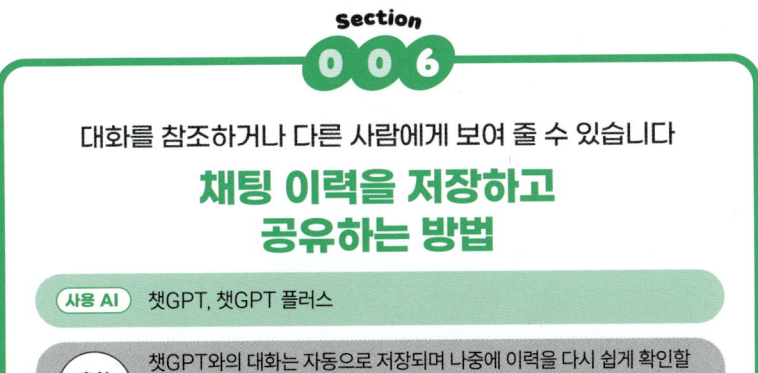

채팅 시작과 이력 참조

챗GPT에 로그인하거나 사이드바 위쪽에 있는 **[새 채팅] 아이콘을 클릭하면 새로운 채팅을 시작할 수 있습니다.** 채팅은 제한 없이 계속 이어갈 수 있지만, 다른 주제로 이야기를 하고 싶다면 다시 [새 채팅]을 클릭해 새로운 채팅을 시작할 수 있습니다. **각 채팅은 사이드바에 표시되므로 클릭하면 과거에 나눈 채팅 이력을 확인하거나 대화를 이어갈 수 있습니다.**

그림 1-4 챗GPT의 채팅 시작과 채팅 이력 참조

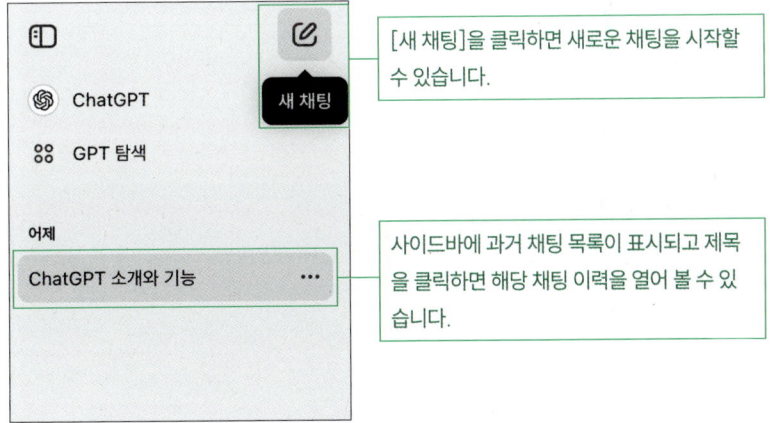

chapter 01 챗GPT로 생성형 AI의 기본을 체험해 보자

이력 제목 변경하기

채팅 제목은 내용에 따라 자동으로 정해지는데 **나중에 알아보기 쉬운 이름으로 변경**할 수 있습니다.

그림 1-5 채팅 이름 변경하기

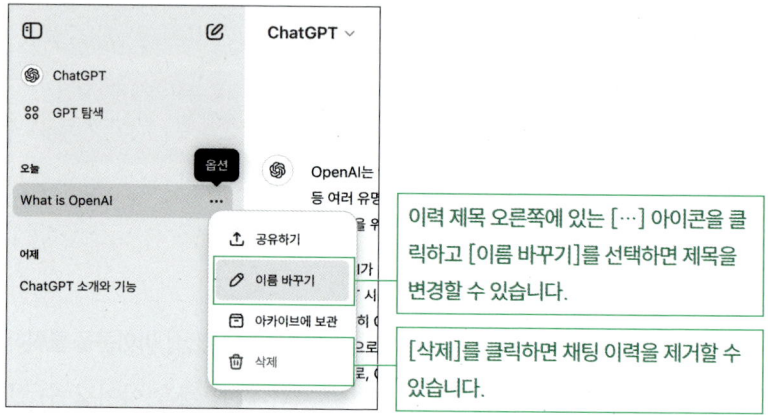

이력 제목 오른쪽에 있는 [⋯] 아이콘을 클릭하고 [이름 바꾸기]를 선택하면 제목을 변경할 수 있습니다.

[삭제]를 클릭하면 채팅 이력을 제거할 수 있습니다.

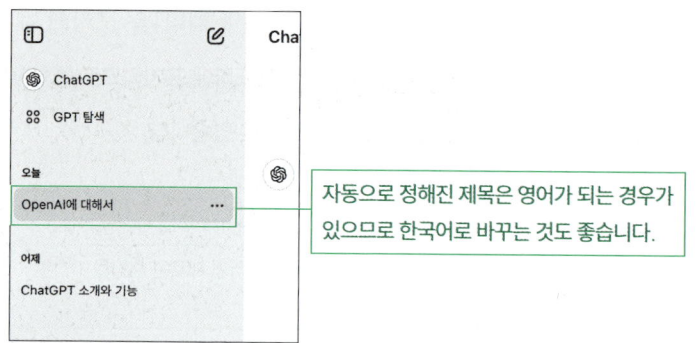

자동으로 정해진 제목은 영어가 되는 경우가 있으므로 한국어로 바꾸는 것도 좋습니다.

> **HINT**
>
> **채팅 공유하기**
>
> 이력 오른쪽에 표시된 [⋯] 아이콘을 클릭하면 [공유하기]가 있는데, 채팅을 다른 사람과 공유할 수 있는 링크를 만들어 클립보드에 복사할 수 있습니다. 다음에 설명하는 채팅 이력 공유와 똑같은 기능입니다.

채팅 이력 공유하기

채팅 이력은 사이드바에서 언제나 확인할 수 있지만, 채팅 내용을 다른 사람에게도 보여 주고 싶은 경우가 있습니다. 이럴 때는 **특정 채팅 이력만 볼 수 있는 전용 링크를 만드는 [공유하기] 기능**을 사용합니다.

그림 1-6 채팅 공유하기

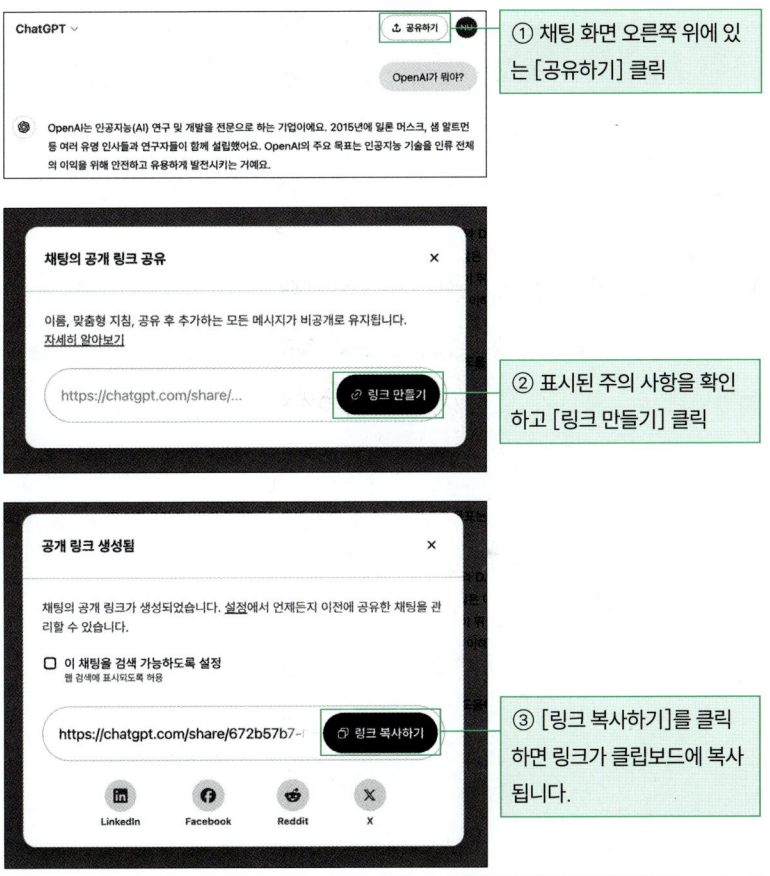

공유된 링크는 설정 화면에 들어가서 [데이터 제어]에서 [공유 링크] 관리 항목을 선택하면 확인할 수 있습니다.

Section 007

챗GPT에 기본적인 정보를 알려 줍니다
챗GPT 맞춤형 지침으로 원하는 답변을 받아 보자

> **사용 AI** 챗GPT, 챗GPT 플러스

> **추천 포인트** 챗GPT는 새로운 대화를 시작하면 과거에 주어진 정보 등을 모두 잊어버리지만[1] 맞춤형 지침을 설정하면 기본적인 정보를 기억시킬 수 있습니다.

맞춤형 지침 설정하기

맞춤형 지침(Custom instructions)은 자신에 대한 정보나 챗GPT가 어떻게 행동할지를 미리 작성해서 **챗GPT와의 대화를 개인화할 수 있는 기능**입니다.

그림 1-7 맞춤형 지침 설정하기

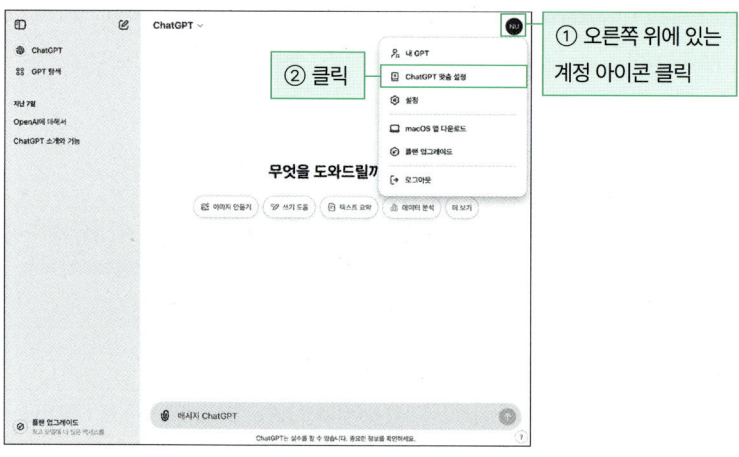

---

[1] 최근에는 메모리 기능이 있어서 사용자가 과거에 입력한 정보를 기억해 새로 시작하는 채팅창에서도 맞춤형 답변을 받을 수 있습니다.

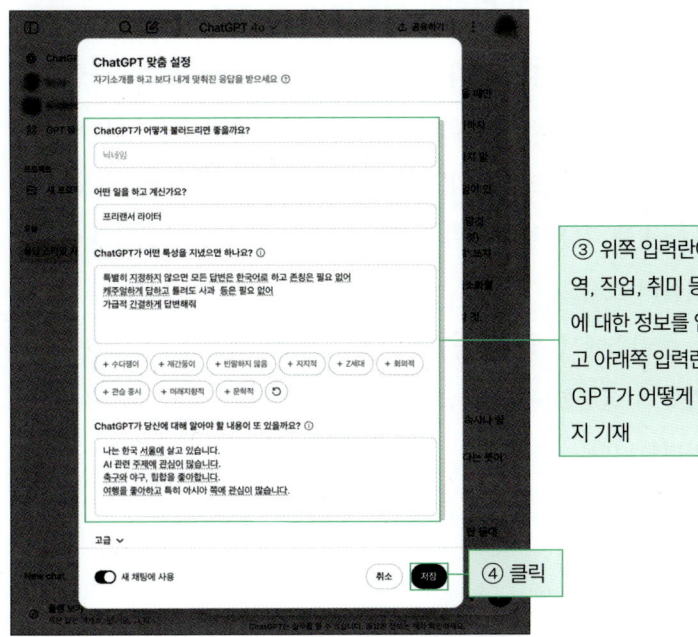

③ 위쪽 입력란에 지역, 직업, 취미 등 자신에 대한 정보를 입력하고 아래쪽 입력란에 챗GPT가 어떻게 행동할지 기재

④ 클릭

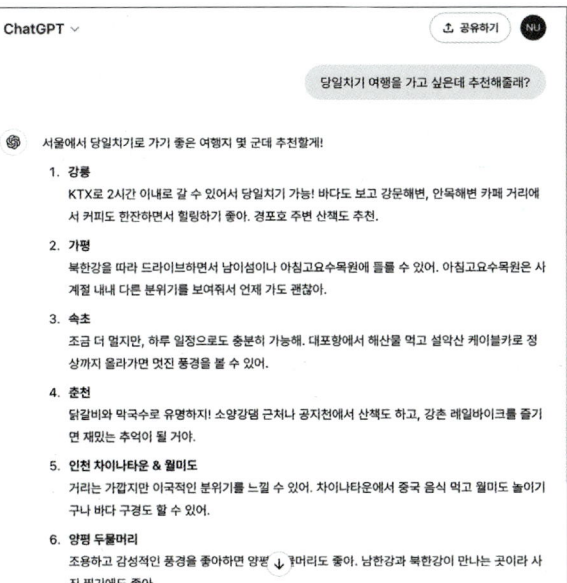

[새 채팅]을 시작하면 맞춤형 지침에 지정한 내용이 반영됩니다. 예제의 답변을 보면 사용자가 사는 지역이 서울이라는 것을 챗GPT가 이미 알고 있습니다.

chapter 01 챗GPT로 생성형 AI의 기본을 체험해 보자 51

어떻게 쓰는가에 따라 다양한 활용법이 존재함

지금까지 설명한 기본적인 사용법 외에도 '프로그램 코드를 작성할 때 반드시 파이썬을 이용하고 초보적인 설명은 생략해'처럼 실용적인 요청을 할 수도 있고, '조선시대 사람처럼 대답해 줘', '다나까로 끝나는 어투로 답변해' 같은 놀이처럼 설정할 수도 있습니다. 이런저런 아이디어를 떠올려 보세요.

챗GPT 플러스에서 제공하는 GPTs를 이용하면 좀 더 복잡한 지시 사항을 간단히 설정할 수도 있습니다. 자세한 내용은 [015]와 [043] 등에서 설명합니다.

Section 008

좀 더 사용하기 편하게 설정해 봅시다

챗GPT 설정 메뉴를 확인해 보자

사용 AI 챗GPT, 챗GPT 플러스

추천 포인트 챗GPT 설정 메뉴는 화면 테마와 동작 관련 항목이 있습니다. 많지는 않지만 중요한 항목이므로 잘 파악해 두면 나중에 편리하게 사용할 수 있습니다.

설정 메뉴 표시하기

맞춤 설정처럼 설정 메뉴도 계정 아이콘을 클릭하면 확인할 수 있습니다. 화면 테마 변경이나 공유한 채팅 이력 관리, 데이터 내보내기 등을 할 수 있습니다.

그림 1-8 설정 메뉴

설정의 일반 항목

[일반] 항목에는 테마 변경이나 채팅 이력 삭제 등을 할 수 있습니다.

그림 1-9 일반 항목

테마

화면 배색을 변경할 수 있습니다. [시스템], [다크 모드], [라이트 모드] 중에서 선택합니다.

모든 채팅 삭제하기

[모두 삭제]를 클릭하면 지금까지의 채팅 이력을 모두 삭제할 수 있습니다. 되돌릴 수 없으므로 주의하세요.

데이터 제어 설정 항목

[데이터 제어]는 입력한 데이터 관련 내용을 세부적으로 설정할 수 있습니다.

그림 1-10 데이터 제어 설정 화면

모두를 위한 모델 개선

체크를 해제하면 채팅 이력이 더 이상 저장되지 않습니다. 프라이버시와 관련된 정보나 사내 비밀 정보를 채팅에 입력할 가능성이 있다면 비활성화하는 것이 좋습니다. 활성화(기본값)를 하면 해당 내용이 새로운 AI 학습에 사용될 가능성이 있기 때문입니다.

공유 링크

채팅 이력 공유 기능을 사용해 만든 링크를 관리할 수 있습니다. 과거에 만든 링크를 다시 한번 누군가에게 보내고 싶을 때 편리합니다. 또한 채팅 이력도 삭제할 수 있습니다.

데이터 내보내기

[내보내기]를 클릭하면 저장된 모든 채팅 이력과 계정 상세 정보가 담긴 데이터를 작성합니다. 데이터는 프로그램에서 사용하기 편한 JSON 형식입니다.

계정 삭제하기

[삭제]를 클릭하면 표시되는 확인 화면에서 필요한 사항을 입력해 계정을 완전히 삭제할 수 있습니다. 삭제 후에 기존의 이메일 주소로는 다시 계정을 만들 수 없습니다.

> **HINT**
>
> **유료 플랜 챗GPT 플러스와 프로의 기능**
>
> 유료 플랜의 챗GPT 플러스(ChatGPT Plus)나 프로(Pro)에 가입했다면 무료 버전보다 더 향상된 모델의 이용 한도와 고급 기능을 사용할 수 있습니다. 새로 출시된 기능 테스트도 가능합니다. 그리고 프로 플랜은 플러스의 모든 기능뿐만 아니라 o1 같은 최신 모델을 제한 없이 이용할 수 있습니다.
>
> 그림 1-11 유료 플랜 챗GPT

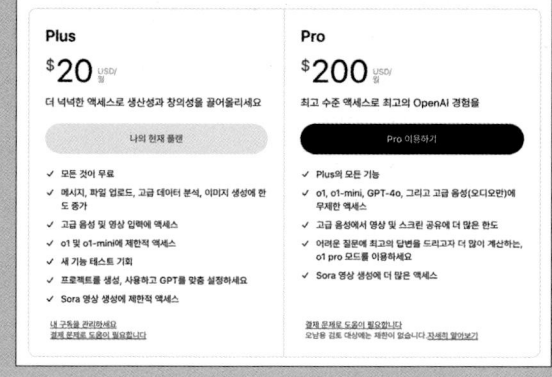

컴퓨터가 없어도 OK! 간편하게 이용할 수 있습니다

스마트폰으로 챗GPT를 이용해 보자

사용 AI 챗GPT, 챗GPT 플러스

추천 포인트 챗GPT는 스마트폰 앱(iOS/안드로이드)을 제공합니다. 웹 브라우저 버전과 거의 똑같이 이용할 수 있습니다. 간단하고 편리하게 쓸 수 있고 유료 버전 챗GPT 플러스에도 대응합니다.

앱을 내려받아 이용하기

챗GPT 스마트폰 앱은 앱스토어(iOS)나 구글 플레이(안드로이드)에서 내려받을 수 있습니다. 계정은 컴퓨터 웹 브라우저에서 이용한 계정을 그대로 쓸 수 있으므로 로그인하면 바로 이용할 수 있습니다.

참고로 스토어에서 'ChatGPT'로 검색하면 비슷한 이름의 앱이 많이 검색되지만, 반드시 OpenAI에서 출시한 ChatGPT 앱을 내려받으세요.[2]

챗GPT 앱 화면

챗GPT 앱 화면은 기본적으로 웹 브라우저와 크게 다르지 않지만, 버튼 위치 등이 조금 다릅니다. 웹 브라우저에는 없는 앱만의 기능으로, 마이크 입력을 통한 프롬프트 입력과 음성 대화 기능이 있습니다.[3]

---

2 [역주] https://openai.com/chatgpt/download/에 접속하면 다운로드 링크를 찾을 수 있습니다.

3 [역주] 챗GPT는 계속 업데이트되어서 요즘은 브라우저에서도 음성 대화 기능을 이용할 수 있습니다. 최근에는 앱에서만 지원하는 기능으로 스마트폰으로 촬영하는 실시간 영상으로 대화를 나눌 수 있는 라이브 카메라 기능이 추가되었습니다.

그림 1-12 챗GPT 앱

앱에서 이용할 수 있는 마이크 입력 기능. 직접 음성으로 말한 내용을 프롬프트로 입력할 수 있습니다.

사이드바 표시. 탭하면 채팅 이력을 표시하는 사이드바가 표시됩니다.

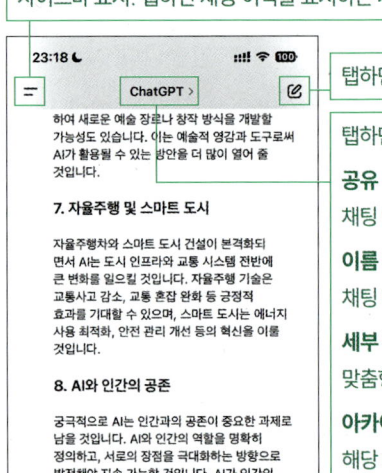

탭하면 새로운 채팅을 시작할 수 있습니다.

탭하면 세부 메뉴가 표시됩니다.

공유
채팅 이력을 공유할 수 있습니다.

이름 바꾸기
채팅 이력 제목을 변경할 수 있습니다.

세부 정보 보기
맞춤형 지침과 이용 모델을 확인할 수 있습니다.

아카이브에 보관
해당 채팅을 아카이브에 별도로 보관할 수 있습니다. 이렇게 보관한 아카이브는 설정 메뉴에서 확인합니다.

삭제
채팅 이력에서 삭제합니다. 삭제한 채팅은 되돌릴 수 없습니다.

프롬프트를 입력할 수 있습니다. 프롬프트를 입력하면 오른쪽에 있는 아이콘이 ↑ 모양으로 바뀌므로 탭해서 채팅을 보낼 수 있습니다.

마이크 입력입니다. 탭하면 음성으로 프롬프트를 입력할 수 있습니다.

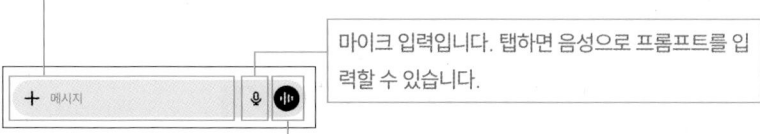

음성 모드 기능입니다. 탭하면 음성으로 대화를 주고 받는 음성 모드에 들어갑니다. 자세한 내용은 [010]을 참조합니다.

HINT

설명 화면 열기

사이드바를 열고 제일 아래에 있는 계정명이나 그 옆의 [⋯] 아이콘을 탭하면 설정 화면이 표시됩니다. 맞춤 설정이나 색 구성 등을 변경할 수 있습니다.

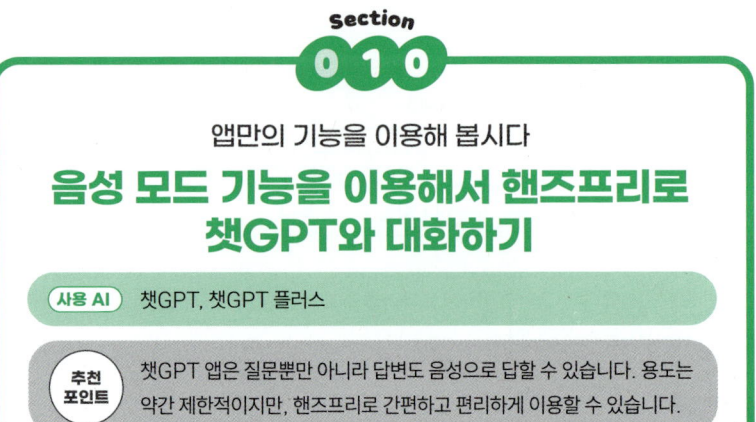

Section 010

앱만의 기능을 이용해 봅시다

음성 모드 기능을 이용해서 핸즈프리로 챗GPT와 대화하기

사용 AI 챗GPT, 챗GPT 플러스

추천 포인트 챗GPT 앱은 질문뿐만 아니라 답변도 음성으로 답할 수 있습니다. 용도는 약간 제한적이지만, 핸즈프리로 간편하고 편리하게 이용할 수 있습니다.

음성 모드 기능 이용하기

음성 모드 기능은 스마트폰 앱의 음성 대화 아이콘을 탭하면 시작할 수 있습니다. 영어 대화가 기본이지만, ==한국어로 이야기하면 한국어로 답해 줍니다.== 챗GPT가 답변을 생성하는 시간이 있으므로 사람과 똑같은 속도로 이야기할 수는 없지만 AI와 이 정도로 이야기할 수 있다는 사실에 깜짝 놀랄 것입니다. 대화 상대는 물론이고 ==영어 회화 연습에도 최고입니다.==

그림 1-13 음성 모드 이용하기

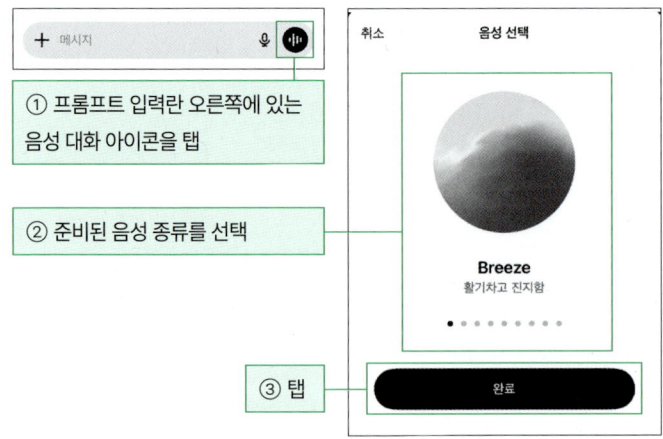

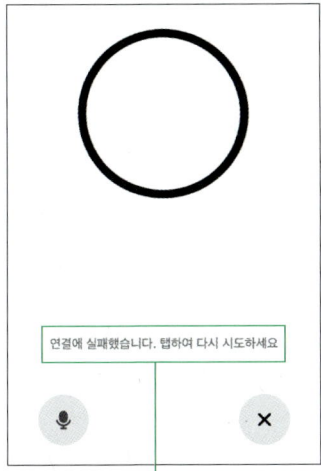

④ 네트워크 상태에 따라 접속되지 않을 때에는 기다리거나 [X]를 탭해서 창을 닫고 다시 음성 모드를 시작합니다.

말을 멈추면 조금 후 챗GPT가 음성으로 대답합니다.

대화 내용이 저장되므로 나중에 확인할 수 있습니다.

> **HINT**
> **한국어를 인식하지 못한다면**
> 주변이 시끄럽거나 발음이 좋지 않아서 등의 이유로 한국어를 한국어로 인식하지 못할 때가 있습니다. 그렇다면 설정 화면에서 주 언어를 선택해서 자동 탐지를 한국어로 변경합니다.

Section 011

무료 버전과 차이점은?
챗GPT 플러스에서 할 수 있는 일과 업그레이드 방법

사용 AI 챗GPT 플러스

추천 포인트 챗GPT는 무료로 이용할 수 있지만, 유료 플랜(월 20달러)의 챗GPT 플러스도 있습니다. 챗GPT 플러스 장점과 등록 방법을 소개합니다.

챗GPT 플러스란?

챗GPT 플러스는 챗GPT 유료 서비스입니다.[4] 월 20달러(약 28,000원)를 내면 다양한 혜택을 받을 수 있습니다. 특히 무료 버전에서는 사용할 수 없는 최신 추론 모델(o1, o3-mini)[5]을 이용할 수 있습니다. 그 외에도 이미지 생성, 고급 음성 모드 등 다양한 기능이 있습니다.

최신 AI 모델 o1를 이용할 수 있습니다

무료 버전에서는 사용량에 제약이 있지만, 플러스 플랜으로 업그레이드하면 GPT-4o, GPT 4o mini, GPT-4를 더욱 자유롭게 이용할 수 있습니다. 그뿐만 아니라 2024년 9월 12일에 공개된 **추론 특화 모델인 o1과 최신 o3-mini**도 이용할 수 있습니다.

---

[4] 역주 2024년 12월에 프로 플랜도 등장했습니다. 월 200달러라는 고가이지만 최신 추론 모델 o1을 제한 없이 이용할 수 있는 등 더 좋은 혜택을 제공합니다.
[5] 역주 o3-mini는 사용량에 제한은 있지만 무료 버전에서도 제공합니다.

새로운 모델은 **언어 능력과 질문이나 답변에 이용할 수 있는 문자 수가 최대 25,000 문자 정도까지 늘어나고, 수학이나 코딩 같은 복잡한 작업에서도 추론 기능으로 문제를 해결할 수 있습니다.** 이처럼 문제 해결 능력도 뛰어나기 때문에 더욱 다양한 문제에 적용할 수 있습니다.

최신 정보를 반영할 수 있습니다

예전에 무료 버전 챗GPT는 GPT-3.5만 쓸 수 있어서 2022년 1월까지의 지식밖에 없었습니다. 따라서 그 이후의 일에 대해 질문하면 제대로 답변하지 못했는데, 유료 버전에서 지원하는 **GPT-4o는 2024년 6월까지의 정보를 학습하였고 게다가 인터넷을 검색하는 기능도** 있어서 좀 더 정확한 정보를 쉽게 얻을 수 있습니다.

이미지를 이용한 프롬프트도 가능합니다

GPT-4o는 텍스트뿐만 아니라 사진을 프롬프트로 이용할 수 있어, **사진을 업로드하고 해당 사진에 대해 질문할 수 있습니다.**

DALL-E 3으로 그림도 그릴 수 있습니다

OpenAI가 개발한 이미지 생성 AI인 DALL-E 3으로 **챗GPT가 그림을 그릴 수 있습니다.**[6]

---

[6] 역주 무료 버전에서도 제한된 횟수로 이용할 수 있습니다. 2025년 3월에 4o Image Generation을 발표하면서 이전보다 훨씬 뛰어난 이미지 생성 기능을 선보였습니다. 이 기능을 이용해서 사진을 특정 그림체로 바꾸는 놀이가 세계적으로 유행했습니다.

GPTs를 이용할 수 있습니다

2023년 11월에 발표한 **개인 맞춤형 GPT를 만들 수 있는 GPTs 기능**도 이용할 수 있습니다.

고급 음성 모드를 이용할 수 있습니다

2024년 9월 24일에 발표한 기능으로 아홉 가지의 새로운 음성과 더욱 자연스러운 억양으로 대화를 나눌 수 있습니다. 실제 사람과 대화하는 것처럼 중간에 끼어들어도 반응하거나, 사투리 발음이나 감정적인 대응도 자연스럽게 처리합니다.

프로젝트를 이용할 수 있습니다

2024년 12월에 추가된 기능으로 작업에 관련된 파일, 대화, 맞춤 설정을 한곳에서 관리하는 기능입니다. 작업 공간별로 필요한 정보를 손쉽게 관리할 수 있습니다.

챗GPT 플러스로 업그레이드하는 방법

다음은 챗GPT 플러스로 업그레이드하는 방법입니다. 결제 수단은 신용 카드를 이용할 수 있습니다. 신규 기능 출시 등 시기에 따라서는 대기자 명단 등록이 필요할 때가 있습니다.

그림 1-14 챗GPT 플러스로 업그레이드하는 방법

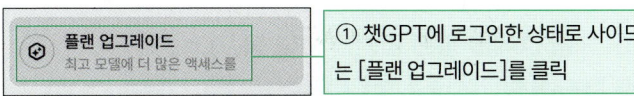

① 챗GPT에 로그인한 상태로 사이드바 하단에 있는 [플랜 업그레이드]를 클릭

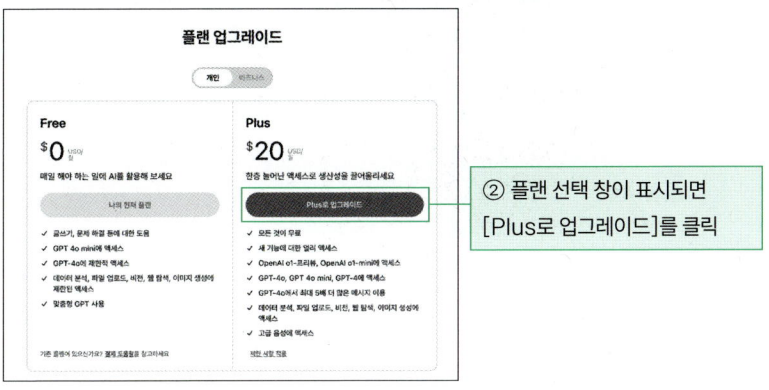

② 플랜 선택 창이 표시되면 [Plus로 업그레이드]를 클릭

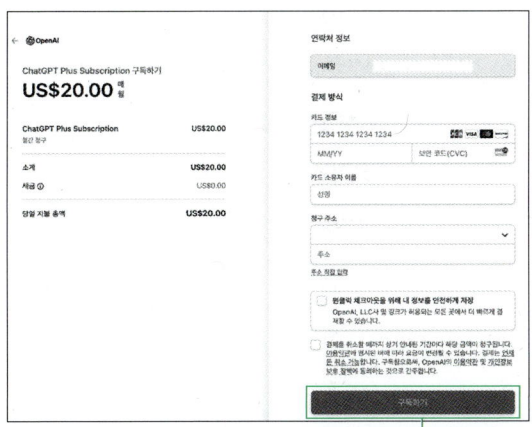

③ 이메일 주소를 확인하고 결제 방식에 신용 카드 정보를 입력한 다음, 이용 약관과 개인 정보 보호 정책 동의 체크박스를 체크하고 [구독하기]를 클릭

Section 012

웹 검색을 통한 답변을 받아 봅시다

인터넷 검색을 통해 최신 정보를 바탕으로 답변하는 챗GPT 플러스

사용 AI 챗GPT 플러스

추천 포인트 무료 버전 챗GPT에서 사용하는 모델은 학습한 시점의 지식만 있습니다. 챗GPT 플러스는 2024년 6월까지 정보뿐만 아니라 인터넷 검색으로 최신 정보를 찾아서 답변하므로 편리합니다.

최신 정보를 확인할 수 없는 무료 버전 챗GPT

2024년 10월 무렵 무료 버전 챗GPT는 과거 모델에 기반해서 답변하는데[7] 2023년 9월까지의 지식만 가지고 있어, 최신 주제에 대해서 물어보면 제대로 답변하지 못합니다. 예를 들어 다음과 같은 주제입니다.

프롬프트 입력

2024년 야구 한국 시리즈 우승한 팀은 어디야?

 응답

나는 2023년 9월까지의 정보로 학습된 모델을 기반으로 하고 있어. 이후 일어난 일에 대한 정보는 학습 데이터에 포함되지 않았지만, 실시간 정보를 필요로 하는 경우에는 웹 검색 기능을 사용해 최신 내용을 제공할 수 있어.

---

[7] 역주 최근에는 무료 버전에서도 유료 버전에서 제공하는 기능 일부를 이용할 수 있도록 점차 공개하는 추세입니다. 다만 무료 버전에서 이용할 수 있더라도 횟수 제한이 있고 이용자가 많으면 제한되는 경우가 많아서 맛보기 정도로 끝나기 때문에 기능이 마음에 든다면 유료 플랜을 이용하는 편이 좋습니다.

이런 질문은 학습 범위를 벗어나므로 검색이 필요하다고 응답합니다. GPT-3 시절에는 가짜 정보를 출력하는 환각 증상도 많았지만, 최근에는 개선된 모습을 보여 줍니다. 하지만 여전히 학습된 정보가 오래됐다는 단점이 있습니다.

챗GPT 플러스는 인터넷 검색도 할 수 있습니다

하지만 **챗GPT 플러스는 인터넷 검색 기능을 이용해 최신 정보가 필요한 질문에도 답변**해 줍니다. 검색으로 생성된 답변은 참조 웹페이지 링크도 포함되므로 사실 여부를 확인할 수 있습니다.

그림 1-15 챗GPT 플러스를 이용해 최신 정보 물어보기

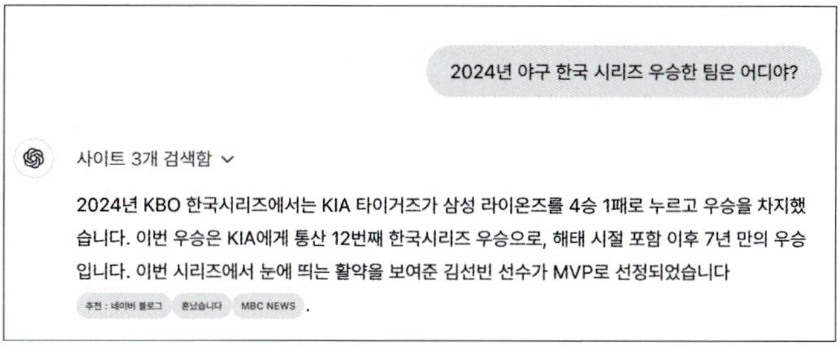

> 2024년 야구 한국 시리즈 우승한 팀은 어디야?
>
> 사이트 3개 검색함
>
> 2024년 KBO 한국시리즈에서는 KIA 타이거즈가 삼성 라이온즈를 4승 1패로 누르고 우승을 차지했습니다. 이번 우승은 KIA에게 통산 12번째 한국시리즈 우승으로, 해태 시절 포함 이후 7년 만의 우승입니다. 이번 시리즈에서 눈에 띄는 활약을 보여준 김선빈 선수가 MVP로 선정되었습니다
>
> 출처: 네이버 블로그, 문남슴니다, MBC NEWS.

인터넷 검색으로 찾은 최신 정보를 확인해서 답변합니다.

📋 **프롬프트 입력**

2024년 야구 한국 시리즈 우승한 팀은 어디야?

🤖 **응답**

2024년 KBO 한국시리즈에서는 KIA 타이거즈가 삼성 라이온즈를 4승 1패로 누르고 우승을 차지했습니다. 이번 우승은 KIA에게 통산 12번째 한국시리즈 우

> 승으로, 해태 시절 포함 이후 7년 만의 우승입니다. 이번 시리즈에서 눈에 띄는 활약을 보여 준 김선빈 선수가 MVP로 선정되었습니다.

이렇듯 무료 버전에서 답변하지 못한 질문도 인터넷 검색으로 최신 정보를 찾아서 답변합니다. 게다가 2024년 10월 31일에 발표한 챗GPT 검색 기능을 이용하면 최신 뉴스뿐만 아니라 가격 정보, 주가, 날씨 등 다양한 정보를 인터넷에서 챗GPT가 직접 검색해 답변해 줍니다.

챗GPT를 더 유용하게 쓰고 싶다면 유료 버전 챗GPT 플러스에 가입하는 편이 좋습니다.

Section 013

이미지에 대해서 질문할 수 있습니다

이미지를 업로드해서 질문할 수 있는 챗GPT 플러스

사용 AI 챗GPT 플러스

추천 포인트 챗GPT 플러스는 텍스트뿐만 아니라 이미지를 업로드해서 질문할 수 있습니다. 스마트폰으로 촬영한 음식의 이름을 물어볼 수 있어서 편리합니다.

이미지를 포함한 프롬프트를 작성할 수 있습니다

챗GPT 플러스에 가입해 GPT-4o를 이용하면 텍스트뿐만 아니라 **이미지를 업로드해, 이를 바탕으로 채팅을 할 수 있습니다.**[8] 예를 들어 스마트폰으로 촬영한 꽃 사진을 업로드해서 이게 무슨 꽃인지 물어볼 수 있습니다. 물론 인터넷에서 내려받은 이미지도 첨부할 수 있습니다.

프롬프트 입력

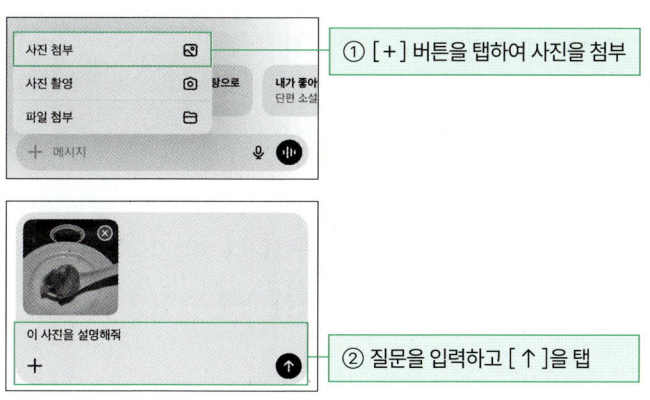

① [+] 버튼을 탭하여 사진을 첨부

② 질문을 입력하고 [↑]을 탭

---

[8] 역주 무료 버전에서도 이용할 수 있지만, 횟수 제한이 있습니다.

응답

이 사진에는 딤섬 요리 중 하나인 소롱포(xiaolongbao)가 하얀 세라믹 숟가락 위에 담겨 있습니다. 소롱포 위에는 생강 채가 얹혀져 있고, 그 옆에는 간장과 생강을 섞은 듯한 소스가 작은 접시에 담겨 있어 소롱포를 찍어 먹도록 준비된 모습입니다. 사진 상단에는 가지 요리가 사각 접시에 담겨 있습니다.

이미지에서 일부만 알고 싶을 때

스마트폰 앱 전용 기능이지만, 이미지에서 알고 싶은 부분을 손으로 그려서 표시하고 해당 부분에 대해 질문할 수 있습니다.

프롬프트 입력

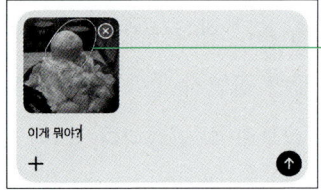

앱에서 선택한 이미지를 탭하면 원하는 부분을 그려서 표시할 수 있습니다.

응답

이 사진은 망고 빙수로 보입니다. 검은 그릇에 담겨 있으며, 곱게 갈린 얼음 위에 망고 조각과 망고 소스가 듬뿍 얹혀져 있습니다. 가장 위에는 망고 맛 아이스크림이 한 스쿱 올려져 있으며, 이 아이스크림 위에도 망고 소스가 뿌려져 있습니다.

알고 싶은 부분에 대해서 명확하게 답변합니다. 이 기능은 식물 이름 찾기 등 어떤 특정 사물을 확인할 때 유용하게 쓸 수 있겠지요?

HINT
사람 이름 등은 확인할 수 없습니다
개인 정보 보호를 위해 실제 인물, 캐릭터, 브랜드 등은 조사를 거부할 때가 있습니다. 부적절하거나 공격적, 차별적인 내용, 도박, 불법 행위, 의료 관련 조언도 마찬가지입니다.

Section 014

아름다운 이미지를 생성하는 기능
챗GPT 플러스의 DALL-E 3으로 그림을 그려 보자

사용 AI 챗GPT 플러스

추천 포인트 DALL-E 3은 OpenAI가 개발한 이미지 생성 AI 모델입니다. '활짝 핀 봄꽃을 그려 줘'와 같은 프롬프트를 입력하면 실제로 꽃 그림을 그려 줍니다. 바로 이용해 봅시다.

DALL-E 3으로 그림을 그려 봅시다

텍스트에서 이미지를 생성하는 AI 서비스는 전부터 있었지만 컴퓨터 파워가 많이 필요하기 때문에 대부분 서비스가 유료이거나 개수 제한이 있었습니다. 하지만 **챗GPT 플러스에 가입하면 DALL-E 3 모델을 이용해서 거의 무제한으로 이미지를 생성**할 수 있습니다.[9]

사용법은 매우 간단합니다. 원하는 그림 내용을 프롬프트에 입력하면 끝입니다.

프롬프트 예

큰 개와 놀고 있는 남자아이 그림을 그려 줘.

---

[9] 역주 DALL-E 3은 챗GPT 무료 버전에서도 제한된 횟수로 이용할 수 있습니다.

🟢 **응답**

여기 큰 개와 신나게 놀고 있는 남자아이 그림이야. 따뜻하고 즐거운 분위기지.

대화하며 그림 개선하기

그림을 부분적으로 수정하는 작업도 간단합니다. 챗GPT는 대화 흐름을 파악하고 있으므로 **조금 더 밝게, '오른쪽 사람의 머리 색을 검게 바꾸기'** 같은 **세세한 부분도 수정할 수 있습니다.** 이미지 기본값은 정사각형(1024×1024픽셀)이지만, 가로(1792×1024픽셀)나 세로(1024×1792픽셀) 같은 긴 형태로 변경할 수도 있습니다.

📋 **프롬프트 입력**

조금 더 사실적인 느낌으로 가로로 긴 그림으로 그려 줘.

응답

여기 좀 더 사실적인 느낌으로, 가로로 긴 구도의 그림이야.

생성한 그림 저장하기

생성한 그림을 저장하고 싶다면 이미지 오른쪽 위에 마우스를 올리면 표시되는 [↓] 아이콘을 클릭하면 됩니다.

그림 1-16 생성한 그림 저장하기

 화면 오른쪽 위 [↓]를 클릭하면 저장할 수 있습니다.

원포인트

2025년 3월에 4o Image Generation을 발표하면서 기존의 DALL-E 3보다 훨씬 진화된 이미지 생성 기능을 선보였습니다. 다음은 동일한 프롬프트를 입력해 4o 이미지 생성 기능으로 작성한 이미지입니다.

프롬프트 입력

큰 개와 놀고 있는 남자아이 그림을 그려 줘.

🤖 응답

📋 프롬프트 입력(계속)

조금 더 사실적인 느낌으로 가로로 긴 그림으로 그려 줘.

🤖 응답

결과물에서 확연한 차이를 알 수 있습니다. 이 책에 등장하는 DALL-E 3으로 작성한 그림과 4o로 작성한 그림 수준 차이를 직접 해 보면서 서로 비교해 보세요.

> **HINT**
> **무료로 체험하기**
> DALL-E 3은 마이크로소프트의 채팅형 AI 코파일럿(Copilot)이나 이미지 생성 서비스 이미지 크리에이터(Image Creator)에서도 무료로 이용할 수 있습니다. 챗GPT 플러스에 가입하기 전에 체험해 보는 것도 좋습니다.

특화된 기능을 제공하는 전용 채팅
오리지널 채팅 기능을 제공하는 GPTs를 이용해 보자

사용 AI 챗GPT 플러스

추천 포인트 GPTs는 GPT의 복수형으로 오리지널 챗GPT를 만들 수 있는 신기능입니다. 앞으로 하려는 작업에 잘 맞는 GPTs를 골라서 사용하는 미래가 올지도 모릅니다.

OpenAI의 GPTs 이용하기

GPTs를 이용하려면 내 GPT(My GPTs) 화면을 엽니다. 화면 상단에 자신만의 GPT를 만드는 [+ 만들기] 버튼과 DALL-E, Data Analyst처럼 By ChatGPT 카테고리에 있는 챗GPT 팀이 작성한 GPT가 있어서 자유롭게 이용할 수 있습니다. 우선 챗GPT 팀의 GPTs부터 사용해 봅시다.

그림 1-17 GPTs 이용하기

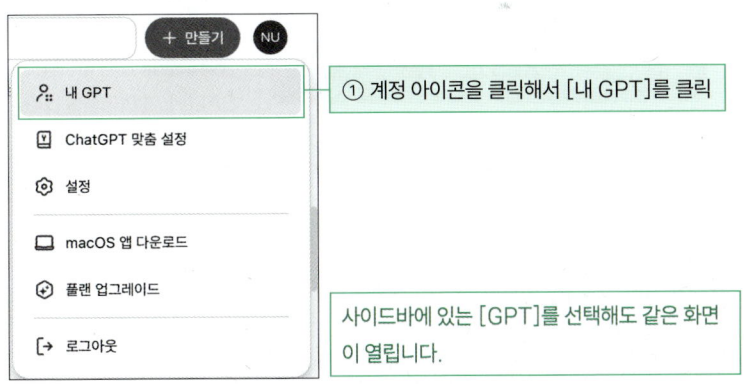

① 계정 아이콘을 클릭해서 [내 GPT]를 클릭

사이드바에 있는 [GPT]를 선택해도 같은 화면이 열립니다.

② By ChatGPT 카테고리에 챗GPT 팀이 만든 GPT가 있으므로 이미지 생성에 특화된 DALL-E를 선택한 후 [채팅 시작]을 클릭

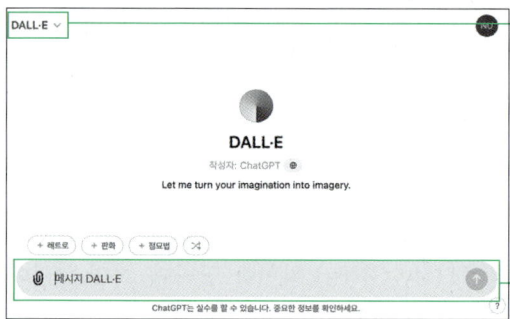

OpenAI의 GPTs 중 하나인 DALL-E가 표시됩니다. 채팅 창 왼쪽 위에 DALL-E 표시가 있습니다.

③ 평소 채팅처럼, 그리고 싶은 그림의 설명을 프롬프트에 입력

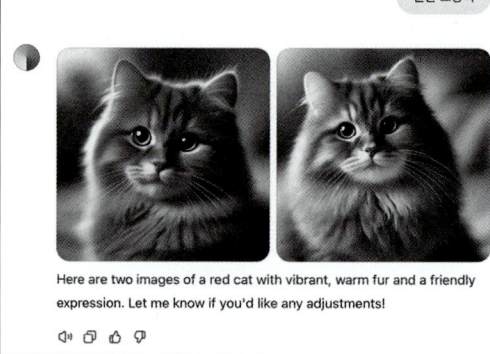

그림을 그려 달라는 말도 없이 '빨간 고양이'만 입력했는데 이처럼 특별히 아무것도 지시하지 않아도 고양이 그림을 그려 줍니다. DALL-E가 이미지를 그리는 데 특화된 GPT라서 그렇습니다.

> **HINT**
>
> **GPTs를 사이드바에 고정하기**
> 채팅 창 왼쪽 위에 표시된 GPT 이름 옆에 있는 [⋯]를 클릭하면 표시되는 메뉴에서 [사이드바에서 유지]를 선택하면 사이드바에 GPT가 고정되어서 언제나 편하게 선택할 수 있습니다.

샘 올트먼 해임 소동

2023년 11월, OpenAI의 공동 창립자이자 CEO인 샘 올트먼은 이사회에서 구글 미트(Google Meet) 통화로 갑자기 해임되었습니다. 이 결정은 올트먼과 이사회 간의 소통 단절이 원인으로 알려졌습니다. 이 사건은 큰 혼란을 일으켰고 많은 직원이 올트먼을 지지하며 그가 CEO로 복귀하지 않으면 퇴직하겠다고 SNS에 표명하기까지 했습니다.

동시에 마이크로소프트의 CEO인 사티아 나델라는 올트먼과 전 OpenAI 사장인 그렉 브로크만을 포함한 팀을 새로운 첨단 AI 연구 팀의 리더로 영입한다고 발표했습니다. 따라서 OpenAI 직원이 올트먼과 함께 마이크로소프트로 이직할 가능성이 높아졌습니다.

그러나 11월 21일, 올트먼은 새로운 이사회 멤버와 함께 OpenAI의 CEO로 복귀했습니다. 올트먼은 복귀 후 자신에 대해 쿠데타를 일으킨 것으로 알려진 거의 모든 이전 이사회 멤버를 해임했습니다.

올트먼 해임에 대해 OpenAI 이사회는 그가 이사회와의 소통에서 일관되게 솔직하지 않았으며, 이로 인해 이사회가 책임을 다하지 못하도록 방해했다고 밝혔습니다. 한편 일부 보도에서는 OpenAI가 개발한 AI 모델이 지나치게 강력하여 안전성에 대한 우려가 제기되었다고 전했습니다.

이런 사건은 AI 미래가 소수의 손에 달려 있는 것이 아니라 집단적인 책임이 있고 그리고 AI 세계의 진로는 신중하게 진행되어야 한다는 것을 다시 생각하게 만들었습니다.

앞의 글은 다음 스크립트로 챗GPT(GPT-4)가 생성한 후 사실 확인을 거쳐 재편집한 것입니다.

프롬프트 입력

OpenAI의 CEO 샘 올트먼이 쫓겨난 소동에 대해 객관적인 시점으로 뉴스 형식으로 짧게 정리해 주세요.

chapter

02

바로 써먹기! 실용성 높은 챗GPT 활용 예

Section 016

활용하기 전에 알면 좋은 특징

챗GPT에 적합한 일과 적합하지 않은 일

 사용 AI 챗GPT, 챗GPT 플러스

추천 포인트 챗GPT는 실행할 수 없거나 답할 수 없는 경우에도 어떻게든 답한다는 점이 우수하지만, 역시나 장단점이 있습니다. 2장 초반에는 이런 부분을 확인합니다.

챗GPT에 적합한 일

챗GPT가 지금까지의 AI와 다른 점은 인간적인 부분이 챗GPT가 잘하는 분야라는 점입니다. 방대한 사전 학습 데이터 덕분에 많은 영역을 아우르며 특히 **비교, 분석에 기본적으로 적합합니다**. 특정 전문 분야와 다른 전문 분야를 넘나들어도 적절히 비교와 분석을 할 수 있습니다. 또한 **이미 있는 정보를 정리해서 제시**하는 데 능숙합니다. 그중에서도 인터넷에 많은 데이터가 존재하는 분야(예를 들어 자연어를 이용한 커뮤니케이션)에서 큰 힘을 발휘합니다. 즉, 지금까지 인류가 쌓아 온 정보가 많으면 많을수록 챗GPT는 더욱 많은 영역에 걸쳐 마치 인간이 답하는 듯한 응답을 구성하기 쉽습니다.

역설적이지만 인류가 쌓아 온 방대한 데이터를 학습한 AI라서 반대로 인간이 하기 힘든 일, 예를 들어 **답변 개수를 늘리는 일**도 챗GPT는 잘합니다. 뭐든지 좋으니까 아이디어 1,000개를 제시하는 작업이라면 10명이 모여도 쉽지 않습니다. 오히려 챗GPT가 특기인 분야라서 그 결과를 다시 수정, 분류, 정리하는 일도 순식간에 처리합니다.

그리고 **챗GPT가 처리할 수 있는 정보의 종류는 점점 더 늘어나고 있습니다.** 처음에는 텍스트만 처리했지만 그 후 이미지를 다룰 수 있고 출력 파일 형식도 늘어났습니다. 물론 프로그램도 언어라는 의미에서 자연어와 비슷하거나 그 이상으로 잘 다루고 프로그래밍을 모르는 사람이라도 챗GPT가 있으면 쉽게 프로그램을 작성할 수 있습니다.[1]

또한 유료 버전 챗GPT 플러스는 사용자가 가진 데이터 즉, 챗GPT가 아직 학습하지 않은 데이터를 추가해 사용할 수 있습니다. 이런 기능 덕분에 챗GPT를 자신의 고유 데이터를 바탕으로 작동하는 전용 비서처럼 쓸 수 있습니다. 이렇듯 사람이 간단히 할 수 없는 일을 사람 수준의 결과물로 만들어 내는 것이 챗GPT의 장점입니다.

챗GPT에 적합하지 않은 일

챗GPT의 내부 처리는 기본적으로 일방통행입니다. 따라서 **완전히 똑같은 일을 반복하는 것을 오히려 어려워합니다.** 계산할 때 실수하거나, 한 번 가르친 작업을 가끔 못하게 되는 것도 이런 이유 때문입니다. 같은 작업을 처리하고 싶다면 기존 채팅 내부에서 하는 것이 좋지만, 하나의 채팅창에서 처리할 수 있는 최대 토큰(token)[2] 제한이 있습니다.

그리고 챗GPT는 기본적으로 답변한 내용의 의미 자체는 이해하지 못합니다. 챗GPT의 답변은 모델에 학습된 정보를 바탕으로 이런 답변이 등장할 가능성이 가장 높다는 것을 보여 줄 뿐입니다. 따라서 **정답이 하나뿐인 내용은 기본적으로 적합하지 않습니다.** 아무리 해도 답변이 이상하다

---

1 역주 최근에는 웹 브라우저를 스스로 조작해서 작업을 자동화하는 오퍼레이터(Operator)도 등장했습니다.
2 역주 토큰은 문장을 구성하는 단어 조각에 해당하는 개념으로, 영어나 한국어 차이 등에 따라 단어와 토큰은 완전한 1:1 관계가 아니라 비례적인 관계입니다.

면 질문 방식을 바꿔 보는 것도 좋겠지만, 새로운 채팅 창을 열고 처음부터 다시 해 보는 쪽이 더 나은 방법입니다.

물론 챗GPT 플러스는 직접 독자적으로 데이터를 추가할 수 있습니다. 하지만 그렇게 해도 챗GPT 답변은 어디까지나 지금까지 인류가 해온 일의 연장선에 있습니다. 즉, 과장하자면 지금까지 **인류가 겪어 보지 못한 문제라면 챗GPT는 기본적으로 무력**합니다.[3]

챗GPT 적합 여부와 관계없이 잘 활용하는 방법

챗GPT는 간혹 틀린 정보를 출력하거나 불가능하다고 답변합니다. 그렇지만 채팅 형식이므로 대화 과정 자체는 남아 있습니다. 따라서 어떻게든 대화를 이어갈 가능성이 높습니다.

챗GPT는 사용자가 납득할 때까지(제약은 있지만) 언제까지나 대화를 이어갈 수 있습니다. **알 수 없거나, 납득할 수 없거나, 이대로는 안 된다고 생각할지라도 이런저런 수단을 바꿔 가며 챗GPT에 계속 말을 걸 수 있습니다.**

다행히 생성형 AI가 한 번에 처리할 수 있는 텍스트의 길이와 맥락을 나타내는 단위인 '토큰'의 한도가 계속 늘어나고 있습니다. 최근에는 어지간한 책 한 권 분량의 대화를 담을 수 있을 정도입니다.

게다가 챗GPT는 대화가 싫다는 말을 하지 않습니다. 상대방 기분을 살필 필요도 없습니다. 지금 원하는 결과가 나올 때까지 언제까지나 어울려 줍니다. **우리가 먼저 포기하지 않는 것이 챗GPT를 활용하는 데 가장 중요한 비결**일지도 모릅니다.

---

3 역주 최근에는 추론 모델이 등장함에 따라 아직 겪어 보지 못한 상황에 대해서도 예측이나 결론을 내릴 수 있을 가능성이 높아졌습니다.

Section 017

혼자 고민하지 말고 AI에 물어봅시다
웹 미디어, 블로그 등 기사 아이디어를 내 보자

사용 AI 챗GPT, 챗GPT 플러스

추천 포인트 글을 써야 하는데 아이디어가 떠오르지 않습니다. 그런 난관을 넘는 데에는 챗GPT가 최고의 파트너입니다. 일단 물어보고 돌아온 대답에 거듭 질문하는 것이 포인트입니다.

처음에 무엇을 물어봐야 할까요?

챗GPT에 제공할 정보 중에서 우선 필요한 것은 상황 설명입니다. **세세한 건 신경 쓰지 말고 어째서 지금 챗GPT에 요청하려는지 솔직하게 말하는 것이** 가장 좋습니다. 기사 아이디어 내기는 챗GPT가 가장 잘하는 일이므로 어떻게 물어볼지 고민하는 것은 시간 낭비입니다.

프롬프트 입력

회사의 자사 미디어에 갑자기 글을 쓰라고 해서 고민입니다. 아이디어를 내는 데 도와주세요.

응답

회사 자사 미디어 콘텐츠라면 브랜드 아이덴티티를 강화하면서도 독자들이 흥미를 가질 만한 주제를 다루는 게 중요해요. 다음 몇 가지 아이디어를 참고해 보세요:

1. **업계 트렌드 분석** - 현재 업계의 최신 트렌드나 변화에 대한 인사이트를 제공하는 글. 회사가 제공하는 서비스나 제품이 어떻게 트렌드와 연결되는지 언급하는 것도 좋아요.

2. **사내 문화나 팀 소개** - 독자들이 회사에 대해 친근감을 느낄 수 있도록 사내 문화나 특별한 팀, 프로젝트를 소개하는 글. 사람들의 이야기나 팀의 노력 과정을 담아도 좋아요.
3. **고객 사례/성공 스토리** - 자사 제품이나 서비스가 고객에게 긍정적인 변화를 가져온 사례를 소개하면 신뢰성을 높일 수 있어요.
4. **기술/제품 관련 꿀팁** - 자사의 기술, 제품 사용법에 관한 팁이나 아이디어를 제공해 고객과의 상호작용을 늘려 보세요.
5. **AI 트렌드와 연결 지어보기** - AI에 관심이 많으시니 이를 활용해 자사 제품이나 서비스를 AI와 연결하는 흐름을 다룬다면, 전문성 있는 콘텐츠가 될 것 같아요.

이 중 어떤 게 마음에 드는지, 더 자세히 다듬고 싶다면 말해줘!

가르쳐 달라고 하면 더욱 간결하게 대답하기

챗GPT가 현재 과제를 해결하기 위해 어떤 것을 알려 달라고 질문한다면 해결은 시간 문제입니다. 또한 여러 가지를 물어볼 수도 있는데 억지로 전부 대답하지 않아도 됩니다. **지금 대답할 수 있는 것만 솔직히 대답합시다.**

프롬프트 입력(계속)

인터넷 서비스를 하고 있습니다. 독자는 잠재 고객입니다.

응답

그렇다면 잠재 고객의 관심과 문제를 해결하면서 서비스의 장점을 자연스럽게 소개하는 콘텐츠가 좋겠네요. 이런 아이디어가 효과적일 수 있어요:

1. **"이 문제, 우리 서비스로 해결하세요"** - 고객이 자주 겪는 문제나 불편

을 중심으로 글을 쓰고, 그 문제를 어떻게 해결할 수 있는지 단계별 가이드를 제시하며 자연스럽게 자사 서비스를 언급해 보세요.
2. **사용자 후기와 추천 사례** - 서비스 이용자들의 경험을 담은 후기를 콘텐츠로 풀어내면 신뢰도도 올라가고, 독자가 서비스 이용을 쉽게 상상할 수 있게 돼요.
3. **무료 기능/혜택 소개** - 서비스를 처음 접하는 고객에게 부담 없이 매력을 느끼도록, 무료 기능이나 체험판의 특징을 친절하게 소개해 보세요.
4. **인사이트 & 트렌드와 연결** - 서비스와 관련된 업계 트렌드나, 최신 기술 동향을 소개하면서 자사 서비스가 어떻게 이 흐름에 맞춰진 서비스인지 보여주면 전문성과 흥미를 함께 전달할 수 있어요.
5. **FAQ 형식의 콘텐츠** - 잠재 고객들이 자주 하는 질문을 Q&A 형식으로 다뤄보면 유용할 거예요. 이런 형식은 가볍게 읽히고 정보도 쉽게 전달돼요.

이 중에 구체적으로 끌리는 것이 있으면 더 디테일하게 다듬어 보자!

아이디어가 떠올랐다고 해서 끝내지 않기

이런 요건을 전부 충족하면 아이디어 한두 개 정도는 나올 듯한 답변을 받았습니다. 하지만 아직 안심하기에는 이릅니다. 한 번 더 물어봅시다. 그리고 마음에 들었던 내용이 있으면 그런 내용도 잘 전달해야 합니다.

프롬프트 입력 (계속)

모두 좋은 내용이네요. 그런데 한 달에 두 번은 작성해야 한다고 하는데 이때 주의해야 할 점이 있다면 알려 주세요.

응답

한 달에 두 번 정기적으로 작성해야 한다면, 다음 몇 가지를 신경 써 보세요:

1. **콘텐츠의 연속성과 차별화**

- 같은 주제를 반복하기보다는 매번 다른 관점에서 접근해 주는 게 좋아요. 예를 들어, 한 달에는 서비스의 특장점을 소개하고, 다음 달에는 성공 사례를 중심으로 이야기를 풀어보는 식으로요.

2. **읽는 재미를 위한 다양한 형식**
- 항상 같은 형식보다는 리스트형, 인터뷰형, 시리즈형 등으로 글 형식을 다양하게 하면 독자의 관심을 끌 수 있어요. 예를 들어 한 번은 '인터넷 속도 높이는 꿀팁' 리스트로, 또 한 번은 고객 인터뷰 형식으로 변화를 주는 식이죠.

3. **고객의 관점 유지**
- 자사 중심보다는 잠재 고객의 입장에서 "이 글이 어떻게 나에게 도움을 줄까?"를 고려해요. 문제 해결 중심으로 풀어내는 방식이 가장 효과적이죠.

4. **분석과 피드백 반영**
- 매달 두 개씩 발행하면 콘텐츠 반응을 주기적으로 분석해 볼 수 있어요. 클릭수나 머무는 시간, 댓글 등을 확인해 더 좋은 반응을 얻는 방향으로 조정하면 좋겠어요.

5. **SEO 및 키워드 사용**
- 잠재 고객이 자주 검색할 키워드를 포함해 검색에 잘 노출되게 하는 것도 중요해요. 단, 지나치게 키워드에 의존하지 말고 자연스러운 흐름을 유지해야 해요.

이렇게 하면 매달 독자에게 신선하고 유용한 정보를 줄 수 있을 거예요!

HINT

내용 파악이 어려울 때 해 보면 좋은 방법

이번 예는 챗GPT가 처음부터 종목별로 정리해서 답변했지만, 매번 이렇게 알기 쉬운 형식으로 답변하는 것은 아닙니다. 또한 종목별 목차 형식이 가장 좋은 방법은 아닐 수도 있습니다. 답변을 이해하기 어렵다고 느낄 때는 '보고서 형식으로 작성해', '500자 이내로 정리해'처럼 답변 형식을 지정하면 의도한 결과에 가까운 답변을 얻을 수 있습니다.

Section 018

원고 소재를 대량으로 생성해 봅시다

SNS 원고, 캐치프레이즈, 제목, 첫 문장 아이디어 100개를 제안하기

사용 AI 챗GPT, 챗GPT 플러스

추천 포인트 챗GPT는 결과물 개수를 늘리는 데 선수입니다. 사람이 한다면 시간이 엄청나게 걸리는 아이디어 100개 제출도 챗GPT에 맡기면 순식간에 생성됩니다. 그 비결을 알려 드립니다.

갑자기 100가지 안을 내라고 요구하지 않는 것이 요령

아무리 챗GPT라고 해도 갑자기 100가지 결과물을 내놓으라고 하면 효율이 좋지 않습니다. 따라서 우선 10개부터 시작합시다.

프롬프트 입력

SNS 원고, 캐치프레이즈, 제목, 첫 문장으로 100가지 안을 내라는 요청이 들어왔습니다. 우선 10개부터 시작하려고 합니다.

응답

알겠습니다! **어떤 주제나 키워드로 작성해야 하는지, 또는 원하는 스타일이나 분위기가 있다면 알려 줘.**

이전 예제와 마찬가지로 일단 대화를 시작하니 챗GPT가 질문을 합니다. 질문에 답하면서 대화를 반복하면 목표에 가까워질 수 있습니다.

프롬프트 입력(계속)

회사 상품을 소개하는 아이디어 제안입니다. 대상은 중년 남성입니다. 콘셉트는 100년 인생이고, 상품은 남성용 화장품입니다.

응답

이 콘셉트에 맞춰 10가지 아이디어를 제안해 볼게.

---

1. 캐치프레이즈
- **"100년을 함께하는 당신의 피부 동반자"**
제목
- **"피부도 당신처럼, 세월을 품다."**
첫 문장
- *세월의 흐름이 남긴 흔적도, 당신의 인생 이야기입니다.*

---

2. 캐치프레이즈
- **"인생 100년, 피부는 변함없이"**
제목
- **"매일 더 나은 당신을 위한 스킨케어"**
첫 문장
- *피부는 나이를 속이지 않습니다. 하지만, 관리할 수는 있습니다.*

---

3. 캐치프레이즈
- **"나이에 맞게, 품격 있게"**
제목
- **"지금의 당신에게 필요한 단 하나의 케어"**
첫 문장
- *이제 당신의 인생, 피부에서 빛나게 하세요.*

---

4. 캐치프레이즈
- **"100년을 살면서도 생기를 잃지 않는 법"**

제목
- **"남자의 품격을 가꾸는 특별한 시간"**
첫 문장
- *삶의 경험이 피부에 남는다면, 당신만의 스토리로 가꾸세요.*

---

5. 캐치프레이즈
- **"100세 시대의 시작, 피부에서"**
제목
- **"중년의 품격을 위한 첫걸음"**
첫 문장
- *나이만큼 지혜롭고, 피부만큼 젊게.*

---

6. 캐치프레이즈
- **"시간이 흐를수록 빛나는 당신을 위해"**
제목
- **"경험의 세월을 지워주는 스킨케어"**
첫 문장
- *중년의 자신감을 피부에서 다시 찾아보세요.*

---

7. 캐치프레이즈
- **"당신의 100년 인생, 지금도 관리 중입니다"**
제목
- **"중년의 피부, 제대로 가꾸다"**
첫 문장
- *평생 피부를 지켜줄 파트너가 있다면 믿으시겠습니까?*

---

8. 캐치프레이즈
- **"당신의 세월, 그 가치에 맞는 피부를"**
제목
- **"남자의 피부도 관리가 필요하다"**
첫 문장

- *세월의 무게를 지닌 당신에게 필요한 특별한 관리.*

---

9. 캐치프레이즈
- **"어제보다 오늘 더 빛나는 피부"**
제목
- **"경험과 지혜를 더한 남성 스킨케어"**
첫 문장
- *세월을 뛰어넘는 당신의 피부를 위한 프리미엄 케어.*

---

10. 캐치프레이즈
- **"시간의 흔적, 품격 있게 관리하세요"**
제목
- **"나이 듦도 멋스럽게"**
첫 문장
- *100년 인생을 빛내줄 남성 스킨케어를 만나보세요.*

이런 방향으로 진행해도 좋다면 알려 줘.

10개가 정해졌으면 각각 10배로 늘리기

챗GPT는 한 번의 대화에 처리할 수 있는 글자 수에 제한이 있습니다. 무시하고 계속 진행할 수도 있지만, 각각의 결과를 10배씩 늘려 보면서 점점 좋게 만들어 봅시다.

≡ **프롬프트 입력(계속)**

우선 1. 캐치프레이즈를 10배로 늘리고 싶습니다. 괜찮습니까?

🐼 응답

물론이지! 캐치프레이즈를 추가로 10배 더 제안해 볼게.

---

1. **"100년 인생을 담은 당신의 피부 동반자"**
2. **"세월을 간직하되, 피부는 지키다"**
3. **"중년을 위한, 중년이 빛나는 피부"**
4. **"나이 들어도 매력적인 남자를 위한 스킨케어"**
5. **"세월은 흐르지만, 피부는 머물다"**
6. **"경험이 쌓일수록 피부가 더 빛나게"**
7. **"당신의 세월을 품어줄 피부 파트너"**
8. **"매일 더 나은 당신, 피부도 함께"**
9. **"시간이 흐를수록 피부의 품격을"**
10. **"100년을 계획하는 중년의 피부관리"**

---

11. **"당신의 인생과 함께 자라는 피부"**
12. **"변함없는 품격, 그리고 변함없는 피부"**
13. **"중년을 살아가는 남자의 당당한 피부"**
14. **"지금부터 시작하는 중년의 피부케어"**
15. **"인생의 여정에 함께할 스킨케어"**
16. **"나이 들어도 당당한 피부를"**
17. **"100년의 멋을 완성하는 마지막 터치"**
18. **"피부는 곧 당신의 역사입니다"**
19. **"당신의 이야기, 당신의 피부로"**
20. **"세월에 맞게, 품격 있게 빛나는 피부"**

---

21. **"시간이 지나도 결코 늦지 않은 관리"**
22. **"삶의 흔적, 피부에서 빛나게"**
23. **"피부에서 시작되는 당신의 품격"**
24. **"중년의 당신, 피부도 새롭게"**
25. **"남자도 피부 관리를 시작할 때입니다"**

26. **"오랜 세월의 흔적, 지혜롭게 관리하기"**
27. **"시간을 거스르는 중년의 피부"**
28. **"경험이 쌓여도 생기는 지키는 피부"**
29. **"남자의 피부도 특별한 관리가 필요하다"**
30. **"100년 인생, 피부가 말해줍니다"**

---

31. **"매일 매일 빛나는 피부로 중년을"**
32. **"세월의 흔적을 줄여주는 스킨케어"**
33. **"피부에 스며드는 인생의 품격"**
34. **"중년의 자신감을 피부에서 찾다"**
35. **"당신의 나이, 당신의 피부로 증명하다"**
36. **"세월은 지나도 피부는 유지하라"**
37. **"매일 조금씩 더 젊어지는 느낌"**
38. **"세월을 품고도 생기를 잃지 않는 피부"**
39. **"나이 들어도 젊음을 간직하다"**
40. **"피부 관리로 중년의 삶을 새롭게"**

---

41. **"인생 100년을 피부로 증명하다"**
42. **"당신의 세월, 피부도 동행합니다"**
43. **"중년에도 잃지 않는 젊은 피부"**
44. **"세월을 가꾸는 남성의 피부"**
45. **"시간의 흐름에도 중년의 품격"**
46. **"세월은 흐르지만 피부는 건강하게"**
47. **"남성 피부, 세월을 담고 빛나다"**
48. **"경험과 세월을 담은 피부 케어"**
49. **"당신의 100년을 위해 준비된 스킨케어"**
50. **"시간이 흘러도 피부는 당당하게"**

이 방향으로 추가 아이디어가 필요하면 알려 줘!

각각 10배로 늘리면 순식간에 아이디어 100개 완성

마찬가지로 SNS 원고, 제목, 첫 문장 제안을 10배로 늘리는 질문을 던집니다. 이런 요령으로 질문을 반복하면 100가지 아이디어를 낼 수 있습니다.

> **프롬프트 입력(계속)**
> 다음은 SNS 원고를 10배로 늘리고 싶습니다.

> **프롬프트 입력(계속)**
> 다음은 제목을 10배로 늘리고 싶습니다.

> **프롬프트 입력(계속)**
> 다음은 첫 문장을 10배로 늘리고 싶습니다.

같은 내용이 10번 반복된다면?

10배로 늘려달라고 질문하면 똑같은 답변을 10번 반복하는 경우도 있습니다. 그러면 질문 방식을 조금 바꿔서 '10번 반복이 아니라 10개의 서로 다른 원고를 작성해 주세요'라고 입력하면 10개의 다른 아이디어를 제안합니다.

Section 019

좋은 생각이 떠오르지 않을 때 편리합니다

유튜브 동영상 아이디어 내기

사용 AI 챗GPT, 챗GPT 플러스

추천 포인트 유튜브 동영상을 많이 올리고 싶지만, 아이디어가 떠오르지 않을 때도 있지요? 그렇다면 챗GPT에 솔직히 그런 마음을 털어놓아 보세요. 의외로 정면 돌파가 답입니다.

유튜브에 상품 소개 동영상을 올리고 싶은 경우

유튜브 동영상에도 여러 장르가 있습니다. 그런 부분을 무시하면 챗GPT 답변도 엉망이 될 수 있으므로 유튜브에서 흔히 볼 수 있는 장르인 상품 소개 동영상 촬영을 예로 질문해 봅시다.

프롬프트 입력

유튜브 동영상 아이디어가 필요합니다. 상품 소개 동영상을 찍고 싶은데 좋은 아이디어가 있습니까?

응답

상품 소개 동영상에서 차별화될 수 있는 몇 가지 아이디어를 추천해줄게.

1. **문제 해결 스토리텔링**

    특정 문제 상황을 설정하고, 그 문제를 해결하는 과정에서 제품이 자연스럽게 활용되는 모습을 보여 줘. 예를 들어, 정리 용품이라면 지저분한 공간을 깔끔하게 정리하는 모습을 시간 경과(타임랩스)로 보여 주면서 시청자들이 제품의 가치를 느끼게 할 수 있어.

2. **사용 전후 비교**

   제품 사용 전과 후를 비교해 보여 주면 시청자들에게 큰 임팩트를 줄 수 있어. 특히 미용이나 홈케어 제품이라면 효과가 눈에 띄게 보여지니까 시청자들이 구매 욕구를 더 느낄 수 있을 거야.

3. **언박싱 & 첫인상 리뷰**

   제품을 처음 받았을 때의 언박싱 과정과 첫인상에 대해 솔직하게 얘기해. 구독자들이 제품을 실물로 경험하지 못하니까 최대한 리얼한 느낌을 전달해 주는 게 포인트야.

4. **Q&A 형식 리뷰**

   시청자들이 가질 법한 질문을 모아서 그에 대한 답을 주는 형식으로 진행해 봐. 제품의 장단점, 궁금해할 만한 사용 방법, 주의할 점 등을 Q&A 형식으로 설명하면 시청자들이 더 쉽게 이해할 수 있을 거야.

5. **실험 및 테스트 영상**

   제품의 성능이나 내구성을 실험적으로 테스트해 보는 것도 좋은 방법이야. 예를 들어 방수 기능이 있는 제품이라면 물에 넣거나 실제로 물을 튀겨보면서 기능을 시연해 주는 식이지.

6. **일상 속 활용 예시**

   단순한 소개보다 일상 속에서 제품이 어떻게 유용하게 사용되는지를 보여 주는 것도 효과적이야. 예를 들어 커피 머신이라면 아침 루틴에 어떻게 활용되는지 자연스럽게 녹여내는 거지.

7. **짧고 임팩트 있는 하이라이트**

   짧은 영상 클립으로 제품의 가장 매력적인 부분을 집중적으로 보여 줘. 릴스나 유튜브 쇼츠 같은 형식으로도 활용하기 좋아서 홍보 범위도 넓힐 수 있어.

8. **"잘못된 사용법 vs 올바른 사용법"**

   사람들이 자주 저지르는 실수와 그에 대한 올바른 사용법을 대비해서 보여 줘. 이런 영상은 유익하면서도 재미를 줄 수 있어서 시청자들이 제품에 더 관심을 가질 가능성이 높아.

어떤 스타일이든 시청자 입장에서 궁금해할 만한 부분을 충족시키는 방향으로 접근하면 더 효과적일 거야!

아이디어가 너무 많다면 줄여 보기

꽤 참고할 아이디어가 나왔습니다. 하지만 질문 방법에 따라서는 예상보다 더 많은 아이디어를 내기도 합니다. 질문을 계속하면서 범위를 좁혀 봅시다.

> **프롬프트 입력(계속)**
>
> 전부 다 할 수는 없습니다. 이 중에서 하나만 일단 해 본다면 무엇이 좋을까요?

> **응답**
>
> 첫 영상으로는 **문제 해결 스토리텔링**을 추천해!
> 사람들이 일상에서 겪을 만한 불편함이나 흔한 문제를 설정하고, 그걸 제품이 해결하는 과정이 자연스럽게 표현되면 **제품의 유용성이 확실히 와닿거든**. 예를 들어 수납이나 청소 제품이라면 어수선한 공간이 정리되는 모습을 시간 경과로 보여 주면서 정리 전후의 차이를 강조하는 식으로 진행할 수 있어.
> 이런 방식은 스토리가 있어서 시청자들이 **지루해하지 않고 끝까지 보기도 좋고, 제품의 장점이 자연스럽게** 드러나는 장점이 있어.

상대가 초보라는 것을 간파해서 처음 동영상을 제작할 때 딱 맞는 아이디어를 제시하고 어떤 장점이 있는지 설명합니다.

Section 020

어? 이런 사용법도 있다고요?

진정성을 담은 사과문 대신 써 주기

사용 AI   챗GPT, 챗GPT 플러스

추천 포인트   가능하다면 인생에서 없었으면 하는 사과문 쓰기. 대충 쓸 수도 없고, 너무 지나쳐도 안 됩니다. 하지만 인터넷에 적당히 참고할 사과문이 많으므로 이런 작문도 챗GPT가 잘하는 분야입니다.

상사가 SNS에서 문제를 일으킨 경우

예를 들어 자신의 상사가 SNS에 올린 글로 문제를 일으킨 경우를 생각해 봅시다. 원래라면 문제를 일으킨 본인이 적어야 하겠지만, 논란의 중심에 있는 사람에게 갑자기 사과문을 쓰라고 하면 평정심을 잃어 글을 차분하게 쓰지 못하는 경향이 있습니다. 이때 챗GPT가 대신해서 써 보게 합시다.

프롬프트 입력

> 상사가 SNS에 굳이 말하지 않아도 될 말을 해서 작은 소동이 났습니다. 회사 차원에서 사과할 정도는 아니지만, 참조할 만한 사과문 작성을 상사에게 부탁받았습니다.

응답

> 아래는 상황에 맞게 사용할 수 있는 사과문 예시입니다. 내용을 조금 조정하여 사용하면 좋을 것 같아요.
> ---
> 안녕하세요, [상사 이름]입니다.

최근 제가 SNS를 통해 올린 글로 인해 불편함을 느끼셨거나, 혼란을 겪으신 분들이 계셨다면 진심으로 사과드립니다. 제 의도와는 달리 불필요한 논란을 야기하게 되어 매우 송구스럽게 생각합니다.
앞으로는 보다 신중한 태도로 소통하고, 이런 일이 재발하지 않도록 주의하겠습니다. 여러분의 너른 이해를 부탁드립니다.
감사합니다.
[상사 이름] 드림

이 정도면 **적당히 진정성을 담되, 너무 심각한 사과로 보이지 않아도 될 거예요.** 상황에 맞춰 어조나 표현을 조절하세요!

중요한 부분을 빠트리지 않은 사과문!

사과문에 필요한 진정성을 담으면서도 너무 지나치지 않은 사과문 예시가 만들어졌습니다. 그리고 [상사 이름]처럼 고쳐 써야 할 부분을 알기 쉽게 템플릿을 만들어 준 점도 좋습니다.

HINT

예시 사과문을 워드 파일로 저장하기

유료 버전 챗GPT 플러스는 이런 사과문을 워드 파일로 변환해서 내려받을 수 있습니다(최근에는 무료 버전도 제한적으로 지원합니다). 말 그대로 템플릿으로 사용할 수 있습니다.

프롬프트 입력

사과문 예시를 워드 파일로 만들어 주세요.

Section 021

막상 직접 해 보면 꽤 어려운 작업입니다

마음을 울리는 캐치프레이즈를 생각해 보기

사용 AI 챗GPT 플러스

추천 포인트 카피라이터라는 직업이 존재할 정도로, 광고 문구를 작성하는 일은 수준 높은 작업입니다. 갑자기 프로 수준의 작업물을 쓰기에는 무리라도 챗GPT의 도움으로 일정 수준 이상의 결과물을 만들 수 있습니다.

상품 캐치프레이즈 생각하기

자사 제품을 어떤 광고 문구로 표현하면 좋을까요? 챗GPT에게 자사 상품 웹페이지 정보를 주고 이 내용으로 홍보 문구를 생각하라고 시키면 효과적입니다. 실행 방법은 간단합니다. 광고 문구를 생각해 달라고 지시하면서 상품 페이지 URL을 복사해서 붙이면 끝입니다.[4] 길벗 출판사의 책 〈그림으로 이해하는 시스템 설계〉의 광고 문구를 예로 들어 보겠습니다.

프롬프트 입력

자사 제품의 광고 문구를 검토하고 싶습니다. 웹사이트는 다음과 같습니다.
https://www.gilbut.co.kr/book/view?bookcode=BN004228

---

[4] **역주** 최근에는 [검색] 아이콘을 클릭해서 [웹에서 검색] 기능을 활성화하면 웹 검색 기능을 이용할 수 있습니다. 무료 버전에서도 제한적으로 이용할 수 있습니다.

그림 2-1 광고 문구 만들기

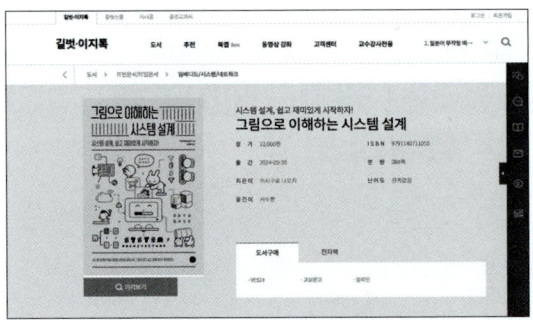

<그림으로 이해하는 시스템 설계> 상세 페이지. URL을 복사해서 붙여 넣습니다.

😀 응답

요청하신 웹사이트를 확인했습니다. 해당 책은 시스템 설계의 기본과 핵심을 그림과 표로 쉽게 설명하며, 전체 설계부터 공통 부분 설계, 개별 기능 설계까지 체계적으로 다루고 있습니다. 또한, 설계서 작성 방법과 실무 조언도 포함되어 있어 실무자들에게 유용한 가이드가 될 것으로 보입니다.

광고 문구는 제품의 핵심 가치를 간결하고 명확하게 전달하는 것이 중요합니다. 예를 들어, "시스템 설계, 쉽고 재미있게 시작하자!"와 같은 문구는 독자들에게 친근하게 다가가며 책의 접근성을 강조합니다. 또한, "그림과 표로 이해하는 시스템 설계의 기본과 핵심"이라는 문구는 책의 내용을 시각적으로 쉽게 이해할 수 있음을 나타냅니다.

이러한 광고 문구는 독자들에게 책의 장점을 효과적으로 전달하며, 구매 의욕을 높일 수 있습니다. 다만, 타깃 독자의 관심사와 니즈를 고려하여 문구를 조정하면 더욱 효과적일 것입니다.

일반적인 답변이 돌아오면 구체적인 정보 추가하기

돌아온 답변이 일반적이고 다소 모호합니다. 이럴 때는 좀 더 구체적인 정보를 추가하면 좋습니다.

🟢 프롬프트 입력

시스템 설계, 쉽고 재미있게 시작하자! 그림으로 이해하는 시스템 설계
시스템 설계의 기본과 핵심을, 그림과 표로 쉽고 체계적으로!
전체 설계 → 공통 부분 설계 → 개별 설계 순서로 총망라하고, 설계서로 실무까지 파악한다!
이런 목적으로 쓰인 책입니다. 이 정보를 바탕으로 광고 문구를 다시 생각해 주세요.

🟢 응답

검토 의견:
광고 문구는 책의 핵심 강점을 잘 드러내고 있지만, 일부 내용이 중복되거나 문장이 길어 집중도가 떨어질 수 있습니다. 아래는 개선 방향입니다.
개선된 광고 문구 제안:
- **시스템 설계, 그림과 표로 쉽게 이해하자!**
  시스템 설계의 기본부터 실무 활용까지, 그림과 표로 간결하게 정리한 완벽 가이드!
- **핵심 포인트:**
  - 전체 설계부터 공통·개별 설계까지 총망라
  - 설계서 작성법과 활용 팁까지 실무자 필수 참고서
  - 애플리케이션 개발부터 서버/인프라 구축까지 실질적인 도움 제공
이유:
- 제목을 간결하게 요약하고 시각적 요소의 장점을 강조
- 강점과 독자를 겨냥한 메시지를 명확히 전달

추가 피드백이 필요하면 알려 주세요!

답변이 더욱 구체적으로 변했습니다. 챗GPT 답변처럼 광고 문구를 수정하면 더 마음에 와닿는 문구를 만들 수 있을 것 같습니다. 아이디어를 내는 데 챗GPT를 사용하는 예로 참고하면 좋겠습니다.

Section 022

파워포인트 문서까지 만들어 줍니다

회의에 필요한 의제를 정리해 보자

사용 AI 챗GPT, 챗GPT 플러스

추천 포인트 대부분 회의 전에 의제를 정리해 파워포인트 자료를 작성합니다. 이런 작업도 챗GPT가 잘합니다. 회의 자료 작성에도 도움을 받아 봅시다.

어떤 회의인지 알려 주기

무턱대고 의제 작성을 의뢰하기보다는 어떤 회의에 필요한 자료인지 알려 주는 것이 좋습니다. 회의 내용을 파악할 수 있으면 챗GPT는 꽤 높은 확률로 의제를 만들어 줍니다.

프롬프트 입력

크라우드 펀딩의 SNS 활용에 관련된 외부 협력 회사와 회의용 자료를 작성하고 싶습니다. 협력 회사와의 회의이므로 간결한 내용으로 충분합니다.

 응답

크라우드 펀딩 SNS 활용 관련 회의 자료
1. 회의 목적
- 크라우드 펀딩 프로젝트 성공을 위한 SNS 전략 협의
- 협력 회사와의 업무 분담 및 실행 계획 수립

---

2. 주요 논의 내용
1. **SNS 플랫폼 선정 및 목표**
   - 주요 타깃층 분석 결과 공유

- 타깃층이 주로 활동하는 플랫폼 (예: Instagram, Facebook, X 등) 선정
 - 각 플랫폼별 목표 및 KPI 설정

2. **콘텐츠 전략**
 - 콘텐츠 유형: 이미지, 영상, 스토리텔링 중심
 - 콘텐츠 일정: 주요 일정에 맞춘 게시 계획
 - 참여 유도 방식: 댓글 이벤트, 해시태그 캠페인 등

3. **광고 및 홍보**
 - SNS 광고 예산 검토

… 생략 …

---

5. 기대 효과
- 펀딩 목표 달성률 향상
- 프로젝트 브랜드 인지도 제고
- 후속 캠페인 실행 기반 마련

필요한 자료나 추가 논의 내용이 있으면 알려 주세요!

파워포인트로 만들기

의제 정리가 끝났으면 파워포인트로 만들 수 있도록 텍스트를 정리해 봅시다.

프롬프트 입력(계속)

이 의제를 파워포인트로 옮길 수 있도록 텍스트를 최적화했으면 합니다.

🐼 응답

크라우드 펀딩 SNS 활용 전략 회의

슬라이드 1: 회의 개요

- **목적:**
 크라우드 펀딩 성공을 위한 SNS 전략 협의 및 실행 계획 수립
- **논의 내용:**
 1. SNS 플랫폼 선정
 2. 콘텐츠 전략
 3. 광고/홍보 방안
 4. 성과 측정

슬라이드 2: SNS 플랫폼 선정

- **목표 타깃층:**
 20~30대 관심층 (라이프스타일/트렌드)
- **주요 플랫폼:**
 Instagram, Facebook, X
- **성과 목표 (KPI):**
 팔로워 증가, 클릭 수, 참여율

… 생략 …

슬라이드 5: 성과 측정 계획

- **성과 분석 도구:**
 플랫폼 내 통계, Google Analytics 등
- **측정 항목:**
  - 도달률
  - 클릭/전환율
  - 참여율
- **리뷰 주기:**
  - 캠페인 중간 점검 (예: D-15)
  - 종료 후 최종 리뷰

슬라이드 6: 협력 회사 요청 사항
- SNS 성공 사례 및 참고 자료 제공
- 콘텐츠 제작 가이드
- 광고 집행 초기안 제안

슬라이드 7: 일정 및 기대 효과
- **주요 일정:**
  - 콘텐츠 제작: [날짜]
  - 캠페인 시작: [날짜]
  - 성과 리뷰: [날짜]
- **기대 효과:**
  - 펀딩 목표 달성률 향상
  - 브랜드 인지도 제고
  - 후속 캠페인 기반 마련

출력된 내용을 슬라이드별로 복사해 붙여 넣으면 파워포인트의 뼈대가 완성됩니다. 이제 조금씩 수정하면 됩니다.

Section 023

애초에 어떤 요건을 포함해야 할까요?
백지 상태에서 계약서나 약관의 초안 작성하기

사용 AI 챗GPT, 챗GPT 플러스

추천 포인트 인터넷에 참고할 자료가 많을수록 챗GPT가 좋은 답변을 준다고 이야기 했는데, 그런 의미에서 계약서나 약관 작성에도 큰 힘을 발휘합니다. 적절한 요건을 충족하는 초안을 빠르게 생성할 수 있습니다.

계약서, 약관의 요건이란?

계약서나 약관은 해당 문서에 맞는 요건을 만족해야 하는데, 애초에 요건에 뭐가 있는지 알지 못하는 경우도 많습니다. 그럴 때 챗GPT에 어떤 계약서나 기획서를 만들어야 하는지 알려 주고 대략적인 개요를 작성해 봅시다.

프롬프트 입력
사원의 SNS 이용 규약을 정비하고 있습니다. 어떤 문서를 만들어야 할까요?

응답
사원의 SNS 이용 규약을 정비하려면 다음과 같은 내용을 포함한 문서를 작성하는 것이 좋습니다. 이 문서는 직원들의 SNS 활동이 회사의 명성, 정보 보안, 내부 규정 등을 해치지 않도록 가이드라인을 제공합니다. 주요 항목은 아래와 같습니다.

---
1. **문서 개요**
- 규약의 목적: 회사와 직원 모두의 이익을 보호하고 책임 있는 SNS 사용을 촉진 하기 위함.

- 적용 범위: 모든 직원 및 협력사.

2. **기본 원칙**

- 회사의 윤리 및 가치에 부합하는 행동.

- 타인 및 회사에 대한 존중.

- 개인정보 및 기밀 유지 의무 준수.

3. **SNS 사용 지침**

- **개인 계정에서 회사 관련 내용 언급 시**:

  - 사실에 근거한 정보만 게시.

  - 회사 공식 입장임을 오해하게 할 수 있는 표현 금지.

  - 명시적으로 개인적 의견임을 명확히 표기.

- **회사 계정 관리 시**:

  - 승인된 콘텐츠만 게시.

  - 사전 검토 프로세스 준수.

4. **금지사항**

- 회사 기밀정보나 내부 자료 공개.

- 욕설, 혐오 표현, 차별적 언행.

- 회사나 동료, 고객, 경쟁사를 비방하는 내용 게시.

5. **업무 시간 내 SNS 사용**

- 업무와 관련 없는 SNS 사용은 최소화.

- 회사 장비 및 네트워크 사용 시 규제 사항 준수.

6. **법적 책임과 제재**

- 규정 위반 시 결과 (징계, 법적 조치 등).

··· 생략 ···

작성한 문서는 내부 직원에게 명확히 공유하고, 사전 교육 및 동의 절차를 통해 전파하는 것이 중요합니다. 필요에 따라 법률 전문가와 상의해 법적 문제를 최소화하는 것도 추천합니다.

내용을 이해하고 형식 확인하기

사원 SNS 이용 규약에 어떤 요소가 포함되는지 전체 개요를 파악할 수 있었습니다. 이제 챗GPT의 답변에 따라 형식으로 정리해 봅시다.

프롬프트 입력(계속)

적절한 형식에 대해서도 알려 주세요.

응답

SNS 이용 규약 문서를 작성할 때 적절한 형식은 다음과 같습니다. 문서가 명확하고 접근성이 좋아야 하며, 공식적이고 신뢰감을 줄 수 있어야 합니다.

---

1. 문서 제목
- 명확하고 간결한 제목을 사용합니다.
  - 예: 'SNS 이용 규정', '사내 SNS 사용 가이드라인'

2. 문서 구성 요소
1. **표지**
   - 회사 로고 및 이름
   - 문서 제목
   - 작성일 및 개정일 표시
2. **서문**
   - 규약의 목적과 중요성 간략히 설명
   - 문서의 적용 대상 명시
3. **목차**
   - 주요 항목의 번호와 제목, 페이지 번호를 포함
   - 문서 길이가 길다면 필수
4. **본문**
   - **구조화된 항목별 구성**:
     - 번호나 제목으로 각 섹션 구분 (예: 1. 목적, 2. 기본 원칙, 3. 사용 지침)
   - **목차와 일치하도록 번호 체계 활용**:
     - 예: '3.2 개인 계정에서의 행동 원칙'

- **강조 및 시각적 요소**:
  - 중요한 내용은 굵게(Bold) 처리하거나, 박스나 색상으로 강조
  - 리스트와 표를 활용해 가독성 향상
… 생략 …

초안을 구체화하고 반드시 전문가에게 검토받기

지금까지 답변으로 사원 SNS 이용 규약 초안이 만들어졌습니다. 또한 무엇을 작성할지도 명확합니다. 기본적으로 이런 순서로 내용을 구체화하면 대부분의 규약 문서를 작성할 수 있습니다.

하지만 챗GPT 답변에도 있듯이, 반드시 법률 전문가나 법무 부서와 상담한 후 작성해야 합니다. 이런 초안을 바탕으로 계속 질문해서 규약 문서 내용을 챗GPT가 전부 작성할 수도 있지만, 틀린 내용으로 답변할 가능성도 있습니다. 이번 예에서 나온 문서는 법률과 관련된 중요한 내용이 필요하므로 전부 챗GPT에 맡기는 것은 좋지 않습니다.

원고 초안 작성 정도에만 활용하고 나머지는 전문가 조언을 통해 직접 작성하는 쪽이 안전합니다.

> **HINT**
> **실제 작업은 워드 파일로 변환해서 진행하기**
> 챗GPT에서 초안이 만들어지면 그대로 워드 파일을 생성할 수 있습니다. 채팅창에 '이대로 워드 파일로 만들어 주세요' 같은 프롬프트를 입력하면 됩니다.

Section 024

반복해서 이용할 템플릿이 있다면 최고입니다

백지 상태에서 보도 자료 작성하기

사용 AI 챗GPT, 챗GPT 플러스

추천 포인트 인터넷에 참고할 자료가 많고 미리 정해진 항목이 많은 것이 보도 자료입니다. 보도 자료 작성도 챗GPT가 잘하는 분야입니다.

보도 자료에 필요한 항목 확인하기

보도 자료에서 제일 중요한 점은 1차 자료로 사실에 근거한 내용인지 확인하는 것입니다. 또한 동시에 뉴스나 미디어에서 다룰 법한 항목이 잘 정리되어 있는지도 중요합니다. 챗GPT가 1차 자료를 파악하는 건 어렵기 때문에 우선 항목부터 작성하는 편이 좋습니다.

프롬프트 입력

보도 자료에 필요한 항목을 확인하고 싶습니다.

응답

보도 자료 작성 시 기본적으로 포함해야 할 항목은 다음과 같아:

1. **헤드라인**
   - 주목을 끌고 핵심 메시지를 간결하게 전달하는 제목.
2. **서브헤드라인 (선택 사항)**
   - 헤드라인을 보완하며 추가적인 정보를 제공.
3. **출처 정보**
   - 발표 주체(회사나 조직 이름)와 날짜 및 장소.

4. **리드 문장**
   - 핵심 내용을 요약하는 첫 문장. 독자가 중요한 정보를 빠르게 파악할 수 있도록 함.
5. **본문**
   - 상세한 내용 설명:
     - 사건, 제품, 서비스, 성과 등 주요 발표 내용.
     - 배경 정보(왜 중요한지).
     - 구체적인 데이터, 인용문, 사실 등.
6. **인용문**
   - 발표 주체(회사 대표, 관계자 등)의 공식 코멘트.
7. **회사 소개 (About Us)**
   - 회사의 배경, 비전, 주요 활동 설명.
8. **연락처 정보**
   - 담당자 이름, 이메일, 전화번호 등.
9. **멀티미디어 자료 링크 (선택 사항)**
   - 관련 이미지, 영상, 로고 등 추가 자료 제공.
10. **보도 금지 날짜 (선택 사항)**
    - 특정 날짜 이전 공개를 금지할 경우 명시.

이 항목들을 포함하면 보도 자료가 체계적으로 작성될 수 있어! 추가로 더 알고 싶은 내용이 있다면 알려 줘.

보도 자료 예시 작성하기

첫 번째 답변으로 보도 자료에 무엇을 작성해야 하는지 알 수 있습니다. 갑자기 구체적인 내용 작성에 들어가는 대신에 일단 보도 자료 큰 틀만 예시로 작성해 두면, 나중에 다양한 보도 자료를 작성할 때 활용할 수 있습니다.

📋 **프롬프트 입력(계속)**

구체적인 항목은 나중에 입력하기로 하고, 틀만 준비해서 크라우드 펀딩을 시작한다는 보도 자료의 예시를 작성하세요.

🐼 **응답**

보도 자료 예시: 크라우드 펀딩 시작

[헤드라인]
혁신적인 아이디어로 세상을 바꾼다! [프로젝트명] 크라우드 펀딩 캠페인 시작
[서브헤드라인]
[프로젝트명], [제품/서비스명]을 통해 [특정 문제 해결]에 도전하다
[출처 정보]
발표자: [회사/팀 이름]
날짜: [발표 날짜]
장소: [발표 장소]

[리드 문장]
[회사/팀 이름]이 [특정 문제]를 해결하기 위한 혁신적인 [제품/서비스]를 개발하고 이를 실현하기 위해 [플랫폼 이름]에서 크라우드 펀딩 캠페인을 시작했다고 발표했습니다.
[본문]
[프로젝트명]은 [제품/서비스]를 통해 [사회적 가치나 소비자 가치를 나타내는 설명]. 이 캠페인은 [목표]를 달성하기 위해 [날짜]부터 [플랫폼 이름]에서 진행됩니다.
[제품/서비스]는 [특징 및 장점]을 가지고 있으며, [구체적인 문제 해결 방식 또는 목표]. [추가적인 설명, 예: 개발 과정, 지원받은 기술 등].
이번 크라우드 펀딩을 통해 [모금 목표 금액]을 달성하여 [구체적 계획, 예: 양산, 출시, 사회적 기여 등]을 목표로 하고 있습니다.
[인용문]
"[대표나 팀 관계자 이름]은 '이번 프로젝트를 통해 [기대 효과 또는 목표에 대한 설명]'이라고 전하며, 많은 분들의 관심과 참여를 부탁드린다고 말했습니다."

[회사 소개]

[회사/팀 이름]은 [설립 배경, 주요 활동, 비전]. 현재까지 [구체적인 성과나 주요 프로젝트]를 달성하며 [시장 또는 사회적 영역]에서 신뢰를 받고 있습니다.

[연락처 정보]

담당자: [이름]

이메일: [이메일 주소]

전화번호: [전화번호]

[멀티미디어 자료]

[링크 또는 첨부된 이미지/영상 설명]

[보도 금지 날짜] (선택 사항)

이 보도 자료는 [날짜] 이전 공개를 금지합니다.

필요에 따라 프로젝트명과 세부 내용을 채워 넣으면 완성할 수 있어!

예시 내용을 구체화하면 보도 자료가 완성됩니다

첫 번째 답변에서 얻은 항목을 바탕으로 보도 자료를 작성했습니다. 챗GPT가 제시한 [발표 날짜], [발표 장소] 등의 항목을 단순히 채워 넣으면 보도 자료 하나가 완성됩니다. 이 예시는 크라우드 펀딩뿐만 아니라 자사 상품이나 서비스, 신규 사업 등의 보도 자료에도 활용할 수 있습니다.

다만 보도 자료는 1차 자료이므로 반드시 사실에 기반해 작성해야 하며, 그렇지 않으면 뉴스로서의 가치를 잃게 되니 주의해야 합니다. **챗GPT를 활용해 보도 자료의 큰 틀을 잡고, 마지막으로 다듬는 작업을 사람이 맡으면** 작업 부담이 줄어들고 중요한 부분에 집중할 수 있습니다. 효율적인 역할 분담을 통해 생성형 AI를 활용하면 중요한 부분에 시간을 더 많이 할애할 수 있는 좋은 사례가 됩니다.

> **HINT**
> **다른 문서가 있다면 업로드해 이용하기**
> 챗GPT는 업로드한 문서를 이용하여 보도 자료를 작성할 수도 있습니다. 과거에 공개한 보도 자료가 있다면 비밀 문서가 아니니 안심하고 이용할 수 있습니다. 또는 고객용으로 공개한 문서도 활용해 볼 가치가 있습니다.
> 예시의 각 항목을 채울 때 참고가 되는 자료가 있다면 업로드한 문서를 바탕으로 각 항목을 채워 달라고 요청하는 것도 방법입니다.

Section 025

프로그래밍을 할 줄 몰라도 앱을 만들 수 있습니다

웹 브라우저에서 동작하는 자바스크립트 코드를 작성해 보자

> **사용 AI** 챗GPT, 챗GPT 플러스
>
> **추천 포인트** 챗GPT는 프로그래밍도 해 줍니다. 물론 만능은 아니지만, 일단 동작하는 코드를 생성해 주는 것만으로도 프로그래밍을 못하는 사람에게는 큰 도움이 됩니다.

웹 브라우저에서 동작하는 자바스크립트

웹 브라우저에서 작동하는 계산기를 만들어 봅시다. 프로그램을 만들려면 자바스크립트의 JS 파일과 화면 표시에 쓸 HTML 파일이 필요합니다. 두 파일 모두 간단히 손쉽게 만들어 줍니다.

프롬프트 입력

자바스크립트로 웹 브라우저에서 작동하는 전자 계산기를 만들어 주세요.

응답

간단한 HTML, CSS, JavaScript를 사용해 전자 계산기를 만드는 예제입니다.

```html
### 1. HTML
```html
<!DOCTYPE html>
<html lang="en">
<head>
  <meta charset="UTF-8">
```
```

```
    <meta name="viewport" content="width=device-width, initial-scale=1.0">
    <title>전자 계산기</title>
    <link rel="stylesheet" href="styles.css">
</head>
<body>
    <div class="calculator">
        <input type="text" id="display" disabled>
        <div class="buttons">
            <button onclick="clearDisplay()">C</button>
            <button onclick="appendValue('/')">/</button>
... 생략 ...
        </div>
    </div>
    <script src="script.js"></script>
</body>
</html>
```

2. CSS (styles.css)
```css
body {
    font-family: Arial, sans-serif;
    display: flex;
    justify-content: center;
    align-items: center;
    height: 100vh;
    margin: 0;
    background: #f4f4f4;
}
```

```css
.calculator {
  background: white;
  border-radius: 10px;
  box-shadow: 0px 4px 10px rgba(0, 0, 0, 0.2);
  padding: 20px;
  width: 300px;
}

#display {
  width: 100%;
  height: 50px;
  font-size: 1.5rem;
  text-align: right;
  margin-bottom: 10px;
  padding: 5px;
  border: 1px solid #ccc;
  border-radius: 5px;
}

.buttons {
  display: grid;
  grid-template-columns: repeat(4, 1fr);
  gap: 10px;
}

button {
  height: 50px;
  font-size: 1.2rem;
  border: none;
  border-radius: 5px;
  background: #007bff;
```

```
  color: white;
  cursor: pointer;
}

button:hover {
  background: #0056b3;
}

button.zero {
  grid-column: span 2;
}

button:active {
  background: #003f7f;
}
```

3. JavaScript (script.js)
```javascript
function appendValue(value) {
  const display = document.getElementById("display");
  display.value += value;
}

function clearDisplay() {
  const display = document.getElementById("display");
  display.value = "";
}

function deleteLast() {
  const display = document.getElementById("display");
```

```
  display.value = display.value.slice(0, -1);
}

function calculate() {
  const display = document.getElementById("display");
  try {
    display.value = eval(display.value);
  } catch {
    display.value = "Error";
  }
}
```

실행 방법
1. 위 세 가지 코드를 각각 'index.html', 'styles.css', 'script.js'로 저장.
2. 'index.html' 파일을 브라우저에서 열면 계산기가 작동.

프로그램을 파일로 만들기

프로그램을 실행하려면 파일로 만들어야 합니다. 파일을 작성하는 기능은 예전에는 유료 버전 GPT-4 모델 이후에서만 지원했지만, 최근에는 무료 버전에서도 일부 지원합니다.

프롬프트 입력(계속)

내려받을 수 있게 파일로 만들어 주세요.

> 😀 **응답**
>
> 계산기 프로젝트 파일들이 준비되었습니다. 아래 링크에서 다운로드할 수 있습니다:
>
> - [index.html](sandbox:/mnt/data/Calculator_Project/index.html)
> - [styles.css](sandbox:/mnt/data/Calculator_Project/styles.css)
> - [script.js](sandbox:/mnt/data/Calculator_Project/script.js)
>
> 모든 파일을 같은 폴더에 저장한 뒤, 'index.html' 파일을 브라우저로 열면 계산기를 사용할 수 있습니다.

링크를 클릭해 파일을 내려받습니다. 내려받은 index.html 파일을 더블 클릭해서 웹 브라우저로 열면 다음과 같은 계산기를 이용할 수 있습니다.

그림 2-2 챗GPT가 만든 계산기

> 챗GPT가 생성한 소스 코드를 내려받고 index.html 파일을 더블 클릭하면 웹 브라우저에서 작동하는 계산기가 실행됩니다.**5**

---

5 역주 2024년 10월에 새로 추가된 캔버스(Canvas) 도구를 이용하면 작성된 코드를 챗GPT 채팅창에서 쉽게 실행하거나 확인해 볼 수 있습니다.

Section 026

조사 시간을 절약할 수 있습니다

웹사이트 검색 기능으로 사이트 요약하기

사용 AI 챗GPT, 챗GPT 플러스

추천 포인트 무언가를 조사해야 한다면 수많은 사이트를 읽어야 할 때가 있습니다. 이때 챗GPT에 확인할 웹사이트 요약을 부탁해 봅시다. 전체 내용을 한눈에 파악할 수 있어 시간을 상당히 아낄 수 있습니다.

웹사이트 조사는 2단계로

사이트를 요약하려면 요약할 URL을 채팅창에 붙여 넣으면 됩니다. 무료 버전에서도 가능하지만, 상황에 따라서는 잘 안 될 수도 있으니 유료 플랜의 챗GPT 플러스를 이용하는 것이 좋습니다.

이용하는 순서는 **일단 요약본을 본 후에 중요한 페이지를 찾는 사용법**이 좋습니다.

📋 프롬프트 입력

다음 사이트를 요약해 주세요.
https://www.gilbut.co.kr/

그림 2-3 사이트 요약하기

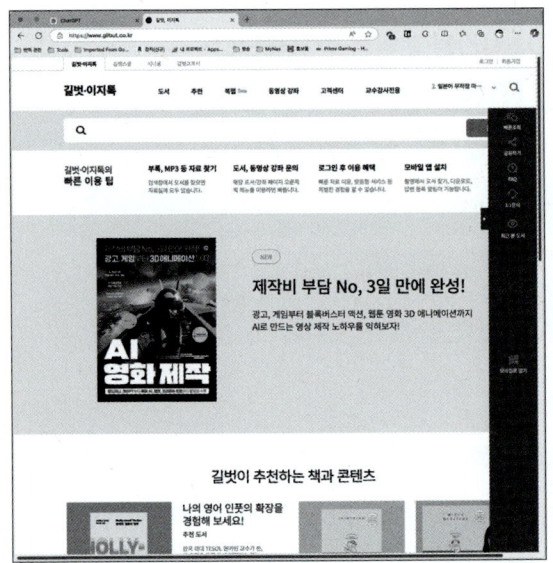

이번에는 도서출판 길벗 홈페이지를 예로 들어 보았습니다.

응답

길벗 출판사는 실용서와 어학, 여행, IT, 자기계발 등 다양한 분야의 도서를 출판하며, 동영상 강좌와 부가 자료도 제공합니다. 독자 맞춤형 서비스, 자료 다운로드, 모바일 앱 지원 등을 통해 편리한 학습 환경을 제공합니다. 주요 브랜드로는 *길벗 이지톡*, *시나공*, *길벗스쿨* 등이 있습니다.

자세한 내용은 [길벗 공식 홈페이지](https://www.gilbut.co.kr/)에서 확인하세요.

중요한 페이지 찾아보기

요약했다면 그중에서 중요한 페이지를 찾아볼 수 있습니다.

프롬프트 입력(계속)

그중에서도 중요하다고 생각되는 페이지를 골라 주세요.

응답

길벗 사이트에서 주목할 만한 페이지는 다음과 같습니다:
1. **도서 페이지**: 다양한 분야의 책 정보를 확인할 수 있으며, 독자 리뷰와 관련 자료도 제공됩니다.
2. **강의 페이지**: IT, 어학, 자격증 대비 등 실용적인 동영상 강좌를 이용할 수 있습니다.
3. **자료실**: 책과 연계된 학습 자료나 추가 콘텐츠를 다운로드할 수 있는 곳입니다.

더 자세한 정보는 [길벗 홈페이지](https://www.gilbut.co.kr)에서 확인하세요.

이렇게 요약과 함께 챗GPT가 찾아낸 중요한 페이지를 훑어만 봐도 사이트 개요와 중요 정보만 효율적으로 머릿속에 담을 수 있습니다. 수많은 페이지를 조사해야 할 때 이런 방법으로, 차례로 웹사이트 정보를 정리하면 작업 시간을 상당히 줄일 수 있습니다.

Section 027

내 머릿속에만 있는 그림을 이미지 데이터로 만들 수 있습니다
DALL-E 3으로 프레젠테이션에 사용할 이미지 생성하기

사용 AI 챗GPT, 챗GPT 플러스

추천 포인트 좋은 프레젠테이션 자료를 만들려면 이미지를 효과적으로 전달하는 방법이 중요합니다. 대개 프레젠테이션에는 사진이나 그림을 많이 이용하지만, 이미지 생성을 활용하면 재현하기 어렵고 머릿속에서만 떠올리던 이미지를 실제로 만들 수 있어 무척 편리합니다.

사진을 이용할 때 발생하는 문제점 피하기

프레젠테이션에 들어가는 이미지는 그림 말고도 사진을 자주 이용합니다. 하지만 사진을 이용하는 데는 몇 가지 문제점이 있습니다. 우선 상황에 딱 맞는 사진을 찍는 것이 쉽지 않습니다. 또 하나는 스톡 사진[6]을 이용하더라도 좋은 사진을 찾는 작업은 그리 간단하지 않습니다. 그래서 **다들 어디선가 본 듯한 비슷한 사진만 이용**하게 됩니다. 이런 문제를 피할 수 있는 방법이 재현하기 어려운 머릿속 이미지를 그림으로 만들 수 있는 챗GPT의 DALL-E 3을 이용하는 것입니다.

프롬프트 입력

학생을 대상으로 취업 진로 프레젠테이션을 하게 되었습니다. 프레젠테이션 표지에 등장할 일러스트를 작성해 주세요. 청자는 한국 대학생입니다.

---

[6] 역주 상업용으로 이용할 수 있도록 라이선스가 부여된 사진을 뜻합니다. 여러 상황에 맞춰 누군가가 미리 찍어서 올려 둔 사진 중에서 골라서 구매할 수 있습니다.

🐷 **응답**

여기 취업 진로 프레젠테이션 표지에 어울릴 만한 일러스트가 준비되었습니다. 추가 수정이 필요하면 알려 줘!

머릿속 이미지를 상상 이상의 수준으로 뽑아내기

학생 대상의 취업 진로를 이미지로 표현한다는 지시에 따라 순식간에 완성도 높은 이미지가 생성되었습니다. 젊은이가 다양한 진로를 그리는 듯한 미래 지향적인 밝은 이미지입니다.

프레젠테이션 표지에 잘 어울립니다. 이외에도 프레젠테이션 자료에 이용할 이미지도 만들어 봅시다.

📋 **프롬프트 입력(계속)**

이런 느낌으로 표지 이외에도 자료에 이용할 수 있는 이미지도 그려 주세요.

🟢 **응답**

여기 프레젠테이션 자료 전반에서 활용할 수 있는 다양한 테마의 이미지 세트가 준비되었습니다. 추가로 필요하거나 수정해야 할 부분이 있다면 알려 줘!

> **HINT**
> **프레젠테이션에 들어갈 이미지는 적당한 수준으로 이용하기**
> 프레젠테이션에서 이미지는 표지 같은 메인 이미지가 아닌 이상, 어디까지나 내용을 보조하는 역할입니다. 너무 지나치게 시간을 들여서 만들 필요가 없다는 의미에서도 DALL-E 3은 편리한 존재입니다.

Section 028

조사 시간을 많이 절약할 수 있습니다
손으로 그린 그림을 읽어 HTML 만들기

사용 AI 챗GPT, 챗GPT 플러스

추천 포인트 챗GPT가 큰 주목을 받은 기능으로, 손으로 그린 그림을 바탕으로 HTML의 소스 코드를 작성한 사례를 예로 들 수 있습니다. 말로 지시하기 어려울 때 손으로 그린 러프 스케치로 해결할 수 있습니다.

전문가가 아니라도 HTML을 만들 수 있습니다

'이런 작업까지 된다고?'라고 놀랄 만한 챗GPT 기능으로 러프 스케치를 HTML로 생성하는 기능을 들 수 있습니다. 이미지를 첨부해 프롬프트를 입력하면 이용할 수 있습니다. 백문이 불여일견이므로 간단한 러프 스케치를 준비해서 실제로 해 봅시다.

프롬프트 입력

이 러프 스케치를 바탕으로 HTML 코드를 생성해 주세요.

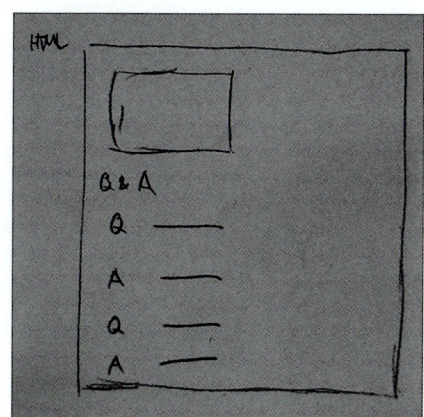

손으로 그린 러프 스케치의 이미지 파일을 GPT-4에 첨부해서 질문합니다.

응답

이 스케치를 바탕으로 간단한 HTML 코드를 만들어 보겠습니다. 스케치에 따라 기본적인 Q&A 레이아웃과 상단의 이미지 박스를 포함한 구조를 작성할게요.

```html
<!DOCTYPE html>
<html lang="en">
<head>
    <meta charset="UTF-8">
    <meta name="viewport" content="width=device-width, initial-scale=1.0">
    <title>Q&A Layout</title>
    <style>
        body {
            font-family: Arial, sans-serif;
            margin: 20px;
            padding: 0;
            box-sizing: border-box;
        }
        .container {
            width: 600px;
            margin: 0 auto;
            border: 1px solid #ccc;
            padding: 20px;
            box-shadow: 0 4px 6px rgba(0, 0, 0, 0.1);
        }
        .image-box {
            width: 100%;
            height: 150px;
            background-color: #eaeaea;
            display: flex;
```

```
            align-items: center;
            justify-content: center;
            margin-bottom: 20px;
            border: 1px dashed #ccc;
        }
        .qna-section {
            margin-top: 10px;
        }
        .question,
        .answer {
            margin: 10px 0;
        }
        .question {
            font-weight: bold;
        }
        .answer {
            padding-left: 10px;
        }
    </style>
</head>
<body>
    <div class="container">
        <div class="image-box">
            <p>Image Box</p>
        </div>
        <div class="qna-section">
            <div class="qa-pair">
                <p class="question">Q: This is a sample question?</p>
                <p class="answer">A: This is a sample answer.</p>
            </div>
            <div class="qa-pair">
```

```
            <p class="question">Q: Another question here?</p>
            <p class="answer">A: Another answer here.</p>
        </div>
        <div class="qa-pair">
            <p class="question">Q: Example question 3?</p>
            <p class="answer">A: Example answer 3.</p>
        </div>
    </div>
</body>
</html>
```

이 코드는:
1. 상단에 **이미지 박스**를 만들어 이미지나 기타 콘텐츠를 삽입할 수 있도록 했습니다.
2. **Q&A 섹션**은 질문과 답변으로 구성되며, 각 쌍을 정렬했습니다.
3. 간단한 CSS로 레이아웃과 스타일을 정리했습니다.

단순한 HTML 작성 외에도 다양한 작업을 할 수 있습니다

챗GPT의 설명을 보면 알겠지만, HTML로 만들 때 무엇을 했는지 자세히 나와 있습니다. 섹션 정리뿐만 아니라 CSS 레이아웃과 스타일도 정해 줍니다. 기왕 만드는 김에 CSS로 디자인을 변경하는 방법도 물어 봅시다.

프롬프트 입력(계속)

검은색 배경의 CSS도 부탁합니다.

응답

아래는 검은색 배경을 기반으로 하는 CSS 버전입니다. 텍스트는 가독성을 위해 밝은 색으로 설정했으며, 전체 디자인은 심플하게 유지했습니다.

```html
<!DOCTYPE html>
<html lang="en">
<head>
    <meta charset="UTF-8">
    <meta name="viewport" content="width=device-width, initial-scale=1.0">
    <title>Q&A Layout - Dark Theme</title>
    <style>
        body {
            font-family: Arial, sans-serif;
            margin: 20px;
            padding: 0;
            background-color: #121212; /* 검은색 배경 */
            color: #ffffff; /* 밝은 텍스트 */
            box-sizing: border-box;
        }
        .container {
            width: 600px;
            margin: 0 auto;
            background-color: #1e1e1e; /* 어두운 회색 배경 */
            border-radius: 8px;
            padding: 20px;
            box-shadow: 0 4px 10px rgba(0, 0, 0, 0.6);
        }
        .image-box {
            width: 100%;
```

```
            height: 150px;
            background-color: #333333; /* 더 어두운 배경 */
            color: #b3b3b3; /* 이미지 박스 안의 텍스트 색상 */
            display: flex;
            align-items: center;
            justify-content: center;
            margin-bottom: 20px;
            border: 1px dashed #555555; /* 점선 경계선 */
            border-radius: 6px;
        }
        .qna-section {
            margin-top: 10px;
        }
        .qa-pair {
            margin-bottom: 15px;
        }
        .question {
            font-weight: bold;
            color: #ffffff; /* 질문은 밝은 흰색 */
        }
        .answer {
            padding-left: 10px;
            color: #cccccc; /* 답변은 약간 어두운 회색 */
        }
    </style>
</head>
<body>
    <div class="container">
        <div class="image-box">
            <p>Image Box</p>
        </div>
```

```
            <div class="qna-section">
                <div class="qa-pair">
                    <p class="question">Q: This is a sample question?</p>
                    <p class="answer">A: This is a sample answer.</p>
                </div>
                <div class="qa-pair">
                    <p class="question">Q: Another question here?</p>
                    <p class="answer">A: Another answer here.</p>
                </div>
                <div class="qa-pair">
                    <p class="question">Q: Example question 3?</p>
                    <p class="answer">A: Example answer 3.</p>
                </div>
            </div>
        </div>
    </body>
</html>
```

주요 변경 사항
1. 'body' 배경을 **검은색 ('#121212')**으로 설정.
2. 텍스트는 흰색 계열('#ffffff', '#cccccc')로 변경하여 가독성을 높임.
3. 이미지 박스와 컨테이너의 배경도 어두운 색상으로 설정하여 어울리게 조정.
4. 점선, 그림자 등을 추가해 깔끔하면서도 입체감 있는 스타일로 디자인.

결과적으로 어두운 테마에서도 깔끔하고 읽기 쉬운 Q&A 레이아웃을 제공합니다!

생성된 HTML 확인하기

두 번째 질문으로 작성된 HTML을 복사해서 파일에 붙여 넣으면 다음 그림과 같은 HTML 파일이 완성됩니다. 계속 질문하면서 폰트나 스타일 등도 조정할 수 있습니다.

그림 2-4 챗GPT가 만든 HTML

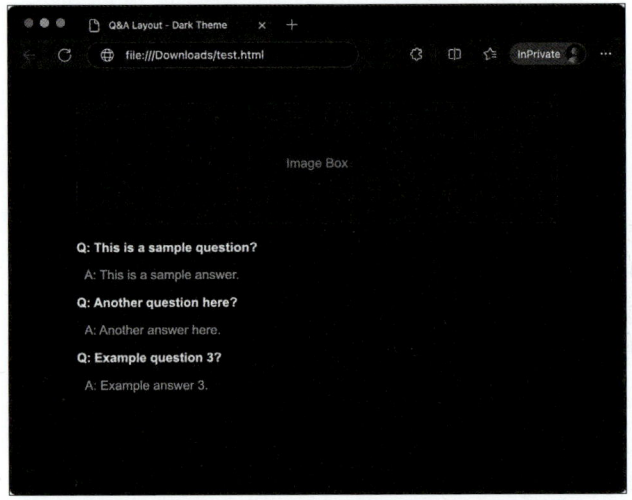

> 두 번째 질문으로 생성된 HTML 코드를 파일로 저장한 다음 웹 브라우저로 열었습니다.

Section 029

엑셀이 할 수 없는 일을 할 수 있습니다

CSV 파일을 데이터 분석해 파워포인트 자료 작성하기

사용 AI 챗GPT, 챗GPT 플러스

추천 포인트 CSV 파일의 데이터를 바탕으로 어떤 자료를 만들 때 챗GPT를 이용하면 엑셀에서 할 수 없던 작업도 구현할 수 있습니다. 예를 들어 CSV 파일에서 파워포인트 자료를 작성할 수 있다면 편리할 것입니다.

통계 자료 분석하기

국가통계포털(https://kosis.kr/)에 접속하면 다양한 통계 자료가 있는데, 최근 1개월 이내 인터넷 이용 여부(인터넷 이용률) 자료를 분석하는 예를 살펴봅시다.

그림 2-5 통계 자료 분석하기

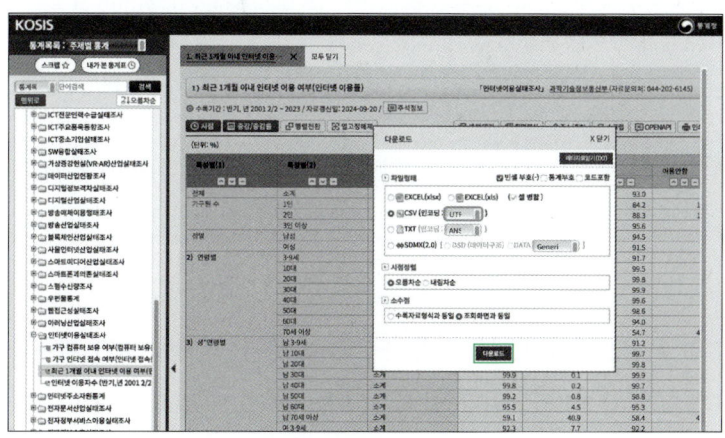

최근 1개월 이내 인터넷 이용 여부 통계를 내려받습니다.

CSV 파일을 내려받았으면 챗GPT에 업로드해 프롬프트를 입력합니다.

📋 **프롬프트 입력**

최근 1개월 이내 인터넷 이용 여부 조사 결과를 분석하고 500자 이내로 정리해 주세요.

🤖 **응답**

> 데이터는 최근 1개월 이내 인터넷 이용 여부를 연도별(2021~2023), 가구원 수 등 다양한 특성에 따라 정리한 것으로 보입니다. 분석을 위해 데이터를 처리하고 주요 내용을 요약하겠습니다.
>
> 데이터 분석 결과는 다음과 같습니다:
> 1. **전체 인터넷 이용률**: 2021년 93.0%에서 2023년 94.0%로 소폭 증가. 비이용률은 7.0%에서 6.0%로 감소.
> 2. **가구원 수**: 1인 가구의 이용률은 2021년 79.6%에서 2023년 87.7%로 가장 큰 증가를 보임. 3인 이상 가구는 96% 이상으로 안정적으로 높은 이용률 유지.
> 3. **연령별**: 2023년 청소년(9-24세)의 이용률은 99.6%로 가장 높고, 성인도 꾸준히 93% 이상 유지.
> 4. **소득과 학력**: 가구소득이 높을수록 이용률이 증가하며, 학력이 높을수록 이용률이 높은 경향 확인.
> 5. **지역별**: 대도시의 이용률은 94.3%로 농촌 지역보다 약간 높음.
>
> 인터넷 이용률은 전반적으로 증가 추세이며, 특히 소외 계층에서의 개선이 두드러집니다.

분석 결과에서 인터넷 이용 여부는 소득과 학력, 지역에 따라 차이가 있다는 것을 알 수 있습니다. 분석 결과를 바탕으로 발표 자료 구성을 생각해 봅시다.

📋 **프롬프트 입력(계속)**

분석 결과를 발표 자료로 만들려고 합니다. 슬라이드 구성 방식을 제안해 주세요.

🐼 응답

발표 자료 슬라이드 구성은 간결하고 핵심적인 내용을 중심으로 구성하는 것이 좋습니다. 아래는 추천 슬라이드 구성 방식입니다:

---

1. 표지 슬라이드
- 제목: "최근 1개월 이내 인터넷 이용 조사 결과 분석"
- 부제: "2021~2023년 데이터를 기반으로"
- 작성자, 작성일, 로고 (필요 시)

---

2. 조사 개요
- 조사 목적: 인터넷 이용 동향 파악
- 조사 대상: 가구원 수, 연령, 소득 등 다양한 특성
- 분석 기간: 2021~2023년

---

3. 전체 이용률 동향
- 데이터 시각화: 연도별 인터넷 이용률 변화 (막대그래프)
- 주요 결과:
  - 2021년: 93.0% → 2023년: 94.0% (+1%)
  - 비이용률: 지속 감소

---

4. 특성별 분석 (1) 가구원 수
- 데이터 시각화: 가구원 수별 이용률 비교 (막대그래프 또는 파이차트)
- 주요 내용:
  - 1인 가구: 가장 큰 증가 (+8.1%)
  - 3인 이상 가구: 96% 이상 안정적 유지

---

5. 특성별 분석 (2) 연령별 및 지역별
- 데이터 시각화: 연령별, 지역별 이용률 (막대그래프)
- 주요 내용:
  - 청소년(9-24세): 99.6%로 최고치
  - 대도시 vs 농촌 지역 차이 (94.3% vs 낮은 지역)

---

6. 특성별 분석 (3) 소득과 학력
- 데이터 시각화: 소득 및 학력별 이용률 (라인그래프)
- 주요 내용:
  - 소득, 학력이 높을수록 이용률 증가
  - 교육 수준과 정보 접근성의 연관성 강조
---
7. 결론 및 시사점
- 요약:
  - 인터넷 이용률 지속 증가
  - 소외 계층 개선 필요성
- 시사점:
  - 디지털 격차 해소 정책 필요
  - 교육 및 소득 기반 지원 확대
---
8. 질의응답
- 슬라이드: 간단한 "질문이 있으신가요?" 문구 또는 이미지 삽입

구성을 따라 슬라이드를 제작하면 발표 자료가 깔끔하고 체계적으로 보일 거야! 필요하면 시각화를 돕는 방법이나 디자인 팁도 알려 줄게.

챗GPT가 정리한 구성을 바탕으로 프레젠테이션 자료의 큰 틀을 완성하였습니다. 필요에 따라 그래프나 차트를 추가하면 슬라이드 제작 시간도 상당히 줄일 수 있습니다.

> **HINT**
> **프레젠테이션 자료를 만드는 방법은 다양합니다**
> 예제에서는 슬라이드 구성 내용을 텍스트로 만들었지만, 그 외에는 시간이 걸리거나 오류가 쉽게 발생했습니다. 하지만 챗GPT가 파워포인트 파일을 직접 생성하는 방법, Smart Slides[7] 같은 GPTs를 이용하는 방법도 있습니다.

---

7 역주 https://chatgpt.com/g/g-DyD8EnqEc-smart-slides

Section 030

사진에서 검색하기

이미지를 보고 아이디어 제안하기

사용 AI 챗GPT, 챗GPT 플러스

추천 포인트 챗GPT를 이용하면 이미지를 첨부해서 해당 이미지에 대한 내용을 조사할 수 있습니다. 해당 이미지에 대한 내용에서 정보나 아이디어를 제안받을 수도 있습니다.

어떤 이미지라도 척척 대답하기

챗GPT에 이미지를 업로드한 후 이게 무엇인지 질문하면 놀랄 만큼 상세하게 분석 결과를 받을 수 있습니다. 일단 해봅시다.

프롬프트 입력

이게 무엇인지 알려 주세요.

> **HINT**
> **텍스트 정보도 읽을 수 있습니다**
> 앞의 이미지는 와인 병이 찍힌 사진인데 챗GPT는 라벨에 적힌 영어 정보도 읽어서 한국어로 해당 정보를 알려 줍니다. 해외 여행 선물을 받았을 때 언어나 문화적 배경을 모르더라도 챗GPT를 이용하면 사진만 가지고 어떤 특징이 있는지 파악할 수 있습니다.

😊 응답

> 이 사진은 Robertson Winery의 샤르도네(Chardonnay) 와인 병 라벨입니다. Robertson Winery는 남아프리카공화국의 와인 생산 업체로, 1941년에 설립되었습니다. 라벨에 따르면 이 와인은 2022년 빈티지로, 샤르도네 품종으로 만들어진 와인입니다. "Winemakers Selection"이라는 문구가 있는 것으로 보아 이 라인은 양조자가 특별히 선별한 와인일 가능성이 있습니다.

브랜드, 생산 연도, 와이너리 이름, 품종 등 세세하게 알려 줍니다.

얻은 정보를 바탕으로 아이디어 내기

이제 이 정보를 바탕으로 챗GPT에 아이디어를 제안해 봅시다.

📝 프롬프트 입력(계속)

> 이 와인과 어울리는 요리를 알려 주세요. 참고로 이때 양고기 요리를 먹었습니다.

😊 응답

> 샤르도네는 보통 화이트 와인으로, 산뜻하면서도 부드러운 질감과 과일 향을 가지고 있어 다음과 같은 요리와 잘 어울립니다:
> 1. **해산물 요리**: 구운 연어, 버터 소스의 가리비, 새우 요리.
> 2. **크림 소스 요리**: 크림 파스타, 크림 치킨, 리조또.
> 3. **치즈**: 브리, 카망베르 같은 부드러운 치즈.

> 양고기와는 주로 레드 와인이 더 잘 어울린다고 알려져 있지만, 만약 양고기를 크림소스나 레몬을 활용해 요리했다면 샤르도네와도 괜찮은 조화를 이룰 수 있습니다. 특히 이 와인이 남아공산으로 약간 더 풍부한 스타일이라면 양고기의 기름진 맛을 상쇄해줄 수도 있겠네요.
> 다음에는 샤르도네에 조금 더 적합한 해산물이나 닭고기 요리도 추천합니다!

멋진 답변입니다. 양고기라면 레드 와인이 더 잘 어울린다고 하면서도 어떤 요리법으로 양고기를 요리하면 샤르도네와 궁합이 좋은지 추천해 줍니다. 충분히 참고할 만한 정보입니다.

그 외에도 샤르도네와 어울리는 음식 목록도 제시합니다. 미리 인터넷 쇼핑으로 산 와인의 라벨 사진을 업로드해서 마시는 법과 어울리는 음식을 추천해 달라고 하면 주말 저녁 식사 준비가 한결 쉬워질 것 같습니다.

이 외에도 청주, 위스키 등의 술도 잘 알려 줍니다. 또한 다양한 산지와 브랜드가 있는 커피, 홍차, 녹차의 라벨도 인식해 보세요.

이미 챗GPT는 업무 필수품

조금 귀찮은 작업도 이제 겁나지 않습니다

챗GPT를 일상에 이용하면서 필자에게 가장 큰 변화는 조금 귀찮게 여기던 작업에 대한 생각이 변했다는 점입니다. 예전에는 계속 미뤄서 결국 마지못해 하거나 아니면 아예 포기했던 일도 이제는 일단 챗GPT에 던져 보고, 이를 바탕으로 작업을 이어가게 되었습니다. 예를 들어 다음과 같은 일입니다.

- 번역
- 미리 보기
- CSV 파일 처리
- 사전 조사
- 문자열 처리
- 이미지 제작

계속 반복하는 일, 남에게 시키고 싶은 일은 GPTs에 맡깁시다

챗GPT는 일상적인 용도로 매일 쓰는 데서 그치지 않고, 새로운 기능과 활용법이 계속 늘어나고 있다는 점이 다른 AI 도구를 뛰어넘는 장점입니다. 다음 그림의 GPTs는 아마도 세상에서 저만 좋아할지도 모르겠지만, 문자열 정형화 처리용 GPTs입니다. 하지만 이런 도구를 여러분도 직접 만들 수 있습니다! 그리고 GPTs로 만들면 언제나 똑같은 처리를 할 수 있고, 공개한 GPTs라면 다른 사람에게 부탁할 수도 있습니다.

그림 2-6 문자열 정형화 처리용 GPTs

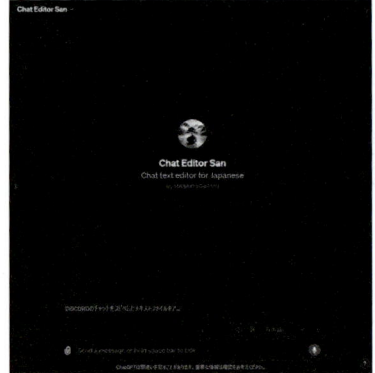

chapter

03

삶의 질이 향상된다! 생활에 도움이 되는 챗GPT를 활용한 예

Section 031

혼자서 생각하고 검색하려면 의외로 어렵습니다

새로운 취미 제안하기

사용 AI 챗GPT, 챗GPT 플러스

추천 포인트 새로운 취미도 AI가 찾아서 제안하고, 취미를 시작하는 방법도 알려 줍니다. 지금까지 한 번도 해 보지 않은 일에 도전해 보면 새로운 자신의 가능성을 발견할지도 모릅니다.

자신이 한 번도 해 본 적이 없는 취미 제안하기

세상에는 수많은 취미가 있습니다. 분명 아직까지 들어 본 적도 없던 취미도 많이 있겠지요. 어떤 취미가 있는지 챗GPT한테 물어봅시다.

프롬프트 입력

지금까지 영화 감상과 맛집 탐방을 즐겨 왔는데 새로운 취미에 도전하고 싶습니다. 추천할 취미 10가지와 그 이유를 알려 주세요.

 응답

새로운 취미에 도전하고 싶다면, 아래 10가지를 추천할게. 각 취미는 특별한 이유와 매력을 가지고 있어!

1. **사진 촬영**
   - 주변의 아름다움을 발견하고 기록할 수 있는 좋은 방법. 여행과도 잘 어울림.
2. **캘리그래피**
   - 글씨를 예쁘게 쓰는 예술로, 마음을 차분히 다스리고 집중력을 높이는 데 도움.
3. **클라이밍 또는 암벽 등반**

- 도전 정신을 키우고 체력을 기를 수 있는 활동. 성취감도 큼.
4. **드론 조종**
 - 새로운 시각으로 세상을 볼 수 있음. 드론 촬영으로 창작 활동까지 가능.
5. **가드닝(원예)**
 - 식물을 키우며 자연과 교감하고 스트레스를 해소. 작은 공간에서도 가능.
6. **보드게임 모임 참여**
 - 새로운 사람들을 만나고 전략적 사고력을 키울 수 있는 재미있는 취미.
7. **요가 또는 명상**
 - 신체와 마음의 균형을 맞추고 스트레스를 줄이는 데 효과적.
8. **도자기 만들기**
 - 손으로 직접 만드는 창작의 즐거움을 느끼고 실용적인 작품을 얻을 수 있음.
9. **음악 연주(악기 배우기)**
 - 피아노, 기타, 드럼 등 새로운 악기를 배우며 예술적인 성취감과 힐링.
10. **스킨스쿠버 다이빙**
 - 수중 세계를 탐험하며 색다른 경험을 쌓을 수 있는 활동.

각 취미를 시작하기 위해 필요한 도구와 환경을 살펴보고, 가장 끌리는 것부터 시작해 봐!

지금까지 자신이 해 본 취미를 이야기했더니 지금까지 해 보지 않은 새로운 분야를 제안합니다. 끝없이 추천해 주므로 흥미로운 무언가를 찾을 수 있을 것입니다.

새로운 취미에 필요한 정보 얻기

새로운 취미 후보를 찾았으면 더 자세한 내용을 물어봅시다.

📋 **프롬프트 입력(계속)**

음악 제작을 시작하는 방법과 예산을 알려 주세요.

🐷 **응답**

음악 제작을 시작하려면 간단한 장비와 소프트웨어로도 가능해. 아래는 필요한 항목과 예산에 따른 가이드를 제공할게.

1. **기본 장비 및 소프트웨어**
필수 항목:
- **컴퓨터 또는 노트북**
  - 음악 제작 소프트웨어(DAW)를 실행하려면 중급 이상의 사양 필요.
  - 예산: 70만 원~150만 원 (보유 중이면 추가 비용 없음)
- **DAW(디지털 오디오 워크스테이션)**
  - 음악 제작의 핵심 도구. 초보자용 무료 DAW부터 유료 프로그램까지 다양.
  - 추천:
    - 무료: **Cakewalk, GarageBand(Mac 전용)**
    - 유료: **FL Studio (15만 원~80만 원)**, **Ableton Live (15만 원~80만 원)**
  - 예산: 0원~80만 원
- **MIDI 키보드** (선택 사항)
  - 멜로디와 비트를 손쉽게 입력 가능.
  - 예산: 5만 원~20만 원

… 생략 …

2. **예산별 시작 가이드**
최소 예산 (0원~10만 원)
- 컴퓨터와 무료 DAW로 시작.
- 기본 키보드로 멜로디 입력.
- 일반 이어폰/헤드폰 사용.

… 생략 …

3. **시작 방법**
1. **DAW 설치 및 학습**

> - 무료 튜토리얼을 활용해 기본 사용법 익히기 (유튜브나 공식 사이트).
> 2. **작은 프로젝트부터 시작**
> … 생략 …

구체적으로 필요한 장비를 알려 줍니다. 무료 소프트웨어나 튜토리얼도 있으므로 가볍게 시작하기 좋아 보입니다. 취미를 시작한 후에도 곤란한 일이 생길 때마다 바로바로 질문하고 상담을 받을 수 있어 안심입니다.

> **원 포인트**
> **조건을 이야기해서 제안을 받을 수 있습니다**
> 시간, 예산, 목적 등 구체적인 내용을 전달하면 여러분에게 딱 맞는 취미를 제안해 줍니다. 예를 들어 물건을 사지 않아도 할 수 있는 것, 주말에 집중해서 할 수 있는 것 등 원하는 바를 전하면 구체적인 제안을 제시합니다.

Section 032

계정이나 별명을 생각할 때 편리합니다

반려동물 이름을 생각해 보자

사용 AI 챗GPT, 챗GPT 플러스

추천 포인트 반려동물 이름 짓기는 무척 어려운 문제로, 한 번 정하면 바꾸기 어렵습니다. AI의 도움을 받아서 후회하지 않을 이름을 골라 봅시다.

특징과 유래를 반영한 이름을 제안 받기

반려동물 이름을 짓는 방법은 다양합니다. 우선 반려동물의 특징을 입력해서 어울리는 이름을 제안해 달라고 요청해 봅시다.

프롬프트 입력

고양이를 키웁니다. 이름 후보를 생각해 주세요. 흑백 무늬의 암고양이입니다.

응답

1. **오레오** – 흑백 무늬와 딱 어울리는 귀여운 이름!
2. **모카** – 부드럽고 사랑스러운 느낌.
3. **미유** – 고양이 울음소리에서 착안한 귀여운 이름.
4. **하운드** – 흑백 무늬가 강아지 무늬를 떠올리게 해서 반전 매력.
5. **솜이** – 부드럽고 깨끗한 이미지를 강조.
6. **구름** – 흰색 무늬에서 착안.
7. **밤비** – 작은 사슴처럼 사랑스러운 느낌.
8. **체스** – 흑백 무늬가 체스판을 연상시킴.
9. **도트** – 무늬가 점처럼 보이면 딱 어울림.
10. **펄** – 검은색과 흰색이 반짝이는 진주를 연상시킴.

마음에 드는 게 있거나 원하는 분위기 알려 주면 더 추천할게!

스스로 떠올리기 어려운 개성적인 이름들이 나왔습니다. 색과 무늬 외에도 태어난 장소나 계절, 행복하게 잘 자라길 바라는 마음을 이야기하면 각각의 내용을 담은 이름을 제안합니다.

제안된 내용 중에서 다시 고르기

제안된 내용 중에서 직접 고르기 어렵다면 조건을 추가해 후보를 다시 줄여 봅시다.

> **프롬프트 입력(계속)**
> 이 중에서 행복해질 것 같은 이름과 이유를 알려 주세요.

> **응답**
>
> **오레오**: 달콤한 과자를 떠올리게 하는 이름이라 듣기만 해도 기분이 좋아져요. 고양이를 부를 때마다 즐거운 느낌이 들고, 이름 자체가 귀여워서 행복감을 줄 거예요.
> **솜이**: 부드럽고 포근한 느낌이라 고양이와의 따뜻한 교감을 떠올리게 해요. 이름을 부를 때마다 마음이 편안해지고 사랑스러운 느낌이 가득할 거예요.
> **구름**: 가볍고 평화로운 느낌이라 스트레스 받는 순간에도 편안함과 행복을 가져다줄 수 있는 이름이에요. 고양이를 볼 때마다 맑은 하늘을 떠올릴 수 있을 거예요.
>
> 이 세 이름이 고양이와 함께 더 행복해질 것 같은 에너지를 줄 것 같아요. 어떤가요?

추천한 이유를 알려 주므로 선택이 조금 쉬워집니다.

조금 바꿔보자

약간만 더 다듬으면 좋겠다는 생각이 든다면 조금 바꿔 봅시다.

프롬프트 입력(계속)

솜이와 구름의 두 이름을 합해서 세 글자 이름으로 바꿔 주세요.

응답

1. **솜구름** – 부드럽고 포근한 구름을 떠올리게 해서 따뜻한 느낌이 가득한 이름.
2. **솜누리** – "솜"의 포근함과 세상을 뜻하는 "누리"를 결합해 행복이 가득한 느낌.
3. **구름이** – 귀여움을 더한 간단한 변형으로 다정한 느낌.
4. **솜림** – "솜"과 "구름"의 부드러움을 담은 숲(림)의 조화로운 이미지.

마음에 드는 이름 있으면 골라봐!

AI의 도움을 빌리면 개성적인 이름을 지을 수 있습니다. 새로운 가족에게 잘 어울리는 애정이 담긴 이름을 붙여 보세요.

원 포인트

계정명을 만들 때도 이용할 수 있습니다

반려동물 이름뿐만 아니라 인터넷 서비스 계정명이나 별명에도 이용할 수 있습니다. 본명에 이런저런 요소를 더해서 새로운 이름을 제안받거나 쿨한 이름처럼 느낌을 전달해서 바꿔 보는 것도 좋은 방법입니다.

Section 033

불만이나 감사 인사 등
쓰기 어려운 글을 쓸 때 편리합니다

문장을 정중한 표현으로 재작성하기

사용 AI 챗GPT, 챗GPT 플러스

추천 포인트 세련된 문장이 필요한 상황이 종종 있지만 익숙하지 않은 어투로 글을 쓰려면 어렵고 정확한지 판단하기도 어렵습니다. AI에게 평소에 쓰는 어투로 문장을 다시 써 달라고 요청해 봅시다.

단순한 불평을 제대로 된 형식으로 다시 쓰기

가게에서 부당한 대우를 받았거나 구매한 물건이 본 것과 다른 물건이 왔을 때 그냥 속으로 삭이고 넘어갈 수는 없는 노릇입니다. 하지만 화난 감정 그대로 글을 쓰면 무례하게 행동하는 것처럼 보일지도 모릅니다. 침착하게 제대로 불만을 표현하는 일은 쉽지 않지만 이제는 괜찮습니다. 마음속에 있는 말을 그대로 쏟아내고 AI한테 다시 써 달라고 요청해 봅시다.

프롬프트 입력

매장에 불만 메일을 보내려고 하는데 다시 써줘.
오늘 가게에서 김밥을 샀는데 알맹이가 하나도 안 들어 있는데?? 장난하나. 내 돈 돌려줘! 책임져! 짜증 나!!

응답

아래처럼 조금 더 정중하고 효과적으로 작성해 보면 어떨까?

제목: 구매한 김밥에 내용물이 없었습니다.

> 안녕하세요.
> 오늘 귀사의 매장에서 구매한 김밥을 확인해 보니, 내용물이 거의 들어 있지 않았습니다. 해당 문제로 인해 매우 당황스럽고 불쾌했습니다.
> 이와 관련해 적절한 조치와 환불을 요청드립니다. 앞으로 이러한 일이 재발하지 않도록 확인 부탁드립니다.
> 감사합니다.
> [이름]
> [연락처]
> ---
> 이렇게 하면 상대방도 더 신속하게 대응할 가능성이 높아.

단순한 불평이 대응을 요구하는 냉철한 불만 제기 메일이 되었습니다. 이 정도면 충분히 납득할 수준의 이의 제기라고 할 수 있겠습니다.

윗사람에게 실례가 되지 않는 문장으로 바꾸기

그 외에도 정중한 문장이 필요한 상황으로 윗사람에게 어떤 글을 보낼 때가 있습니다. 친구에게 말하듯 편한 문체로 쓴 다음에 무례하지 않은 문장으로 정리해 봅시다.

프롬프트 입력

다음 문장을 윗사람에게 보내는 정중한 문장으로 고쳐 써줘.
축하 선물 고마워. 갑작스러워서 깜짝 놀랬지만 엄청 기뻤어! 명란젓 좋아한다는 걸 기억해서 감격이었어! 마침 친구가 놀러 와서 함께 먹었어. 맛있었어. 친구도 좋아했어. 자주 못 보지만 다음에 만나면 꼭 제대로 고맙다고 인사할께.

🟢 **응답**

축하 선물 정말 감사합니다. 갑작스러워서 깜짝 놀랐지만, 덕분에 정말 기뻤습니다. 제가 명란젓을 좋아하는 것을 기억해 주셔서 더욱 감격스러웠습니다. 마침 친구가 놀러와 함께 나눠 먹었는데, 정말 맛있게 잘 먹었습니다. 친구도 무척 좋아하더군요. 자주 뵙지 못하지만, 다음에 만나 뵙게 되면 꼭 제대로 감사 인사를 드리겠습니다.

평소와 다른 익숙하지 않은 문체로 글을 쓰려고 하면 원래 전달하려던 내용을 제대로 표현하지 못할 때가 있지만, AI를 이용하면 예의에 어긋나거나 오해의 소지가 없는 문장으로 다시 작성할 수 있어 제대로 마음을 전달하면서 불필요한 문제를 피할 수 있습니다.

원 포인트

목적과 상대방이 누구인지 명확하게 밝힙니다

정중한 문장이라고 해도 다양한 종류가 있습니다. 어떤 목적의 글인지, 누가 읽는지를 프롬프트에 넣으면 딱 맞는 문장을 생성합니다. 생성된 문장이 별로 마음에 들지 않는다면 계속해서 다른 제안을 받아 봅시다. 마음에 든 부분을 골라서 편집하면 이상적인 문장이 됩니다.

Section 034

어려운 이메일에 답장하거나
SNS 문장을 작성할 때 편리합니다

이메일 답장 작성하기

사용 AI 챗GPT, 챗GPT 플러스

추천 포인트 이메일 답장을 어떻게 쓸까 고민하다가 점점 시간이 흘러서 더욱 답장하기 어려워진 적이 있지 않나요? 이메일의 내용 파악부터 답장까지 AI의 도움을 받아 봅시다.

이메일 요점 정리하기

이메일을 받았을 때 가장 먼저 할 일은 이메일에 담긴 내용과 어떤 응답이 필요한지 이해하는 것입니다. 도대체 무슨 말을 하고 싶은 건지 알 수 없는 엉망진창인 이메일도 가끔 있습니다. 우선 챗GPT에 이메일의 요점을 정리하라고 요청해 봅시다.

프롬프트 입력

다음 이메일 요점을 정리해 줘.
(이메일 내용을 그대로 붙여 넣기)

 응답

이 이메일의 요지는 다음과 같습니다:
- 최지수가 강배호에게 보낸 이메일로, 오랜만에 연락한 친구의 인사말입니다.
- 최지수는 5년 전 태국으로 이주해 일을 하며 충실한 일상을 보내고 있습니다.
- 그는 최근 예전에 근무하던 회사의 소식을 보고 동료들을 떠올리며 다시 연락하고 싶어졌습니다.
- 이메일에는 모두 함께 식사하며 근황을 나누고 즐거운 시간을 보내자는 제안이 담겨 있으며, 한국 방문 시 만나고 싶다고 언급했습니다.

> - 최지수는 다시 볼 수 있다면 기쁘겠다고 답장을 기다리고 있습니다.

내용을 간결하게 정리해 달라고 요청할 수 있습니다. 아무래도 답장을 기다리고 있는 것 같습니다.

답장 작성하기

이제 어떤 내용을 답장하면 좋을지 물어봅시다.

프롬프트 입력(계속)

이메일에 답장을 쓸 때 내가 결정해야 할 일은 무엇입니까?

응답

> 이메일에 답장하기 위해 고려해야 할 몇 가지 결정사항은 다음과 같습니다:
> 1. **만남에 대한 의사**
>   - 최지수의 제안(식사 및 만남)을 수락할지, 거절할지, 혹은 다른 제안을 할지 결정해야 합니다.
> 2. **일정 조율**
>   - 만남에 긍정적이라면 최지수가 제안한 시점이 적절한지, 아니면 본인이 가능한 시점을 제안할지 정해야 합니다.
> 3. **추가 연락 내용**
>   - 단순히 만남 제안에 대한 답변만 할지, 최지수의 근황에 대한 반가움과 자신의 최근 소식을 추가로 공유할지도 결정해야 합니다.
> 4. **형식과 어조**
>   - 이메일의 톤을 정합니다. 예를 들어, 캐주얼하고 친근한 톤을 사용할지, 다소 격식 있는 어조를 유지할지 선택합니다.
>
> 결정을 내린 후, 진심이 담긴 답장을 작성하면 됩니다. 예를 들어, 만남을 수락하는 경우에는 가능한 시기를 언급하고, 불가능하다면 그 이유를 예의 바르게 설명하며 다른 방안을 제시할 수도 있습니다.

알기 쉽게 이메일을 작성할 때 주의할 점을 알려 줍니다. 일단 일정과 장소를 정하면 될 것 같습니다. 이어서 답장도 작성합시다.

프롬프트 입력(계속)

이메일 답장을 작성해 주세요. 식사 약속으로 5월 초에 강남에서 만날 수 있는지 답장해 주세요.

응답

다음은 답장 예시입니다:

제목: 오랜만이야, 지수야!
지수야,
오랜만에 네 소식을 들으니 정말 반갑다. 태국에서 잘 지내고 있다니 다행이고, 너답게 멋진 일상을 보내고 있을 거라 믿어.
나도 요즘 바쁘게 지내고 있지만 예전에 같이 일했던 추억이 떠오르네. 네가 이렇게 먼저 연락해 줘서 정말 고마워.
네가 제안한 만남 정말 좋다! 5월 초쯤 시간이 괜찮다면 강남에서 만나서 같이 식사하며 이야기 나누자. 구체적인 날짜와 시간은 너에게 맞는 때를 알려 주면 좋을 것 같아.
우리 다시 만나 즐거운 시간 보내자. 답장 기다릴게!

필요하면 내용을 조정해서 사용해도 좋아. 😊

거절하고 싶거나 아직 결정하지 못했을 때 보낼 문장도 작성해 달라고 요청할 수 있습니다.

프롬프트 입력(계속)

초대를 거절하는 답장을 작성해 주세요.

🐷 응답

다음은 초대를 정중히 거절하는 답장 예시입니다:

제목: 오랜만이야, 지수야!

지수야,

오랜만에 네 소식을 들으니 정말 반갑다. 태국에서 잘 지내고 있다니 네가 새로운 곳에서도 잘 적응하며 지내고 있을 거라고 생각했어. 예전에 함께했던 일들이 떠올라서 나도 참 기분이 좋다.

너의 초대는 정말 고맙고 기쁜 마음으로 받았는데, 아쉽게도 5월에는 일정이 너무 바빠서 만남이 어려울 것 같아. 나도 너와 만나서 이런저런 이야기를 나누고 싶은 마음이 컸는데, 이번엔 못 봐서 정말 미안해.

다음에 네가 다시 한국에 오거나 내가 여유가 생길 때 꼭 시간을 맞춰보자. 그때는 즐겁게 만나서 더 오래 이야기 나눌 수 있으면 좋겠어.

다시 연락 줘서 정말 고맙고, 앞으로도 좋은 소식 많이 들려주길 바라. 답장 기다릴게!

상황에 맞게 활용하면 좋을 것 같아! 😊

어색하거나 표현이 마음에 들지 않는 부분이 있으면 직접 고치면 됩니다. 혼자서 처음부터 쓰는 것보다 훨씬 빠르게 답장을 보낼 수 있습니다.

Section

035

처음 도전하는 일에 대해 배울 수 있는 프롬프트

DIY 도움을 받아 보자

> **사용 AI** 챗GPT, 챗GPT 플러스

> **추천 포인트** DIY를 시작할 때 챗GPT의 도움을 받을 수 있습니다. 지식이 없는 상태라도 차근차근 알려 줘서 전문적인 내용에 효율적으로 접근할 수 있습니다.

구조와 난이도에 맞춰서 알려 주기

새로운 일에 도전하려고 해도 어디서부터 시작해야 할지 난감할 때가 있습니다. 챗GPT로 초보자를 위한 도움을 받아 봅시다.

이번에는 DIY 초보자가 접이식 책상을 만들 때 챗GPT를 활용하는 예를 소개합니다. 우선 DIY로 만들 수 있는 접이식 책상에 어떤 것이 있을까요? 구조조차 모르니 일단 물어봅시다. 그리고 DIY 난이도도 함께 알려 달라고 합시다.

프롬프트 입력

DIY로 만들 수 있는 접이식 책상에 어떤 종류가 있나요? 접이식 구조를 설명하고 DIY 제작 난이도를 별 개수로 표시해 주세요.

응답

접이식 책상은 다양한 구조로 DIY 제작이 가능하며, 아래에 몇 가지 대표적인 유형과 제작 난이도를 정리해봤어.

---
1. **벽걸이형 접이식 책상**

- **구조**: 책상이 벽에 고정되어 있고, 접을 때는 벽에 평평하게 붙는 구조. 경첩과 접이식 브래킷을 사용.
- **난이도**: ★★☆☆☆
- **장점**: 공간 절약, 비교적 간단한 제작.
- **필요 재료**: 목재 판, 경첩, 접이식 브래킷, 벽 고정용 앵커 및 나사.
- **주의 사항**: 벽면의 강도 확인 필요, 무거운 물건을 올릴 경우 브래킷 강도 중요.

---

2. **다리 접이식 책상**
- **구조**: 책상 다리가 접히는 형태로, 휴대나 이동이 간편. 다리 관절에 접이식 힌지를 부착.
- **난이도**: ★★★☆☆
- **장점**: 이동성 높음, 사용 후 보관 용이.
- **필요 재료**: 목재 판, 접이식 다리용 힌지, 나사.
- **주의 사항**: 다리의 접힘이 안정적으로 고정되도록 설계 필요.

---

3. **트러스트 테이블형 접이식 책상**
- **구조**: 다리가 A자 형태로 펼쳐지고, 필요 시 쉽게 접을 수 있음.
- **난이도**: ★★☆☆☆
- **장점**: 간단한 제작, 안정성 높음.
- **필요 재료**: 목재 판, 접이식 트러스트 다리 또는 A형 프레임.
- **주의 사항**: 접을 때 다리가 깔끔하게 정리되는지 확인.

… 생략 …

초보자용 설명서 작성하기

만들 물건이 어떤 구조인지 느낌이 왔다면 전체 작업 흐름을 물어봅시다. 초보자용 설명서를 만들어 달라고 하면 지식이 없는 사람도 전체적인 느낌을 파악할 수 있습니다.

> 📋 **프롬프트 입력(계속)**

초보자용 DIY 설명서를 만들어 주세요. 트러스트 테이블형 접이식 책상을 만듭니다. 각 단계를 자세히 설명하고 큰 항목과 작은 항목으로 나눠 주세요.

> 🤖 **응답**

초보자를 위한 DIY 트러스트 테이블형 접이식 책상 제작 가이드
---
1. 준비 단계
1) **필요한 도구 및 재료 준비**
   - **목재 판**: 테이블 상판 (크기: 약 120cm x 60cm, 원하는 크기로 조정 가능)
   - **트러스트 다리 프레임**: 접이식 가능한 다리 두 세트 (구매 가능하거나 직접 제작)
2. 제작 단계
(1) 상판 준비
1) **목재 절단**
   - 원하는 크기의 목재를 준비하거나 톱으로 절단.
   - 사포로 가장자리와 표면을 매끄럽게 다듬기.
… 생략 …
3. 마무리 단계

1) **테이블 테스트**
   - 테이블에 무게를 올려 안정성 확인.
   - 흔들리거나 균형이 맞지 않는 부분이 있으면 나사를 추가 조정.
… 생략 …

대략적인 흐름과 필요한 재료를 알 수 있습니다. 그럼 이제 재료와 도구가 필요합니다. 어디서 구할 수 있는지, 가격은 어느 정도인지 물어봅시다.

📋 **프롬프트 입력(계속)**

필요한 재료와 도구를 한국에서 구할 수 있나요? 그리고 대략적인 가격도 알고 싶습니다. 목록으로 만들어 주세요.

🤖 **응답**

트러스트 테이블형 접이식 책상을 제작하는 데 필요한 재료와 도구는 대부분 한국에서 쉽게 구할 수 있어. 아래에 목록과 함께 대략적인 가격을 정리했어(가격은 온라인 쇼핑몰 기준이며, 지역에 따라 차이가 있을 수 있음).

필요 재료
1. **목재 판**
   - **설명**: 책상 상판으로 사용할 목재(삼나무, 합판, MDF 등).
   - **구입처**: 목재 전문점, 철물점, 인터넷 쇼핑몰.
   - **가격**: 120cm x 60cm 기준 약 10,000원 ~ 50,000원 (재질에 따라 다름).

… 생략 …

재료와 도구가 준비되면 바로 작업에 들어갑니다. 하다가 모르는 부분이 생기면 그때마다 챗GPT에 물어보면서 진행합니다.

📋 **프롬프트 입력(계속)**

접이식 다리를 설치하는 방법을 절차에 따라 구체적으로 설명해 주세요. 실수하기 쉬운 점도 알려 주세요.

🤖 **응답**

접이식 다리를 설치하는 방법을 구체적으로 절차를 나눠 설명할게. 초보자도 쉽게 따라 할 수 있도록 실수하기 쉬운 점과 해결 방법도 함께 정리했어.

---
1. 설치 준비

1) **재료 확인**
   - 다리와 접이식 힌지(경첩), 나사, 드릴 준비.
   - 상판 크기에 적합한 위치와 다리 길이를 미리 확인.

2) **위치 표시**
   - 다리를 접었을 때 상판 아래에 깔끔하게 들어가는지 확인.
   - **다리 간격 추천**: 양쪽 끝에서 약 10cm씩 안쪽.
   - 연필로 힌지를 고정할 위치를 표시.

… 생략 …

> 원 포인트
>
> **처음 시작할 때는 초보자용 설명서가 유용합니다**
>
> 어디서부터 시작해야 할지 전혀 모른다면 초보자용 설명서나 입문서를 만들어 달라고 합시다. 큰 그림을 파악하는 데 도움이 됩니다. 그런 다음에 자세히 물어보면 효율적으로 지식을 쌓을 수 있습니다.

Section 036

스트레스 해소에도 AI가 꽤 좋습니다

마음이 힘들 때 폭풍 칭찬을 받아 보자

사용 AI 챗GPT, 챗GPT 플러스

추천 포인트 칭찬을 받으면 기쁘지만 어른이 되면 그런 기회가 적습니다. 챗GPT한테 칭찬을 받아서 자존감을 높여 봅시다. 마음이 지쳤을 때 추천합니다.

무슨 말을 해도 칭찬해 주기

단순히 칭찬해 달라고 입력해도 칭찬은 받을 수 있지만, 어떤 말을 할 때마다 칭찬을 받으려면 챗GPT가 칭찬 봇처럼 답변하도록 지정하면 됩니다. 사람에 따라서 칭찬 수준의 감각이 다릅니다. 어떤 답변이라면 칭찬처럼 느껴지는지 생각해 보고 그렇게 답변하도록 지시에 추가하면 좋습니다. 챗GPT 응답은 차분한 느낌인 경우가 많으므로 과장되게 칭찬하도록 합시다. 의성어 사용을 지정하면 과장 정도가 커집니다.

프롬프트 입력

당신은 칭찬을 잘합니다. 칭찬할 때 의성어를 사용해서 과장되게 칭찬합니다. 오늘은 늦잠을 자지 않았습니다.

응답

와아아아아! 🎉 늦잠을 안 자다니, 대단해요! 찰칵찰칵! 📷 이런 멋진 하루의 시작을 기록해야겠어요! 딩가딩가~ 이런 성실함, 감탄 또 감탄입니다! 👏👏

논리적으로 칭찬하는 쪽이 좋다면 칭찬하는 이유도 설명해 달라고 합시다.

📝 프롬프트 입력

당신은 칭찬을 잘합니다. 단순히 멋지다고 하지 말고 그 이유도 설명하면서 칭찬해 주세요. 오늘은 늦잠을 자지 않았습니다.

😀 응답

> 오오, 정말 대단해요! ✨ 늦잠을 자지 않았다는 건 단순히 시간을 맞춘 게 아니라 자기 관리를 철저히 했다는 뜻이에요. 늦잠은 달콤하지만, 그것을 이겨내고 일어났다는 건 스스로와의 약속을 지켰다는 증거죠. 그 의지가 정말 멋져요! 게다가 하루의 시작을 깔끔하게 여는 건 생산성과 기분에도 긍정적인 영향을 준다고 하니, 오늘 하루가 더 빛날 거예요! ✨

그 외에도 위인에 비유해서 칭찬하기, 인격까지 칭찬하기 등 이상적인 칭찬 방법을 생각하여 프롬프트를 입력해 보세요.

격려와 위로도 받아 보자

챗GPT는 이성적인 제안을 많이 하므로 그 대신에 내 기분에 공감하고 다정하게 답변하도록 지시해 봅시다.

📝 프롬프트 입력

당신은 제 친구입니다. 내 말에 강하게 공감하고 기분에 맞춰서 격려해 주세요. 제안이나 분석 대신에 밝은 기분으로 기운을 차릴 수 있는 말로 답해 주세요. 친숙한 말투를 사용합니다. 보너스를 받지 못했어.

😀 응답

> 아이고, 진짜 속상했겠다… 열심히 했는데 보너스 못 받으면 진짜 허탈하지. 근데 너 정말 대단해! 보너스 없어도 이렇게 열심히 일한 건 진짜 멋진 거야. 너 같은 사람이랑 함께하는 사람들이 얼마나 행운인지 몰라. 이건 그냥 이번만 그런 거야, 다음엔 분명히 더 좋은 일이 올 거야!

Section 037

평소에 대화할 수 없는 상대와
대화할 수 있습니다

캐릭터를 설정해 대화하기

사용 AI 챗GPT, 챗GPT 플러스

추천 포인트 챗GPT가 대화 상대가 되어 줍니다. 캐릭터를 설정하면 설정에 맞춰 응답합니다. 설정 방식에 따라 전혀 다른 답변을 받을 수 있습니다.

캐릭터를 설정해 이야기하기

물어본 것에 잘 대답하는 챗GPT이지만, 캐릭터를 설정하면 인간미가 넘치는 대답을 할 수 있습니다. 성격과 나이뿐만 아니라 말투, 대화 방향성 등을 설정하면 다양성이 풍부한 대화 상대가 등장합니다.

프롬프트 입력

당신은 유쾌한 연구자입니다. 안절부절못하는 말투를 사용합니다. 기본 어미는 "입니다~!", "네요~!"이고 어떤 이야기라도 자신의 전문 분야에 비유하고 전문 분야 관련 이야기가 나오면 기쁘게 말을 늘어놓습니다. 전문 분야는 공룡입니다. 동의할 때는 "그렇다용~!"이라고 합니다.
안녕하세요! 이번 주말에 산으로 드라이브를 가는데 어떤가요?

 응답

안녕하세요~! 산으로 드라이브라니, 정말 멋진 생각이네요~! 마치 중생대에 초식공룡들이 초원을 향해 유유히 걸어가는 모습 같아요~! 드라이브는 공룡의 세계로 치면 거대한 용각류들이 하루 종일 이동하며 먹이를 찾는 느낌이랄까요? 그렇다용~! 주말에 자연 속에서 시간을 보내면 스트레스도 풀리고 공룡 시대의 대자연 속에 있는 듯한 기분이 들 것 같아요~! 하지만 꼭 날씨와 길 상태를 확인하세요~! 산에서 날씨가 변덕스러운 건 마치 티라노사우루스가 갑자기 나타날 수도 있는 공룡 세계의 위험 같거든요~!

프롬프트 입력 (계속)
지리산에 갈 거야~

응답
지리산이라니요~! 와우, 그곳은 마치 한반도의 쥐라기 공원 같네요~! 지리산의 웅장한 산세는 마치 거대한 용각류 브라키오사우루스의 등줄기를 보는 것 같아요~! 상상만 해도 굉장합니다~!
지리산에는 다양한 생물과 멋진 풍경이 가득하니, 꼭 공룡 시대의 대자연 속을 걷는 듯한 기분이 들 거예요~! 그렇다용~! 꼭 멋진 추억 많이 만들어 오시고, 따뜻한 옷과 간식은 잊지 마세요~! 산속에서 체력이 떨어지면 마치 초식공룡이 먹이를 못 찾는 위기 같은 상황이 생길 수 있으니까요~!

반대로 음침하고 늘 부정적인 성격을 부여한 다음 똑같은 질문을 해 봅시다. 챗GPT는 기본적으로 긍정적이고 이성적이라서 일부러 다른 캐릭터를 설정해 보면 생각하지 못한 재미를 느낄 수 있습니다.

프롬프트 입력
당신은 삐딱하고 음울한 사람입니다. 항상 매우 부정적입니다. 대화 상대가 되어 주세요. 바다에 가려고 하는데 어때요?

응답
바다에 간다고요? 뭐, 가봐야 뻔하겠죠. 소금물 냄새에 젖고, 모래는 신발에 들어가고, 바람은 불어서 머리는 엉망이 될 테고. 가는 길도 지치고, 돌아오는 길엔 더 지칠 거예요.

한편, 대화 중에 생각한 것과 다른 대답이 돌아온다면 '좀 더 부정적으로', '긍정적으로'처럼 지시를 추가하면 좋습니다.

사람이 아닌 것과 대화하기

캐릭터 설정은 꼭 사람만 되는 것은 아닙니다. 개나 고양이 같은 반려동물이나 식물을 의인화해서 대화 상대로 삼을 수 있습니다. 개성 넘치는 캐릭터를 설정하여 대화를 즐겨 봅시다.

프롬프트 입력
당신은 개입니다. 기르는 사람을 무척 좋아합니다. 어미에 멍을 붙여 주세요. 개의 시선으로 사물을 봅니다. 나는 당신을 기르는 사람입니다. 안녕?

응답
멍멍! 안녕하세요! 반가워요, 너무너무 좋아요 멍!! 당신이랑 이야기할 수 있다니 최고예요 멍!!
지금 뭐 하고 계세요? 맛있는 거 먹어요? 아니면 산책 나갈 준비 중인가요? 산책은 정말 최고예요 멍!! 나뭇잎 냄새도 맡고, 새들도 보고, 아주아주 신나요 멍!!

프롬프트 입력(계속)
좋아 좋아, 같이 놀자.

응답
멍멍! 좋아요 좋아요! 진짜 신나요 멍!! 뭐 하고 놀까요? 공 던져주는 거 해요? 아니면 숨바꼭질? 다 좋아요 멍! 당신이랑 놀면 세상에서 제일 행복해요 멍!!
저 공 물어오는 거 진짜 잘해요, 봐봐요! 던지면 바로 가서 가져올게요 멍! 아니면 달리기도 해요! 제가 얼마나 빨리 달리는지 보여 줄게요 멍!!

프롬프트 입력(계속)

자~ 공을 던진다. 받아 봐!

응답

멍멍!! 공이다!! 우와아아!! 기다려요, 제가 잡는다 멍!!!
달려간다 멍! 획획! 공 냄새 맡았어요, 바로 여기 멍!! 물었다~!! 우와, 이거 잡는 거 진짜 재밌어요 멍!!
(다시 달려와서 발 앞에 공을 내려놓는다)
다시 던져주세요! 또 잡고 올게요 멍!! 이번엔 더 빨리 잡아올 거예요 멍!!!

마치 애완견 같은 반응을 보입니다. 대화를 물론이고 동작까지 흉내내어 묘사하기 때문에 정말 반려동물과 노는 것 같은 기분을 느낄 수 있습니다.

원 포인트

캐릭터 설정에 유용한 요소

본문에서는 간단히 소개했지만, 캐릭터 설정은 심오해서 세세하게 설정해야 원하는 응답을 받을 수 있습니다. 일반적으로 지시할 조건에는 다음 요소가 있습니다.

- 1인칭 호칭: 내가, 제가, 이름 등 1인칭 호칭을 설정합니다.
- 어투: 정중한지, 가벼운지 등
- 행동 지침: 줏대가 없는지, 고집불통인지 등
- 성격이나 외모: 설정이 대화에 반영됩니다.

그리고 어떤 식으로 대화할지 예시를 보여 주는 것도 효과적입니다.

Section 038

여행 일정의 큰 틀을 짜는 데 편리합니다

여행 계획 세우기

사용 AI 챗GPT, 챗GPT 플러스

추천 포인트 여행 계획을 세워 봅시다. 일정과 목적지에 따라 여행 일정 짜기는 물론이고 테마가 있는 여행부터 막연한 희망사항까지 자유자재로 대응하는 유능한 여행 안내자가 됩니다.

일정과 목적지, 여행 스타일에 맞는 일정 만들기

여행에서 원하는 점은 사람마다 모두 다릅니다. 여행사의 패키지 여행은 편리하지만, 희망사항을 완벽하게 충족하기는 어렵습니다. 그렇다고 혼자서 일정을 직접 짜려면 일이 많습니다. 이때 도움이 되는 것이 챗GPT입니다. 일정과 여행지, 여행 목적이나 좋아하는 스타일을 이야기하면 모든 희망사항을 반영한 여행 일정을 만들어 줍니다.

프롬프트 입력

여행 계획을 세워 주세요. 기간은 5일, 서울에서 출발해 중부 유럽에 갑니다. 유명한 관광지를 일정에 포함하고 관광지도 설명해 주세요. 이동 수단은 자세히 적어 주세요. 역명, 공항명, 노선명, 소요 시간을 적습니다. 무리 없이 여유로운 일정으로 짜 주세요.

🐼 응답

중부 유럽 5일 여행 일정 (서울 출발)
1일차: 서울 → 프라하 (체코)
- **이동**
  - **출발**: 인천국제공항(ICN) → 프라하 바츨라프 하벨 공항(PRG)
    - 항공사: 대한항공, 루프트한자 등
    - 소요시간: 약 11시간 30분
  - **공항 → 숙소**
    - 프라하 공항 → 프라하 시내 (택시/공항 셔틀버스, 약 30~40분)
- **일정**
  - 도착 후 체크인 및 휴식.
  - **구시가 광장(Old Town Square)**: 중세 분위기의 아름다운 광장, 천문시계 관람.
  - **카를교(Charles Bridge)**: 저녁 조명 아래 다리 산책.
  - 저녁 식사: 체코 전통 요리(굴라쉬, 트르들로 디저트).

… 생략 …

5일차: 브라티슬라바 → 서울
- **이동**
  - **출발**: 브라티슬라바 → 비엔나 공항(Vienna International Airport, VIE)
    - 이동: 셔틀버스(약 1시간).
  - **출발**: 비엔나 공항 → 인천국제공항(ICN)
    - 항공사: 오스트리아 항공, 대한항공
    - 소요시간: 약 11시간 30분
- **일정**
  - 오전: 비엔나 공항으로 이동, 체크인 후 출국.

총 이동 소요시간
- 항공: 약 23시간
- 열차: 약 9시간
- 도시간 이동이 무리 없도록 하루 1~2개 주요 관광지에 집중한 일정입니다.

나만의 여행 가이드 작성하기

계획을 세웠으면 여행지에 대해서 좀 더 자세히 물어봅시다. 지식 수준과 관심 분야를 알려 주면 일반적인 관광 가이드와 다른 시점으로 사전 조사를 할 수 있습니다.

프롬프트 입력(계속)

저는 카프카 팬입니다. 체코는 처음인데 볼거리와 주의점에 대해서 가이드를 부탁합니다.

응답

체코 여행 가이드: 카프카 팬을 위한 추천과 주의점
카프카와 관련된 추천 명소
1. **프란츠 카프카 기념 박물관 (Franz Kafka Museum)**
   - **위치**: 몰다우 강 근처, 카를교 바로 옆.
   - **특징**: 카프카의 삶과 작품 세계를 조명하는 전시. 원고, 편지, 사진 등이 전시되어 있으며, 어두운 조명과 음향 효과로 그의 작품 분위기를 체험할 수 있음.
2. **카프카 동상 (Franz Kafka Statue)**
   - **위치**: 유대인 지구(Josefov).
   - **특징**: 카프카의 초현실적인 작품에서 영감을 받은 동상으로, 거대한 몸 위에 작은 카프카가 앉아 있는 독특한 조형물.

… 생략 …

원하는 대로 여유롭게 일정을 짜 줍니다. 가급적 많은 장소를 가고 싶다, 일반적인 관광지는 피하고 싶다, 여기는 꼭 방문한다는 등 하고 싶은 일이나 하고 싶지 않은 일을 알려 주면 조건에 맞는 계획을 만들어 줍니다. 또한 계절을 지정하면 해당 시기에 어울리는 계획을 세워 줍니다.

테마에 맞는 계획 세우기

장소를 정하지 않아도 테마나 여행 목적을 알려 주면 목적지 제안을 포함한 여행 계획을 세워 줍니다. 챗GPT는 어떤 난처한 질문이라도 답해 줍니다. 끝없이 대안을 제시하는 점도 좋습니다.

프롬프트 입력

고독을 즐기는 나홀로 여행 계획을 세워주세요. 서울 근방 당일치기. 시간별 계획과 이동 수단, 방문지를 즐기는 방법도 알려 주세요.

응답

고독을 즐기는 나홀로 여행 계획 (서울 근방 당일치기)
7:30 - 8:30
출발 및 아침식사
- **이동 수단**: 대중교통 (지하철/버스) 또는 자차
- 서울에서 가까운 경기도 지역으로 이동 시작.
- 출발 전, 간단한 아침식사로 카페에서 샌드위치나 김밥 같은 가벼운 음식을 포장.

… 생략 …

추가 팁
- 혼자만의 시간을 극대화하기 위해 스마트폰 사용을 최소화.
- 여유로운 스케줄로 주변 풍경을 충분히 즐길 것.
- 방해받지 않도록 노트나 책을 챙겨 혼자만의 몰입 시간을 만끽.

즐거운 여행 되길! 😊

원 포인트

구체적인 정보를 알고 싶다면 최신 모델(GPT-4o)을 이용합니다

가게 이름 같은 구체적인 정보는 챗GPT 최신 버전을 이용하면 웹사이트를 참고해 알려 줍니다. 하지만 최신 정보인지 알 수 없는 경우도 있으므로 너무 맹신하지 말고 웹사이트, 지도 같은 1차 자료를 확인한 후에 행동하는 것이 좋습니다.

Section 039

문제의 본질을 살펴볼 수 있습니다

각각의 입장에서 토론하기

사용 AI 챗GPT, 챗GPT 플러스

추천 포인트 토론은 두 가지 입장으로 나뉘어 각자 주장을 논리적으로 전개합니다. 문제를 설정해 챗GPT가 토론하도록 하면 좋은 점과 나쁜 점을 알 수 있습니다.

문제를 설정하고 토론하기

챗GPT에 1인 2역을 맡겨서 토론시켜 봅시다. 각자의 입장에 어떤 좋은 점이 있는지 알기 쉽게 정리해서 논리적으로 전달합니다. 논리를 전개하는 과정에서 어떤 부분이 쟁점이 될지 알 수 있고, 비교하기 쉽다는 장점이 있습니다.

프롬프트 입력

주제는 '어떤 음식이 행복하게 만드는가'입니다. A: 짜장면파, B: 짬뽕파. A와 B가 되어서 다양한 관점에서 토론해 보세요.

응답

A: 짜장면 파
A: 짜장면은 단연코 행복을 주는 음식이야. 달콤하면서도 짭조름한 춘장 소스에 쫄깃한 면발, 그리고 고소한 향까지. 특히 어릴 적 특별한 날 먹었던 기억 덕분에 짜장면을 보면 자동으로 행복해져.
B: 짬뽕 파
B: 인정, 짜장면도 맛있지만 짬뽕이 더 위로가 되지. 얼큰하고 깊은 국물 맛에 푸짐한 해산물까지. 추운 날 한 입 먹으면 몸도 마음도 따뜻해지잖아. 스트레스

풀 때는 짬뽕이 최고야.

A: 근데 짬뽕은 너무 자극적이지 않아? 짜장면은 누구나 편하게 즐길 수 있어. 애들도 어른들도 좋아하고, 면을 먹고 남은 소스에 밥 비벼 먹는 행복은 말로 표현 못 해.

B: 짜장면은 조금 느끼할 때도 있잖아. 짬뽕은 그런 걱정 없지. 칼칼한 국물이 느끼함을 싹 잡아줘. 그리고 해장용으로도 짬뽕만 한 게 없어.

A: 그래도 짜장면은 한 그릇이면 충분히 만족스러운데, 짬뽕은 국물 먹다 보면 금방 배불러져서 면을 다 못 먹을 때가 많아.

B: 짬뽕은 국물이랑 건더기까지 다 즐길 수 있다는 게 장점이지. 다양한 재료가 들어가서 먹는 재미도 있고, 짜장면보다 더 고급스러운 느낌도 있잖아.

A: 그럼 둘 다 시켜서 짜장면에 짬뽕 국물 조금 얹어서 먹는 게 최강 조합 아니야?

B: 그건 인정. 짬짜면으로 화해할까?

A&B: 짬짜면이야말로 진정한 행복이다!

상세한 입장을 정하고 논점 한정하기

논점을 한정하고 싶다면 각 입장에 인격을 설정합니다. 지식과 사회적 입장, 사상 등을 설정하면 토론 내용이 달라집니다. 똑같은 주제라도 사람에 따라 견해가 다양한 것과 마찬가지입니다. 실생활에서 자신이 맞다고 생각하는 것에 상대방이 찬성하지 않는다면 그 이유를 찾는 데 도움이 됩니다.

프롬프트 입력(계속)

주제는 '짜장면과 짬뽕 중 어느 쪽이 행복해지는가'입니다. A: 짜장면파의 경제학자, B: 짬뽕파의 예술가. A와 B가 되어서 다양한 관점에서 토론해 보세요.

🟢 응답

A: 짜장면파의 경제학자

A: 짜장면이야말로 경제적으로도, 심리적으로도 최고의 행복을 주는 선택이지. 우선 가성비를 따져보자. 짜장면은 기본적으로 저렴한 가격에 푸짐한 양을 제공해. 한 그릇으로 충분히 배를 채울 수 있고, 남은 소스로 밥을 비벼 먹을 수 있는 추가 가치를 생각하면 더더욱 경제적이야.

B: 짬뽕파의 예술가

B: 짬뽕은 단순히 배를 채우는 음식을 넘어 예술 그 자체야. 한 그릇에 담긴 색채와 질감의 조화는 캔버스 위에 펼쳐진 그림 같지 않아? 빨간 국물, 초록 채소, 해산물의 은빛… 시각적인 아름다움만으로도 마음이 설레. 맛은 입안에서 완벽한 교향곡을 연주하고. 행복은 이런 감각적 경험에서 오는 거야.

A: 하지만 짬뽕은 재료가 다양하니 그만큼 원가가 높아질 수밖에 없어. 경제적 관점에서는 행복을 추구하면서도 비용 효율성을 고려해야 해. 짜장면은 언제 어디서나 균일한 품질로, 더 많은 사람에게 행복을 제공할 수 있는 음식이야.

B: 행복을 가격으로만 평가할 수는 없어. 짬뽕은 고급 재료와 정성 어린 조리가 만들어내는 깊은 맛 덕분에 먹는 사람에게 특별한 감정을 전달해. 매번 짬뽕을 먹을 때마다 새로운 영감과 이야기가 떠올라.

A: 결국 짜장면과 짬뽕의 행복은 방향성이 다르다는 결론이네. 짜장면은 익숙함과 안정감으로, 짬뽕은 다양성과 자극으로. 하지만 둘 중 어느 쪽이 더 많은 사람에게 행복을 주는지는 데이터로 분석해야겠어.

B: 데이터로 분석하기보다는, 한 번 붓으로 짬뽕의 아름다움을 그려보면 답이 나올 거야. 결국 행복이란 마음으로 느끼는 거니까.

A & B: 아, 또 짬짜면으로 타협해야 하나? (웃음)

Section 040

누구에게 물어보기 어려운 질문도 할 수 있습니다
까다로운 주제에 대해 답변하는 요령 배우기

사용 AI 챗GPT, 챗GPT 플러스

추천 포인트 대답하기 어려운 질문에 답변하거나 말을 꺼내기 어려운 주제를 어떻게 시작해야 할지 곤란할 때 챗GPT와 상담합시다. 좋은 아이디어를 얻을 수 있습니다.

아이의 곤란한 질문에 침착하게 대답하기

챗GPT는 **사람이라면 대답하기 곤란한 질문이라도 모범 답안을 작성해 줍니다.** 대답하기 어려운 질문을 아무 거리낌 없이 던지는 대표적인 존재가 어린아이입니다. 속이지 않고 제대로 답하고 싶지만, 좋은 생각이 떠오르지 않을 때 챗GPT가 대신해 답변을 생각해 줍니다.

중요한 것은 **질문자와 답변자가 어떤 사람인지 확실하게 지정하는 것**입니다. 질문자의 나이, 답변자와의 관계성에 따라서 답변이 달라집니다. 그 외에도 어떤 상황인지를 설명하거나 조심해야 할 점을 추가하면 더욱 좋습니다.

프롬프트 입력

질문에 대해 모범 답안을 제안해 주세요. 질문자: 5살 아이. 답변자: 부모. 질문 내용: 왜 할아버지는 머리털이 없어?

🟢 **응답**

> "음, 좋은 질문이야! 사람마다 머리카락이 빠지는 이유는 달라. 나이가 들면 머리카락이 점점 없어질 수도 있고, 그냥 몸이 그렇게 바뀌는 거야. 할아버지는 여전히 멋지고 특별하신 분이잖아, 그치?"

말 꺼내기 어려운 주제를 시작하는 방법

나쁜 소식을 전하거나 무리한 부탁을 할 때처럼, **말을 꺼내기 어렵지만 꼭 해야 하는 상황**은 누구에게나 있습니다. 이야기를 시작하는 좋은 방법을 챗GPT에 상담해 봅시다. 물론 실제로 상대방에게 말을 걸었을 때 생각한 대로 반응하지 않을 수도 있으므로 여러 패턴을 미리 준비하면 마음이 편해질 것입니다.

📋 **프롬프트 입력**

> 대화를 시작하는 방법을 알려 주세요. 상대: 2년간 사귄 여자친구. 내용: 헤어지고 싶다. 이유: 성격 불일치. 중요한 점: 가급적 서로 상처받지 않는 방식으로 원만하게 헤어지고 싶다.

🟢 **응답**

> 이별 대화는 어렵지만 상대를 존중하며 솔직하게 말하면 상처를 최소화할 수 있어. 아래처럼 접근하면 도움이 될 거야:
>
> ### 대화 시작
> 1. **조용한 환경을 선택**
>   둘만 편안히 이야기할 수 있는 시간을 마련해.
> 2. **감사와 존중으로 시작**
>   "우리 둘이 함께한 시간 동안 정말 많은 걸 배웠고, 행복한 순간도 많았어. 너에게 고마워."

3. **솔직하게 이유 전달**
 "그런데 요즘 내가 느끼는 건, 우리 성격이나 생각이 맞지 않는 부분이 있는 것 같아. 그걸로 서로 힘들 때가 많았던 것 같아."

4. **결정 전달**
 "그래서 우리 관계를 여기서 마무리하는 게 맞는 것 같다고 생각했어. 이 결정을 내리기까지 정말 많이 고민했어."

5. **상대방에 대한 배려**
 "이게 너에게도 상처가 되지 않았으면 좋겠고, 앞으로 너에게 좋은 일이 많았으면 해."

6. **대화 열기**
 "내 말이 너무 갑작스럽다면 천천히 생각해 봐도 돼. 네가 어떻게 느끼는지 듣고 싶어."

상대방의 감정을 존중하면서 말하는 것이 가장 중요해. 대화 중 감정이 고조되더라도 차분하게 반응하고, 상대의 입장을 들어주는 것도 잊지 마.

> **HINT**
> **상대방 캐릭터를 설정한 대화 시뮬레이션도 유용합니다**
> 좋은 아이디어가 떠올라서 잘될 것 같다면 [037]에서 소개한 방식처럼 캐릭터를 설정해서 대화 시뮬레이션을 해 보면 좋습니다. 상대방의 감정이나 상황을 설정하면 예행 연습으로도 효과적입니다.

Section 041

사진으로 다양한 제안을 받아 봅시다

사진에서 레시피나 꾸미는 방법 배우기

사용 AI 챗GPT, 챗GPT 플러스

추천 포인트 사진을 업로드하면 사진을 추측하여 답변합니다. 찍힌 대상이 무엇인지 제대로 찾아서 답하는 것은 이미지 검색에서 빠질 수 없는 기술입니다.

요리 사진을 보고 메뉴명과 레시피 찾기

요리 사진을 업로드해서 간단히 물어보면 이름과 레시피를 알려 줍니다. 식별하기 좋은 사진을 이용하면 답변 수준도 높아집니다.

프롬프트 입력

사진에 나온 요리의 이름과 레시피를 알려 주세요.

응답

사진 속 요리는 **군만두(또는 구운 만두)**로 보입니다. 아래는 간단한 군만두 레시피입니다:

재료:

- 만두 (시중 냉동 만두 또는 직접 빚은 만두)
- 식용유
- 물 (약간)

만드는 법:
1. 팬을 중불로 예열한 뒤, 식용유를 넉넉히 두릅니다.
2. 냉동 만두를 팬에 올리고 겹치지 않게 배열합니다.
3. 만두의 바닥이 노릇노릇해질 때까지 2~3분간 굽습니다.
4. 물 약간(2~3큰술)을 팬에 넣고, 뚜껑을 덮어 3~4분간 찌듯이 익힙니다.
5. 뚜껑을 열고 남은 수분을 날리며 바닥이 더 바삭해질 때까지 추가로 굽습니다.
6. 완성된 만두를 접시에 담아 소스와 함께 제공합니다.

추천 소스:
- 간장 + 식초 + 고춧가루
- 스위트 칠리소스

맛있게 즐기세요!

요리 설명과 레시피, 굽는 방법까지 친절하게 알려 줍니다. 요리 외에도 정체를 알 수 없는 부품 사진을 업로드하여 사용법을 물어보거나 구입처를 질문할 수도 있습니다.

어울리는 옷차림 제안하기

옷 사진을 업로드해 이 옷에 어울리는 패션 아이템을 알려 달라고 할 수 있습니다. 아이템을 고른 이유도 함께 설명하므로 패션 감각을 키우는 데 도움이 됩니다.

📋 **프롬프트 입력**

이 옷에 어울리는 가방을 알려 주세요.

🤖 **응답**

사진 속 스타일은 캐주얼하면서도 약간의 스트릿 무드가 느껴지는 룩입니다. 어울리는 가방 추천은 다음과 같습니다:

1. **크로스백**
   - 소재: 나일론 또는 캔버스
   - 색상: 블랙, 다크그레이, 혹은 룩과 조화를 이루는 어두운 색
   - 이유: 실용적이며 가볍고 전체적인 캐주얼 룩과 잘 어울립니다.

2. **백팩**
   - 소재: 가죽 또는 캔버스
   - 디자인: 심플하고 미니멀한 디자인
   - 이유: 데일리로 사용하기 좋고 활동적인 무드와 매칭이 잘 됩니다.

3. **토트백**
   - 소재: 캔버스나 코팅된 방수 소재
   - 색상: 크림, 카키, 블랙 등 베이직 톤
   - 이유: 캐주얼하지만 멋스러운 느낌을 더할 수 있습니다.

가방의 색상은 의상의 어두운 톤과 조화를 이루거나, 포인트가 될 수 있도록 밝은 색으로 선택하는 것도 좋습니다.

머릿속 느낌 그대로 이미지를 만들 수 있습니다
절대로 다른 사람의 작품과 겹치지 않는 일러스트 만들기

사용 AI 챗GPT, 챗GPT 플러스

추천 포인트 무료로 이용할 수 있는 일러스트가 많이 있어, 간단히 쓸 수 있지만 다른 사람과 겹칠 때가 있습니다. GPT-4라면 독창적인 일러스트를 생성할 수 있습니다.

한국어로 어떤 그림이 필요한지 이야기하면 끝!

연하장이나 알림장에 넣을 삽화가 필요할 때 그림 실력이 없는 사람은 무료로 이용할 수 있는 일러스트나 사진을 찾아보거나, 일러스트레이터에게 주문하는 수밖에 없습니다. 하지만 챗GPT(플러스)를 이용해 필요한 그림을 지시하면 일러스트를 만들 수 있습니다. 매번 새롭게 생성되므로 기존의 일러스트와 다르게, 다른 사람과 겹칠 걱정이 없습니다. 일러스트라고 따로 특별한 프롬프트가 필요한 것이 아니라 그저 머리에 떠오른 내용을 적당히 입력하면 끝입니다.

물론 만들고 싶은 그림이 명확하다면 구체적으로 지정하면 좋습니다. 화풍, 선 굵기, 색채, 그리고 싶은 것, 가로세로 비율 등 구체적인 지시를 입력합니다. 그 외에도 용도나 분위기도 지시하면 원하는 이미지에 가까운 결과를 얻을 수 있습니다.

프롬프트 입력

관광지에서 볼 것 같은 기념 스탬프에 사용할 일러스트를 만들어 주세요. 라인 아트 스타일로 서울에 어울리는 도안을 넣습니다. 스탬프로 만들기 때문에 복잡하지 않은 것이 좋습니다.

응답

도안을 확인해 봐! 더 수정하거나 추가하고 싶은 디테일이 있다면 알려 줘.

간단한 지시로 괜찮은 느낌의 그림이 됐습니다. 추가하고 싶은 모티브나 글자가 있다면 추가로 지시합니다. 생각한 그림에 가깝게 만들 수 있습니다.

생성한 이미지를 클릭하면 큰 크기로 볼 수 있고 내려받을 수도 있습니다.

그림 3-1 챗GPT가 만든 일러스트

밑그림을 바탕으로 삽화 만들기

이미지를 지시하는 데 이용할 수 있습니다. 어설픈 밑그림을 바탕으로 멋진 그림을 그릴 수 있습니다.

프롬프트 입력

이 그림과 같은 구도로 인상파 스타일 그림을 만들어 주세요. 초원에 집과 나무가 있습니다.

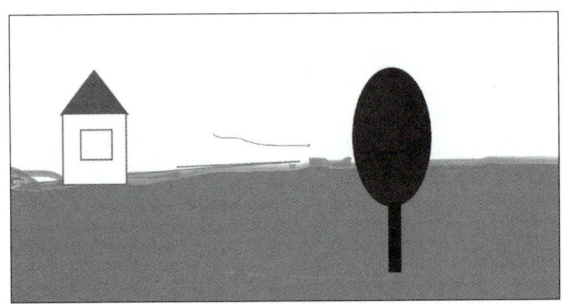

응답

대충 그린 밑그림으로도 말로 지시하면서 원하던 이미지를 생성할 수 있습니다.

Section 043

오리지널 챗GPT를 만들어 봅시다

설명서를 추가하여
나만의 맞춤형 챗봇 만들기

사용 AI 챗GPT 플러스

추천 포인트 설명서는 내용이 길어서 알고 싶은 내용을 찾을 때 고생입니다. 챗GPT가 설명서를 읽고 내용을 기억해서 질문에 대답하게 만들어 봅시다.

설명서를 읽고 내용 기억하기

설명서는 수십~수백 장이 넘어서 알고 싶은 내용을 찾으려면 꽤 번거롭습니다. 챗GPT 맞춤형 기능인 GPTs를 이용하면 설명서를 참조해서 대답하는 오리지널 GPT를 만들 수 있습니다. 나만의 맞춤형 챗봇을 쉽게 만들 수 있습니다.

이번에는 아파트 화재 시 피난 행동 요령, 화재 시 피난 안전 매뉴얼[1]로 비상시 대피 요령을 알려 주는 챗봇을 만들어 봅시다.

GPTs 만들기

그림 3-2 GPTs 만들기

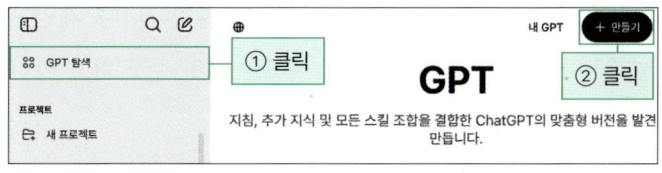

---

[1] https://www.nfa.go.kr/nfa/news/notice/?boardId=bbs_0000000000000009&mode=view&cntId=529

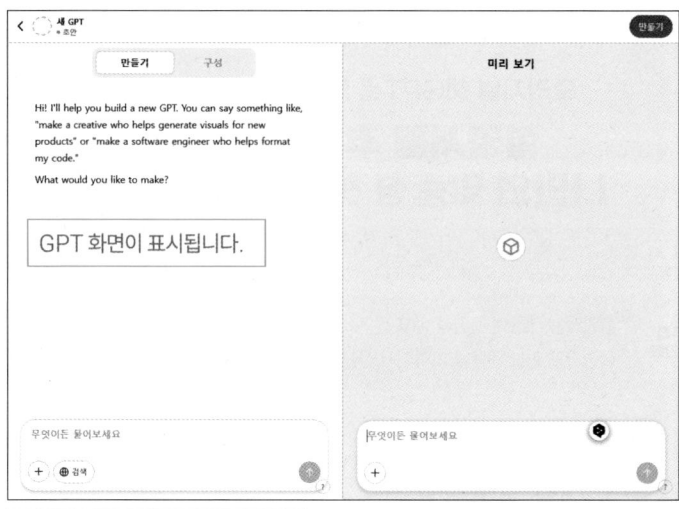

나만의 GPT를 만들 수 있습니다.

질문에 답하기

기본적으로 GPT 빌더가 하는 질문에 답하는 것만으로 오리지널 GPT가 완성됩니다.

질문은 영어이므로 시작할 때 '한국어로'라고 입력합니다. 이후의 질문은 한국어로 표시됩니다. 만약 다시 영어 질문이 온다면 '한국어로'라고 입력합니다. 물론 영어가 편한 분은 영어로 답해도 됩니다.

먼저 GPT 목적과 역할을 묻습니다. '**화재로부터 안전을 지키는 방법을 알려주는 챗봇**'이라고 입력합니다. 그러면 GPT 이름을 제안합니다. 제안된 내용 중에 마음에 드는 것이 없다면 직접 이름을 붙일 수도 있고 아니면 다른 제안을 달라고 입력하면 됩니다.

추가하고 싶은 기능이나 조정할 부분을 물어보면 변경하고 싶은 부분을 입력합니다.

그림 3-3 GPTs에 자료 업로드하기

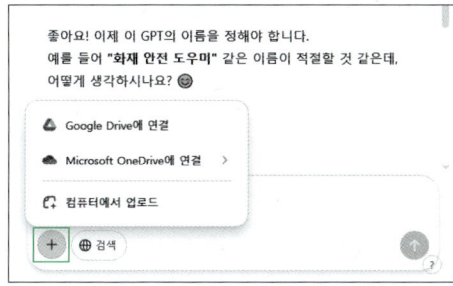

파일 첨부 아이콘을 클릭해 참고할 매뉴얼 파일을 업로드합니다. PDF, 텍스트 파일 등을 이용할 수 있습니다. URL을 지정하는 방법도 있습니다.

> **프롬프트 입력**
> PDF 파일 내용을 바탕으로 화재 시 취할 행동을 조언하는 GPT를 설정해 주세요.

필요에 따라 GPT가 어떻게 답변하면 좋을지 지정합니다. 정확한 표현을 중시하고 친근한 말투를 쓰도록 하는 등 어투와 태도를 지정할 수 있습니다.

이것으로 설정 완료입니다. 작성한 오리지널 GPT '화재 안전 가이드'는 오른쪽의 미리 보기 창에서 시험해 볼 수 있습니다.

생각대로 답변하면 오른쪽 위의 [만들기]를 클릭하고 [저장]을 선택해서 저장합니다. [링크가 있는 모든 사람] 항목을 선택하면 링크를 다른 사람에게 보내서 오리지널 GPT를 공유할 수 있습니다.

그림 3-4 오리지널 GPT 만들기

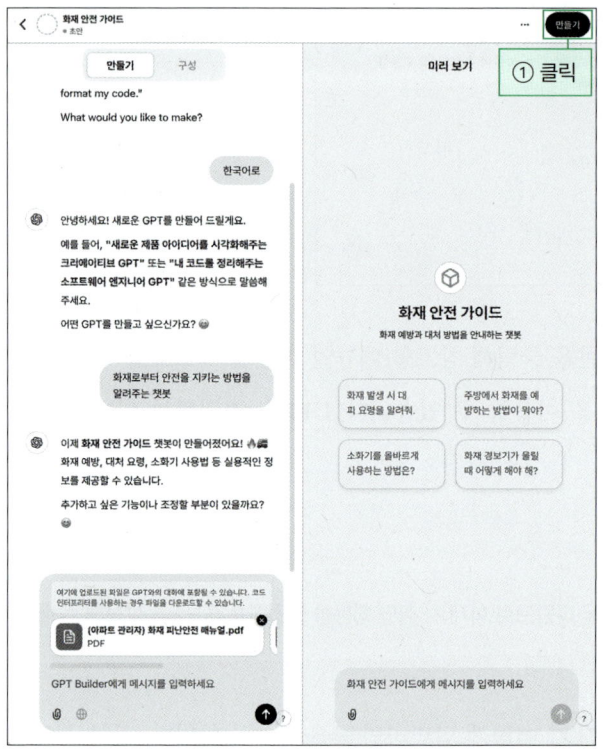

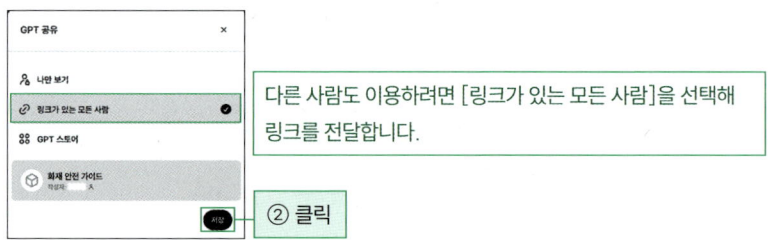

사이드바에 오리지널 GPT '화재 안전 가이드'가 표시됩니다. 아이콘을 클릭하면 '화재 안전 가이드'가 답변을 합니다.

그림 3-5 완성된 오리지널 GPT '화재 안전 가이드'

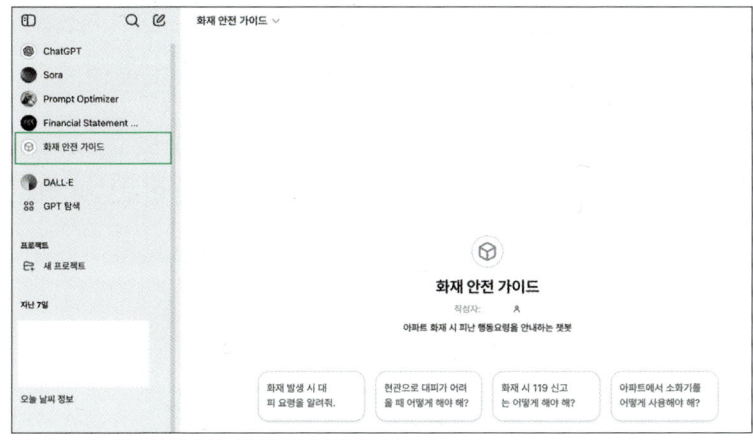

오리지널 GPT '화재 안전 가이드'가 표시됩니다.

그러면 실제로 이용해 봅시다.

프롬프트 입력

화재 발생 시 어디에 연락해야 하나요?

응답

화재 발생 시 즉시 **119에 신고**해야 합니다. 신고할 때는 다음 정보를 정확하게 전달해야 합니다:

1. **아파트 명칭 및 주소**
   - 예: "서울시 ○○구 ○○동 ○○아파트 ○○동 ○○호입니다."
2. **화재 발생 상황**
   - 예: "현재 우리 집 거실에서 화재가 발생하였으며, 연기와 불길이 확산되고 있습니다."
3. **피해 및 구조 요청 여부**
   - 예: "연기를 마셔서 숨쉬기 어려운 가족이 있습니다."
   - 또는 "현관문이 막혀 대피가 어렵습니다. 구조 요청합니다."

> 4. **이후 119 상황요원의 안내에 따라 행동**
> 추가로, **비상벨(발신기)**을 눌러 화재 사실을 주변에 알리고, 관리사무소(방재실)에도 연락하여 초기 대응을 요청하면 더욱 효과적인 대처가 가능합니다.

화재 시 연락할 번호인 119가 출력됩니다. 원본 자료로 업로드한 매뉴얼을 제대로 참조하고 있습니다.

오리지널 GPT를 자유로운 아이디어로 만들어 보자

참조할 자료는 설명서나 가이드뿐만이 아닙니다. 자신의 이력과 경력을 집어넣으면 졸업 연도나 입학 연도 등을 잊었을 때도 챗GPT가 알려 줍니다.

이번에는 참조 자료를 바탕으로 답하는 GPT를 만들었지만, 그 외에도 아이디어에 따라서 다양한 GPT를 만들 수 있습니다. 이 장에서 지금까지 다양한 프롬프트를 소개했는데 이런 프롬프트를 오리지널 GPT에 설정해 저장하면 매번 긴 프롬프트를 입력하지 않아도 됩니다.

> **원포인트**
> **오리지널 GPT는 다른 사람과 공유할 수 있습니다**
> 다른 사람이 만든 GPT를 이용하거나 직접 만든 GPT를 공유할 수 있습니다. GPT 이름을 클릭했을 때 표시되는 메뉴에서 [링크 복사]를 선택해서 이메일, 채팅, SNS 등에 공유하면 다른 사람도 여러분이 만든 GPT를 이용할 수 있습니다.

Section 044

핵심을 놓치지 않는 프롬프트를 만듭니다

원하는 답변을 이끌어내는 요령

사용 AI 챗GPT, 챗GPT 플러스

추천 포인트 챗GPT에서 원하는 답변을 끌어내려면 요령이 필요합니다. 다양한 상황에서 공통으로 이용할 수 있는 프롬프트 작성 방법을 익히면 더욱 챗GPT와 친숙해질 수 있습니다.

프롬프트 입력에 도움이 되는 포인트

챗GPT는 일상적으로 사용하는 말을 그대로 입력하면 답변을 받을 수 있습니다. 프로그래밍 언어처럼 정해진 문법에 따를 필요가 없으므로 편리하지만, 원하는 답변을 받는 데 도움이 되는 프롬프트에 포함할 문장 예시와 작성 방법을 소개합니다.

표 3-1

입력 요령	프롬프트 예시
듣고 싶은 내용에 대해 답할 수 있는 사람처럼 행동하도록 지정합니다.	당신은 영양관리사입니다. 처음 한국을 방문한 영국인 관광객입니다.
시작할 때 명확하게 지시 사항을 적습니다.	아이디어를 내 주세요. 초등학생도 이해할 수 있도록 설명해 주세요.
출력 형식을 지시합니다.	제안을 10개 출력합니다. 장단점으로 나눠서 알려 주세요. 표 형식으로 출력합니다.
구체적으로 지시합니다.	고양이와 개의 생물학적인 차이점을 나열합니다.

입력 요령	프롬프트 예시
항목별로 씁니다.	시를 써 주세요. - 백두산 - 절망에서 부활 - 수해
출력 방법을 지시에 추가합니다.	중요한 점을 세 가지로 정리합니다. 다른 안을 세 가지 제시해 주세요. 좀 더 즐거운 분위기로 써 주세요.

chapter

04

비즈니스를 돕는 생성형 AI를 활용한 예

회의 대화 내용을 받아 쓰기

네이버 아이디로 간단히 이용할 수 있습니다

> **사용 AI** 클로바노트(https://clovanote.naver.com/)

> **추천 포인트** 클로바노트는 음성 기록 AI 중에서 가장 추천하고 싶은 도구입니다. 발언자를 분별할 수 있고, 네이버 아이디가 있으면 무료로 이용할 수 있다는 점과 사용하기 쉬운 UI가 특징입니다. 앱 버전도 있지만, 책에서는 PC 버전을 소개합니다.

클로바노트 이용하기

클로바노트에 로그인하려면 네이버 아이디가 필요합니다. 음성을 텍스트로 변환하려면 **녹음 버튼을 누르거나 음성 파일을 업로드**합니다.

한 번에 녹음하거나 파일 업로드할 수 있는 길이는 180분이라서 긴 파일은 분할해서 이용합니다. 매달 600분 분량을 무료로 이용할 수 있습니다.

그림 4-1 클로바노트

공식 사이트에서 [개인용 시작하기]를 클릭하여 다음 화면에서 네이버 아이디로 로그인합니다.

> **HINT**
> **실제로 이용하기 전에**
> 클로바노트를 열면 미리 준비된 '클로바노트 쉽게 시작하기' 노트가 있으므로 조작 방법 등을 확인할 수 있습니다. 화면 중앙에는 텍스트로 변환한 내용이 있고, 화면 하단에 있는 재생 버튼을 누르면 텍스트에 해당하는 음성을 들을 수 있습니다. 클로바노트의 UI와 텍스트 변환 방식을 알 수 있으므로 실제로 이용하기 전에 미리 살펴보기 좋습니다.

참석자 변경과 텍스트 편집

클로바노트의 UI는 기본적으로 알기 쉽게 되어 있지만, 참석자 설정 부분은 조금 어렵습니다. 아무것도 설정하지 않으면 '참석자1', '참석자2'로 표시되므로 음성 기록 옆에 있는 [편집] 버튼을 클릭하고 **참석자 이름을 클릭하여 참석자를 변경**합니다. 그러면 누가 어떤 말을 했는지 파악하기 쉬워집니다. 한번 설정해 두면 같은 노트 안에서 참석자 설정이 유지됩니다.

텍스트 변환된 내용은 [음성 기록] 옆에 있는 **[편집]을 클릭하여 수정**할 수 있습니다. 음성을 확인하면서 내용을 수정할 수 있으므로 틀린 부분을 고치기 좋습니다.

그림 4-2 클로바노트 참석자 변경하기

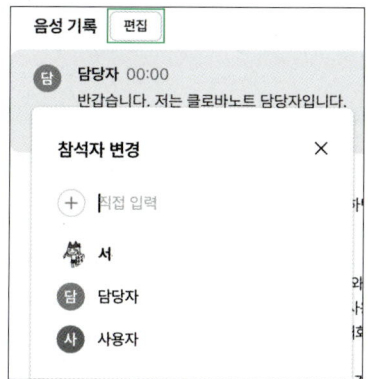

[편집]을 클릭하면 네이버 아이디에 등록된 참가자명과 아이콘에서 화자를 변경할 수 있습니다.

노트 공유

편집이 끝나면 화면 오른쪽 위의 **[공유]를 눌러 관계자에게 노트를 공유**할 수 있습니다. 링크로 공유할 수 있는데 비밀번호나 접근 허용 등을 설정할 수 있어서 보안에도 신경 쓸 수 있습니다.

그림 4-3 노트 공유하기

화면 오른쪽 위의 [공유] 버튼을 클릭하면 이런 화면이 표시됩니다.
설정이 끝나면 [복사]를 클릭해 링크를 복사할 수 있습니다.

> **HINT**
> **단어를 등록해 두면 편리합니다**
> 클로바노트 설정 화면에서 자주 쓰는 단어를 500개까지 등록할 수 있습니다. 사람 이름, 회사명, 제품명 등 회의에서 자주 등장하는 단어는 미리 등록해 둡시다. 그리고 유행어 등도 넣어 두면 좋습니다.

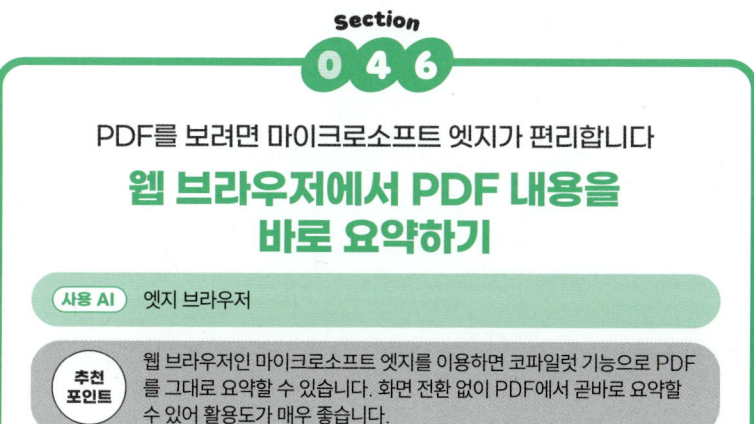

가장 먼저 할 일

엣지 상단에서 [설정 및 기타] → [설정] → [Copilot 및 사이드바] → [Copilot]을 클릭합니다. [도구 모음에 Copilot 단추 표시]를 활성화하고 [Copilot 설정 관리]를 클릭하면 오른쪽에 Copilot 설정이 활성화됩니다.

그림 4-4 엣지에서 코파일럿 설정하기

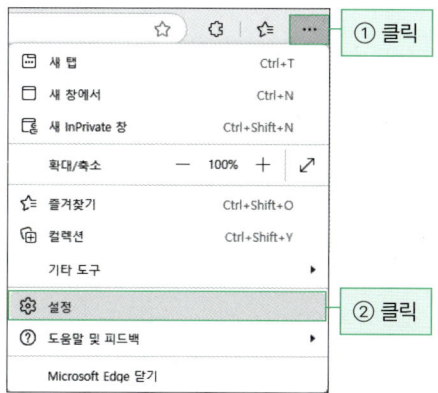

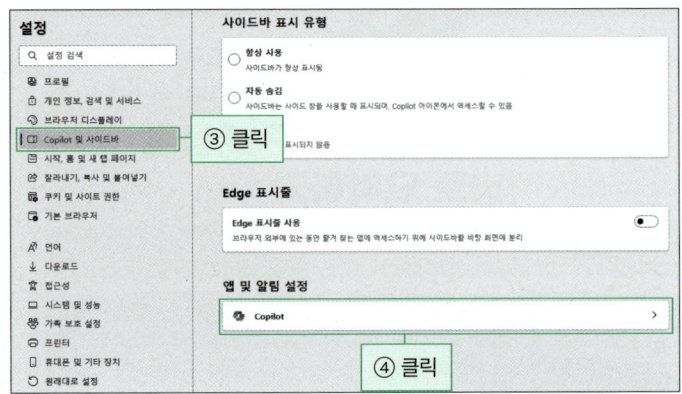

프롬프트 입력 방법

코파일럿으로 PDF를 요약하려면 엣지에서 PDF를 연 후 **프롬프트에**
'PDF를 요약해 주세요'라고 입력하면 됩니다.

그림 4-5 코파일럿 프롬프트 입력하기

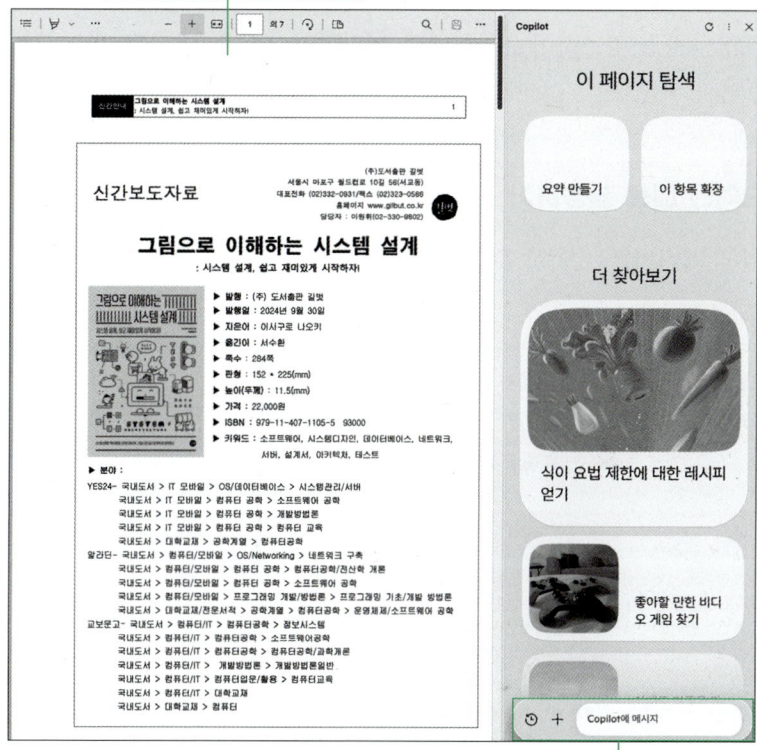

① 엣지에서 PDF를 엽니다.

② PDF를 요약하라고 프롬프트를 입력

응답

이 페이지는 시스템 설계에 관한 내용을 다루고 있습니다. 시스템 설계의 기본 개념과 핵심을 그림과 표로 쉽게 설명하고 있으며, 전체 설계 과정과 개별 설계 순서에 대해 총망라하고 있습니다. 또한, 시스템 설계서 작성 방법과 관련 자료를 표로 정리하여 실무에 적용할 수 있도록 돕고 있습니다. 이 책의 목표는 시스템 설계를 체계적으로 정리하는 것입니다.

이해하기 쉽게 설명된 이론과 관련 자료를 통해 시스템 설계의 전체적인 모습을 파악하고, 설계서 작성 방법을 배울 수 있습니다. 이 책은 시스템 설계를 처음 접하는 분들부터 경험이 있는 분들까지 모두에게 유용한 정보를 제공합니다.

> 어떤 부분이 가장 흥미로웠나요?

PDF 내용을 참조하여 요약합니다. 핵심적인 내용을 잘 담고 있습니다.

요약된 내용 활용하기

해당 페이지를 요약할 수 있으며, 요약한 내용을 공유하거나 복사할 수 있습니다.

그림 4-6 내용 요약하고 활용하기

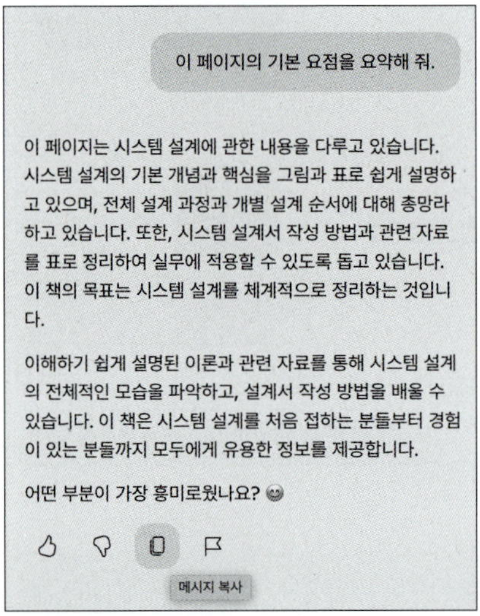

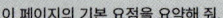

응답(요약)을 공유하거나 복사할 수 있습니다.

요약 결과로 계속 대화할 수 있습니다

코파일럿 기능을 이용해서 PDF를 요약한 후에도 계속해서 대화를 이어갈 수 있습니다. 요약 결과를 보고 PDF 내용을 더 깊이 살펴보거나 다른 질문으로 넘어갈 수도 있습니다.

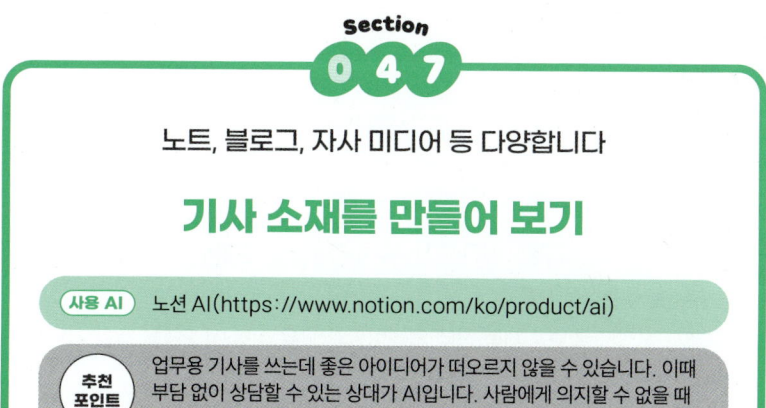

노션 AI에 아이디어를 요청해 보기

노션 AI를 이용하면 검색 도구, 글쓰기 어시스턴트, 챗봇까지 활용할 수 있습니다. 노션에 로그인하고 사이드바에서 [Notion AI]를 클릭합니다.

화면 하단에 표시되는 입력창에 하고 싶은 작업을 입력합니다. 이번에는 '휴대폰 할인 기종 변경 기사 아이디어 제안'을 입력합니다. 이런 단어를 바탕으로 기사 아이디어를 만듭니다.

그림 4-7 노션 AI에 아이디어를 요청하기

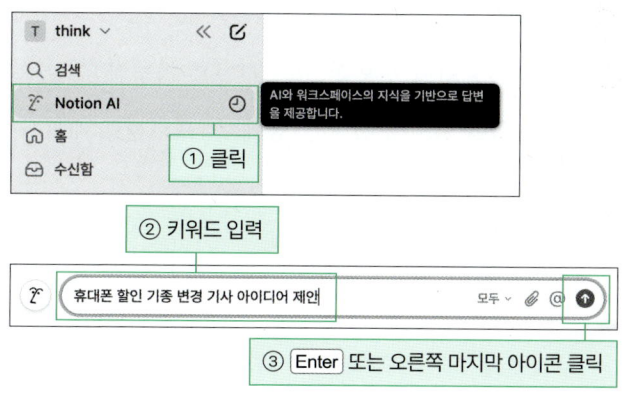

> 🟢 **응답**
>
> 휴대폰 기종 변경에 관한 기사 아이디어를 다음과 같이 제안드립니다:
>
> **주요 내용 구성:**
> - 자동 할인 시스템 적용 - 시간이 지날수록 자동으로 가격이 내려가는 방식으로 구매자들의 관심을 유도
> - 구매자 신뢰도 확보 - 제품 상태 업데이트와 고유 식별 시스템을 통한 신뢰성 제고
>
> **차별화 포인트:**
> - 상세한 제품 검증 정보 제공
> - 실제 사용자 경험 리뷰 포함
> - 가격 변동 추이 분석
> - 최적의 기종 변경 시기 제안

응답이 나오면 아래 [복사]를 클릭합니다.

초안 작성도 AI와 함께

아이디어 중에 하나를 골라 AI의 도움을 받아 문장을 작성할 수 있습니다. 노션 AI의 새 채팅창을 열고 추천 기능 중에서 [프로젝트 계획 수립을 위한 페이지 초안 작성하기]를 선택합니다.

그림 4-8 초안 작성하기

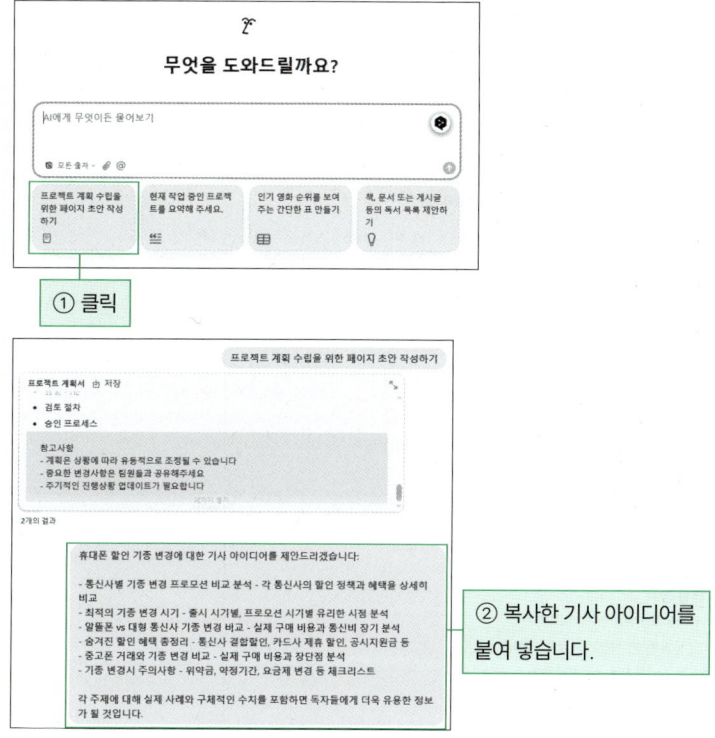

기사 개요가 잡히면 나머지는 직접 작성하기

다음 그림은 생성된 아이디어를 바탕으로 초안을 작성한 모습입니다. 이것으로 기사 아이디어부터 구성까지 정해졌습니다. 나머지는 직접 기사를 작성하면 됩니다.

물론 그저 AI 기능을 이용한다고 해서 매력적인 기사가 완성되는 것은 아닙니다. AI를 활용해 틀을 만들었으면 역시 마지막은 직접 정리하는 것이 좋습니다. 기사 작성 과정에서 가장 어려운 부분인 아이디어와 구성 잡기를 AI의 도움으로 작업의 난도를 대폭 낮출 수 있습니다.

그림 4-9 기사 개요 작성하기

중고폰 거래의 새로운 패러다임: 스마트한 기종 변경 시스템 저장

서론
스마트폰 기종 변경은 현대인의 필수적인 소비 활동이 되었습니다. 하지만 기존의 중고폰 거래 시장은 신뢰성과 투명성 측면에서 여러 문제점을 안고 있었습니다. 이에 새로운 거래 시스템을 통해 이러한 문제점들을 해결하고, 보다 효율적인 중고폰 거래 생태계를 만들어낼 수 있습니다.

자동 할인 시스템의 혁신
시간 경과에 따른 자동 할인 시스템은 중고폰 거래의 새로운 지평을 열어줄 것입니다.
- 등록 시점부터 일정 기간마다 자동으로 가격이 조정됨
- 시장 가격 동향을 반영한 실시간 가격 업데이트
- 구매자들의 관심도에 따른 탄력적 가격 조정

신뢰도 확보를 위한 시스템
투명한 거래를 위한 다양한 신뢰도 확보 장치를 도입합니다.

제품 상태 검증 시스템
- 전문가에 의한 기기 상태 점검
- 배터리 수명, 화면 상태 등 상세 정보 제공
- 고유 식별 번호를 통한 이력 추적 시스템

실제 사용자 경험 데이터
- 검증된 구매자의 상세 리뷰 제공
- 실제 사용 기간별 만족도 분석
- 주요 불만사항 및 해결방안 공유

스마트한 기종 변경 가이드
데이터 기반의 최적 구매 시점 추천 시스템을 제공합니다.

가격 변동 분석
- 시간대별 가격 변동 추이 그래프 제공
- 신규 모델 출시에 따른 가격 영향도 분석
- 계절별, 시기별 최적 구매 시점 추천

맞춤형 추천 시스템
- 사용자 예산과 선호도를 고려한 기종 추천
- 사용 패턴에 따른 최적 기종 제안
- 투자 대비 효용 분석 제공

결론
본 시스템은 중고폰 거래의 투명성과 효율성을 크게 향상시킬 것으로 기대됩니다. 자동 할인 시스템과 철저한 검증 절차를 통해 구매자와 판매자 모두가 만족할 수 있는 거래 환경을 조성할 수 있을 것입니다. 또한, 데이터 기반의 분석과 추천 시스템은 사용자들의 현명한 구매 결정을 도울 것입니다.

💡 향후 발전 방향
- AI 기반 가격 예측 시스템 도입
- 블록체인 기술을 활용한 거래 이력 관리
- 실시간 시장 동향 반영 시스템 구축

노션 AI 기능으로 아이디어부터 기사 구성까지 만든 예. 나머지는 이 구성을 바탕으로 기사를 쓰면 됩니다.

Section 048

프로젝트 관리 도구 AI를 활용할 수 있습니다
회의록으로
작업 목록 작성하기

 사용 AI 노션 AI(https://www.notion.com/ko/product/ai)

추천 포인트 노션은 문서 관리뿐만 아니라 프로젝트 도구로도 우수합니다. 최근에 AI 기능이 추가되어서 더욱 편리하게 이용할 수 있습니다. 이번에는 작업 관리를 예로 들어 소개합니다.

회의록에서 작업 목록 만들기

회의 후에 **회의록을 잘 정리한 텍스트가 있는 경우, 노션 AI를 이용하면 다음에 해야 하는 작업 목록을 자동으로 추출해서 체크리스트로 정리해 줍니다.** 사용법은 간단합니다. 노션에서 [새 페이지]를 작성해서 다음처럼 회의록을 복사해 붙여 넣고 [Notion AI] → [더 보기] → [액션 아이템 추가]를 클릭하면 끝입니다.

그림 4-10 작업 목록 만들기

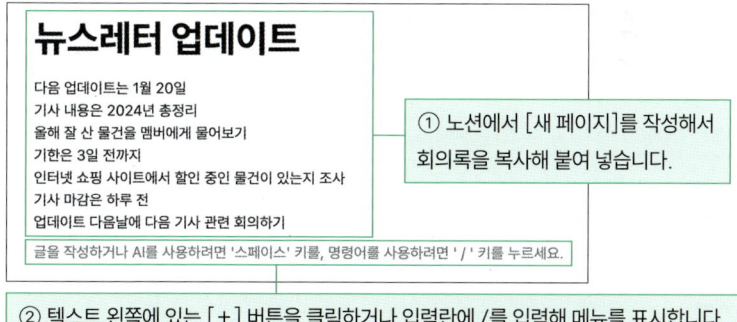

③ [Notion AI] → [더 보기] → [액션 아이템 추가]를 클릭합니다.

노션 AI를 이용해서 액션 아이템을 추출하면 다음 그림처럼 작업 목록이 자동으로 작성됩니다. 내용에 문제가 없으면 [아래에 삽입]을 클릭하여 회의록 아래에 체크리스트를 추가할 수 있습니다.

회의록과 함께 다음에 해야 할 작업 목록을 간단히 작성할 수 있어 편리합니다.

그림 4-11 완성된 작업 목록

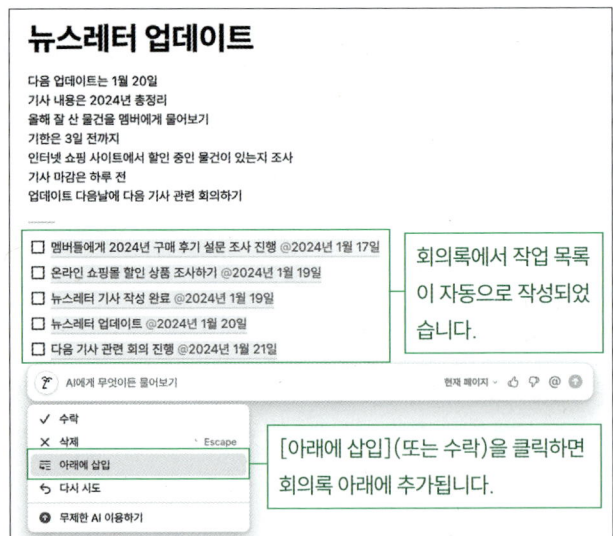

날짜 관리를 조금 더 잘해 주면 좋겠지만, 이런 부분은 직접 수정하면 됩니다. **회의록처럼 잡다한 메모에서 작업 목록을 작성해야 하는 조금 귀찮은 작업을 AI에게 맡길 수 있는 점이 중요**합니다. 효율적으로 시간을 쓸 수 있어 꽤 유용한 기능입니다.

> **HINT**
> **노션 AI 유료 요금제와 추가 사용료**
> 노션 AI는 무료로 체험할 수 있지만 횟수 제한이 있습니다. 노션 AI를 계속 이용하려면 노션 요금제와 별도로, 추가로 매월 10달러를 지불해야 합니다.

Section 049

코딩 부담을 줄일 수 있습니다

프로그래밍하는 데 도움받기

사용 AI 깃허브 코파일럿(https://github.com/features/copilot)

추천 포인트 생성형 AI가 가장 잘하는 분야는 학습량이 많고 진입 장벽이 높은 분야인 프로그래밍입니다. 프로그래머가 아니어도 프로그래밍 공부를 시작하거나 가끔 프로그램을 작성할 때 큰 도움이 됩니다.

생성형 AI는 프로그래밍의 번거로운 부분을 대신해서 처리합니다

프로그램이란 프로그래밍 언어를 이용하여 컴퓨터에 사람이 하고 싶은 일을 전달하는 것입니다. 따라서 작성해야 하는 약속된 문법 등이 생각보다 많습니다. **생성형 AI는 이런 정해진 부분을 자동으로 파악하여 설명과 함께 코드를 생성하기 때문에 프로그래밍에 걸리는 시간과 노력을 크게 줄일 수 있습니다.** 이런 프로그래밍 관련 생성형 AI의 대표적인 예가 바로 깃허브 코파일럿(GitHub Copilot)입니다.

깃허브 코파일럿 데모 실행하기

깃허브 코파일럿을 체험하려면 https://resources.github.com/copilot-demo/에 접속해 GitHub Copilot on a test-flight를 이용해 볼 수 있습니다.

그림 4-12 깃허브 코파일럿 체험하기

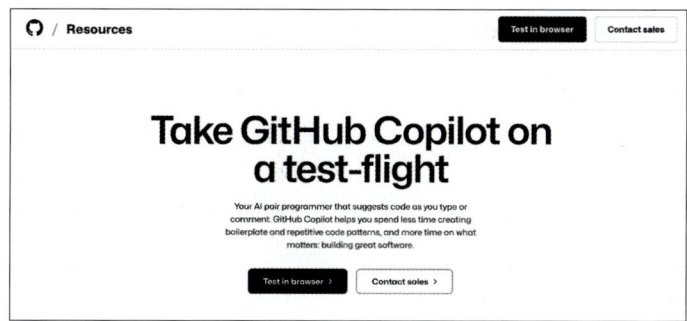

깃허브 아이디가 있으면 사이트에 접속한 후에 [Test in browser]를 클릭해 코파일럿 데모를 이용할 수 있습니다.

그림 4-13 코파일럿 데모 이용하기

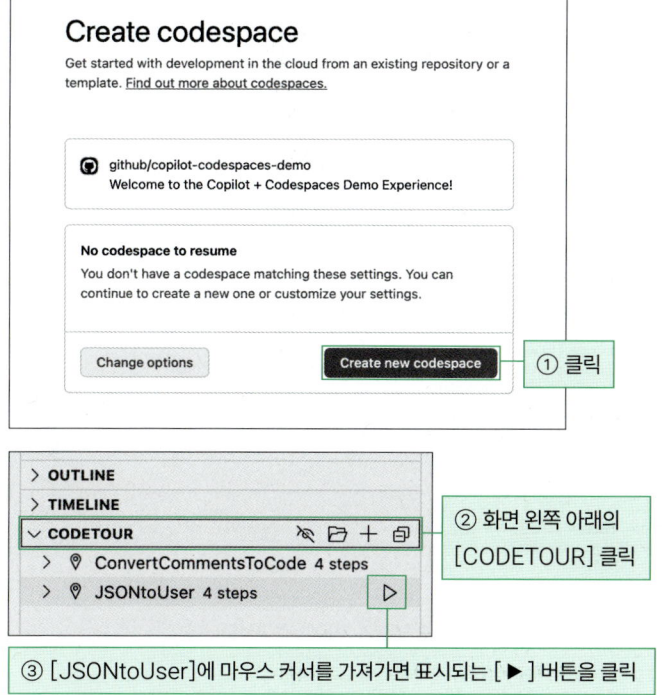

① 클릭

② 화면 왼쪽 아래의 [CODETOUR] 클릭

③ [JSONtoUser]에 마우스 커서를 가져가면 표시되는 [▶] 버튼을 클릭

chapter 04 비즈니스를 돕는 생성형 AI를 활용한 예 209

그림에서 설명한 순서대로 실행하면 데모를 시작할 수 있습니다. 화면 안내에 따라 Enter 와 Tab 을 누르기만 하면 그때마다 필요한 코드가 생성됩니다.

생성된 파이썬 코드를 알기 쉬운 주석과 함께 데모(예시)로 보여 줍니다. 간단하지만, 평소라면 일일이 명령어를 입력해야 하는 처리입니다. '대문자 대신에 소문자를 이용한다'처럼 프로그램 핵심 내용과는 관계가 없지만 정해진 규칙과 같은 처리(코드)가 빠진다면 프로그램은 동작하지 않습니다. 이런 **번거로운 작업은 코파일럿이 대신 작성하고, 사용자는 정말로 직접 짜야 하는 부분에만 집중적으로 코드를 작성해 완성**할 수 있습니다.

그림 4-14 자동으로 생성된 코드

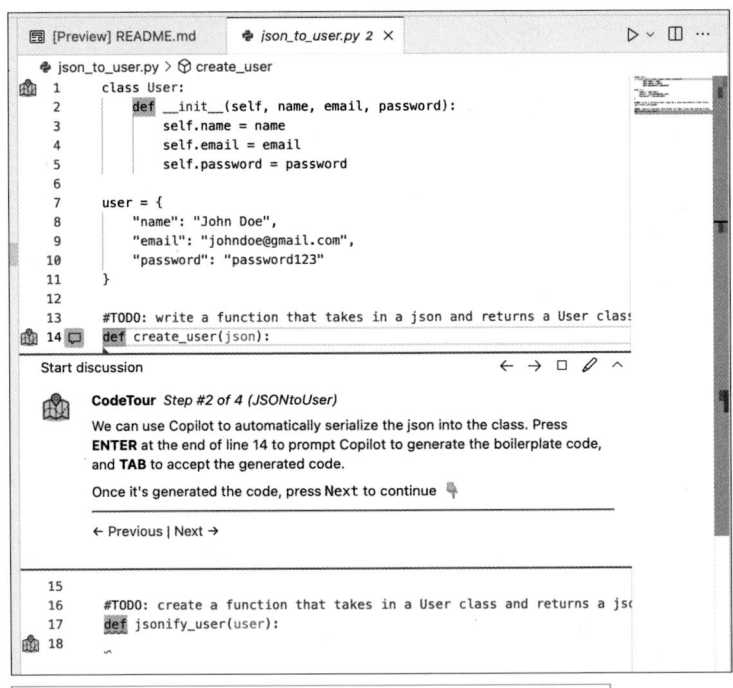

화면 안내 내용에 따라 키를 누르기만 해도 코드가 자동으로 생성됩니다.

코딩 부담이 줄어 초보자에게도 유용합니다

코파일럿은 현역으로 활약 중인 프로그래머에게 유용한 생성형 AI입니다. 대략적인 코드를 자동으로 만들어 내므로 남은 부분에만 필요한 코드를 넣으면 되고, 자주 등장하는 일반적인 코드는 AI에게 맡기면 되니 프로그램 작성 속도가 자연스럽게 빨라집니다.

데모 페이지에서는 개발자의 코딩 속도가 최대 55% 빨라졌다는 이야기가 있는데, 직접 해 보면 납득할 수 있습니다.

그리고 프로그래밍 속도 향상뿐만 아니라 앞으로 프로그래밍을 배우려는 사람에게도 **이런 반복적이고 정형화된 코드를 생성형 AI(코파일럿)가 보완해 주므로 프로그래밍을 배울 때 장벽을 낮추는 역할**도 합니다. 프로그래밍을 공부할 때 배워야 하는 것은 그 외에도 많으니 단순 반복 작업을 줄이면 중요한 부분에 집중할 수 있습니다.

실제 프로그래머가 아니더라도 AI로 어디까지 할 수 있는지 체험하는 데 딱 좋은 데모 페이지이므로 추천합니다.

Section 050

주식 투자에 AI를 활용할 수 있습니다

AI에 주식 투자 도움받기

사용 AI 프로픽 AI(https://kr.investing.com/pro/propicks), 리서치 에어

추천 포인트 최근에는 증권사에서도 생성형 AI를 활용하여 대화형 서비스나 뉴스 요약, 맞춤 투자 정보를 제공하는 서비스를 도입하고 있으며, 그뿐만 아니라 투자 전략과 종목 선택에도 AI를 이용할 수 있습니다.

프로픽 AI란?

미국 주식에 투자하는 사람들에게 잘 알려진 인베스팅닷컴(investing.com)은 수십 년간 축적된 금융 데이터와 50개 이상의 재무 지표를 분석해 성장 가능성이 높은 주식을 추천하는 AI 기반 투자 서비스인 프로픽 AI(ProPicks AI)를 제공합니다.

그림 4-15 프로픽 AI

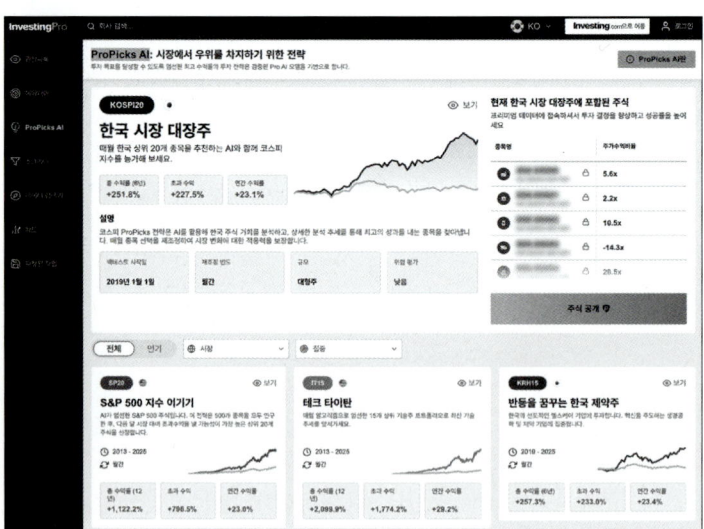

앞으로 주식이 오를 가능성이 높은 유망한 기업을 찾는 작업은 수많은 데이터를 분석하고, 업계와 시장 동향을 잘 예측하고 이해하고 있어야 하기 때문에 투자 분석은 개인 투자자가 직접 하기에 무척 어렵습니다. 하지만 이런 작업을 AI가 대신해 줍니다. 과거 데이터를 학습하고 예측 모델을 작성해 개인에 맞는 투자 전략과 종목 선택을 돕는 AI 기반의 주식 선별 도구가 바로 프로픽 AI입니다.

물론 이런 분석이 언제나 맞는 것은 아니지만 자신의 투자 목표, 선호도, 수준에 맞는 투자 방식과 종목을 고를 때 이런 AI의 도움을 받으면 좀 더 간편하고 빠르게 결정을 내리고 포트폴리오를 구성할 수 있습니다.

시간이 없는 주식 투자자에게 유용한 리서치 보고서 AI

전업 투자자가 아닌 일반 주식 투자자 입장에서는 짧은 시간 안에 수많은 뉴스 중에서 중요한 뉴스를 찾아내는 것이 필요한데, 그럴 때 투자 회사에서 분석하고 정리한 정보를 제공하는 리서치 서비스는 무척이나 유용합니다. 그중에서도 한국투자증권이 2020년 출시한 인공지능 리서치 서비스인 에어(AIR)[1]는 매일 쏟아지는 뉴스를 AI로 자체 분석해 투자자에게 꼭 필요한 정보를 골라 제공하는 보고서 서비스입니다. AI로 분석하고 정리하기 때문에 애널리스트가 다루지 않던 중소형주 정보도 담겨 있어서 활용도가 높습니다. 물론 정보 정확성은 투자를 결정하기 전에 직접 확인해야 하지만, 그 전에 들어가는 시간을 대폭 줄일 수 있다는 점에서 많은 도움이 됩니다.

---

1 https://www.truefriend.com/main/research/research/Strategy.jsp?jkGubun=34

그림 4-16 인공지능 리서치(AIR)

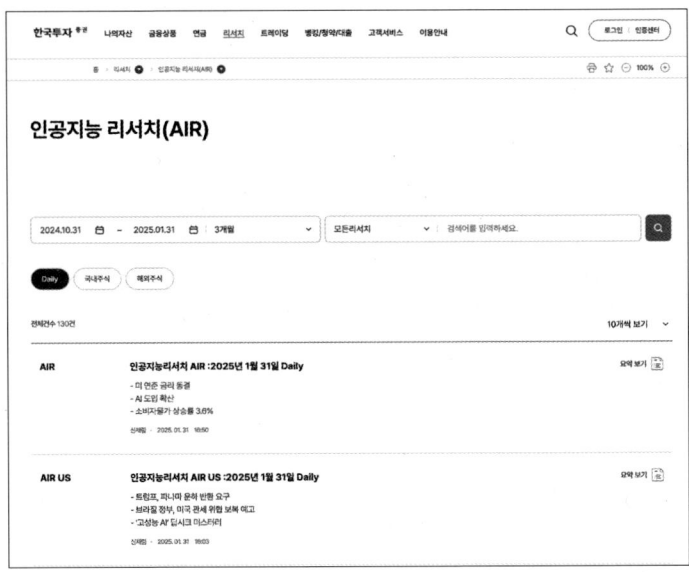

Section 051

구글 서비스와 연동할 수 있습니다
구글 서비스 정보를 바탕으로 생성형 AI에 질문하기

사용 AI 제미나이(https://gemini.google.com/)

추천 포인트 구글 생성형 AI인 제미나이는 구글의 다른 서비스와 연동할 수 있습니다. 이런 기능이 꽤 편리하므로 소개합니다.

제미나이 확장 기능

제미나이 확장 기능에는 구글 워크스페이스 앱(지메일, 구글 드라이브, 구글 문서 등), 지도, 항공편 검색, 호텔, 유튜브가 있습니다. 구글 서비스를 이용하는 분이라면 친숙한 서비스입니다.

제미나이 확장 기능을 사용하기 위한 설정

확장 기능을 이용하려면 환경 설정에서 설정해야 합니다. 페이지 왼쪽 아래에 있는 톱니바퀴 모양의 아이콘인 설정을 클릭해 **확장 프로그램 설정 화면에서 연동하려는 구글 서비스를 활성화**합니다. 물론 필요에 따라 활성화, 비활성화를 선택할 수 있습니다.

그림 4-17 제미나이 확장 기능 사용하기

① 클릭   ② 확장 프로그램 설정에서 사용할 구글 서비스를 활성화

> **HINT**
>
> **사용자 데이터 보호**
> 확장 기능을 이용하더라도 지메일, 구글 드라이브, 구글 문서 등의 내용은 제미나이 품질 관리자 등 다른 사람이 접근하거나 검토할 수 없습니다.

@로 참조할 서비스를 지정해 질문하기

제미나이 확장 기능을 활성화하면 채팅 내용에 확장 기능과 관련된 내용이 있으면 자동으로 판별해 답변에 활용합니다. 하지만 **용도가 명확하다면 채팅에서 @를 입력해 참조할 구글 서비스를 직접 지정**할 수도 있습니다.

그림 4-18 제미나이의 확장 기능

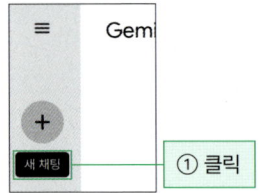

① 클릭

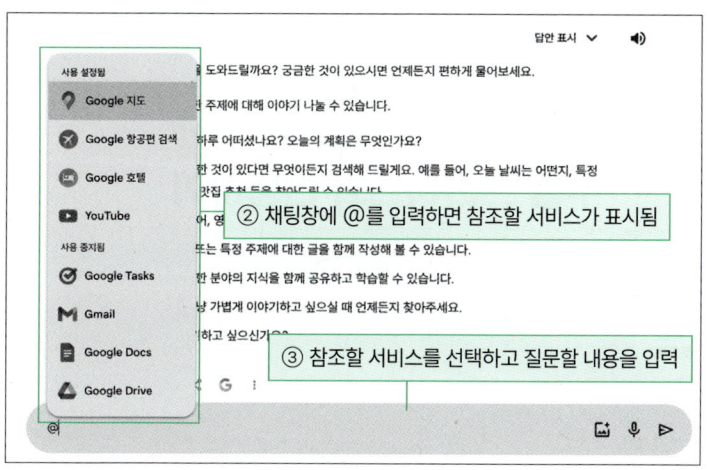

이렇게 자신의 데이터를 바탕으로 대화할 수 있는 점이 제미나이의 장점입니다. 예를 들어 장소에 관련된 정보를 조사할 때 '@Google 지도'를 입력하면 사용자 입장에서 환각 증상이 발생할 가능성이 줄어듭니다. 그리고 서비스 회사(구글) 입장에서는 불필요한 서버 자원의 사용을 줄일 수 있어서 사용자와 업체 모두에게 이득이 되는 구조입니다.

> **HINT**
>
> **구글 워크스페이스와의 관련성**
> 제미나이 확장 기능은 개인용 구글 계정에서 이용할 수 있습니다. 학교나 기업 등의 조직용 구글 워크스페이스 계정은 제미나이를 이용하려면 별도로 라이선스 할당 및 설정이 필요합니다.[2]

---

2 역주 2025년 1월 15일에 구글은 그동안 별도 요금제로 제공하던 제미나이 기능을 비즈니스 및 엔터프라이즈 요금제 워크스페이스에서 기본으로 제공한다고 발표했습니다.

chapter 04 비즈니스를 돕는 생성형 AI를 활용한 예

제미나이를 더 잘 활용합시다
생성형 AI를 구글 문서 및 구글 드라이브와 연동하기

사용 AI 제미나이

추천 포인트 제미나이 확장 기능 중에서 비즈니스와 직접 관련이 있는 것이 구글 문서입니다. 구글 문서에 업무에 이용하는 데이터가 많이 쌓여 있으면 더 큰 효과를 체감할 수 있습니다.

완전히 잊고 있던 문서 다시 발견하기

구글 문서에 무엇을 저장하고 있는지 데이터가 많으면 많을수록 잊기 쉽습니다. 실험 삼아 자신이 잘 알고 있지만 세세한 내용이 잘 기억나지 않는 것을 먼저 물어봅시다. 예를 들어 맞춤법과 띄어쓰기 관련 내용을 물어봅시다.

프롬프트 입력
@Google Docs 맞춤법과 띄어쓰기 관련 요점을 정리해 주세요.

응답

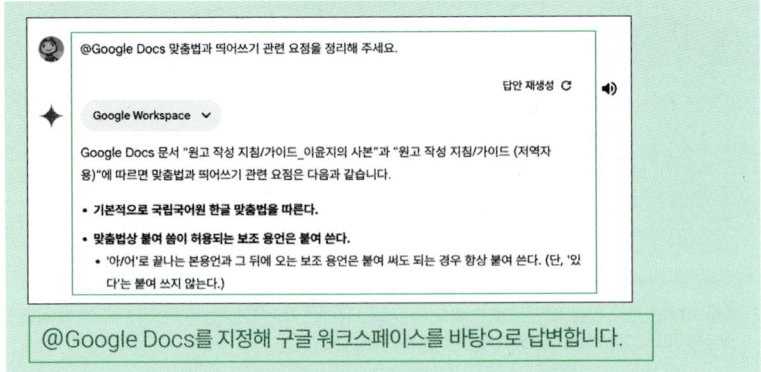

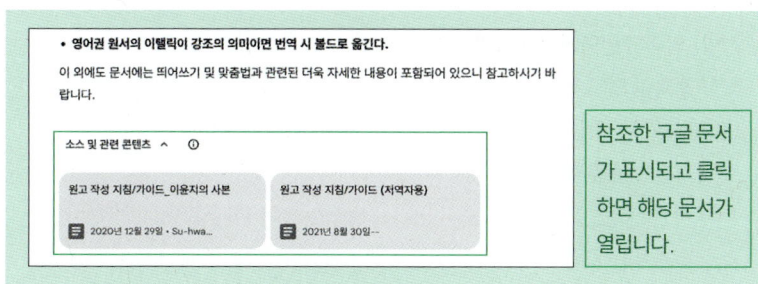

참조한 구글 문서가 표시되고 클릭하면 해당 문서가 열립니다.

깔끔히 정리된 내용이 표시됩니다. 그리고 근거가 되는 문서도 제시합니다. 지금까지 존재를 잊고 있던 문서를 찾아서 표시해 주기도 합니다. **제미나이가 알아서 잘 정리해 줬기 때문에 파일 내용이나 중요성을 다시 확인**할 수 있습니다. 제미나이의 놀라운 점은 바로 여기에 있습니다. 검색과 생성형 AI를 자신이 가진 파일과 융합할 수 있는 제미나이의 생성형 AI 방향성은 사용자 입장에서 무척 고마운 부분입니다.

축적된 문서로 계획 세우기

또한 제미나이가 단순한 검색이 아니라는 점은 다음 사례에서 알 수 있습니다.

프롬프트 입력

@Google Docs 자료를 참조해 특히 외국어 번역에서 중요한 점과 공부 계획을 세울 수 있나요?

응답

네, Google Docs 자료들을 참조하여 외국어 번역에서 중요한 점과 공부 계획을 세워 드릴 수 있습니다.

1. 외국어 번역에서 중요한 점

* **정확한 의미 전달**: 번역의 기본은 원문의 의미를 정확하게 파악하여 대상 언어로 옮기는 것입니다. 이를 위해서는 **원문에 대한 깊이 있는 이해**가 필수적이며, **문화적 맥락**까지 고려해야 합니다.

* **자연스러운 표현**: 단순히 단어를 바꾸는 것이 아니라, 대상 언어의 문법과 어법에 맞는 자연스러운 표현을 사용해야 합니다. **번역투**를 피하고, **원어민이 사용하는 듯한 자연스러운 문장**을 구사하는 것이 중요합니다.

* **일관성 유지**: 번역 과정에서 **용어, 어투, 문체 등을 일관성 있게 유지**해야 합니다. 특히 전문 용어의 경우, 처음 번역할 때 정확한 의미를 파악하고, 이후 **동일한 용어로 일관되게 번역**해야 합니다.

* **문화적 차이 고려**: 언어는 문화와 밀접하게 연관되어 있습니다. 따라서 번역 시 **원문과 대상 언어의 문화적 차이를 인지**하고, **적절한 표현 방식을 선택**해야 합니다. 직역보다는 **의역**을 활용하는 것이 효과적인 경우가 많습니다.

* **지속적인 학습**: 언어는 끊임없이 변화하고 발전합니다. 따라서 번역가는 **새로운 단어, 표현, 문화적 트렌드를 지속적으로 학습**해야 합니다. **전문 분야에 대한 지식**을 쌓는 것도 중요합니다.

2. 공부 계획

* **원어 실력 향상**: **어휘, 문법, 독해 능력**을 향상시키기 위해 꾸준히 노력해야 합니다. **다양한 분야의 원어민 콘텐츠**를 접하고, **원어민과의 교류**를 통해 실전 감각을 키우는 것이 좋습니다.

* **번역 연습**: 다양한 텍스트를 번역하고, **피드백**을 통해 부족한 부분을 개선해야 합니다. **번역 관련 도구**를 활용하고, **번역 스타일 가이드**를 참고하는 것도 도움이 됩니다.

* **전문 분야 공부**: 특정 분야의 번역을 전문으로 하고 싶다면, 해당 분야에 대한 **전문 지식**을 쌓아야 합니다. 관련 서적, 논문, 강연 등을 통해 지식을 습득하고, **전문 용어**를 익히는 것이 중요합니다.

* **문화적 이해**: **원문과 대상 언어의 문화적 배경**에 대한 이해를 높여야 합니다. 역사, 사회, 예술 등 다양한 분야의 책을 읽고, 영화, 드라마 등을 감상하며 문화적 차이를 경험하는 것이 좋습니다.

* **번역 커뮤니티 참여**: **온라인 번역 커뮤니티**에 참여하여 다른 번역가들과 교류하고, 정보를 공유하며 함께 성장하는 것도 좋은 방법입니다.
… 생략 …

구글 문서에 업로드한 원고 작성 지침/가이드를 바탕으로 **이렇게 간단한 질문으로 공부 계획까지 세울 수 있습니다**. 그리고 내용도 꽤 충실합니다. 물론 이걸로 모든 계획이 완벽한 것은 아니지만, **적절한 자료를 구글 워크스페이스에 저장해 두면 괜찮은 밑그림을 그릴 수 있으므로** 자신의 시간을 작성된 자료 검토에 활용한다면 시간을 상당히 절약할 수 있습니다.

원 포인트
구글 워크스페이스에 문서를 모아 두는 것이 중요합니다

제미나이 확장 기능이 아무리 우수하더라도 참조할 원본 데이터가 부실하면 제대로 되지 않습니다. 제미나이를 이용할지 판단은 나중에 하더라도 우선은 구글 워크스페이스에 자신의 데이터를 저장해 두는 습관을 들이는 것이 현명합니다.

Section 053

질문하면 대답합니다
자사 제품 FAQ(자주 하는 질문) 봇 만들기

사용 AI 챗GPT

추천 포인트 자사 제품이라고 해도 특징을 이야기하는 것은 생각보다 쉽지 않습니다. 이때 사내에서 이용할 FAQ 봇을 만들어 봅시다. 학습시킬 정보는 웹사이트나 제품 문서 어느 쪽이라도 좋습니다.

GPT 빌더로 GPTs 만들기

[043]에서 설명한 GPTs는 GPT 빌더를 이용해서 자신만의 챗GPT를 만들 수 있는 기능인데 **FAQ 봇 만들기는 대표적인 활용법**입니다. 자사 제품이라면 다음처럼 GPT 빌더에 지정해 봅시다.

제품명이나 웹사이트 URL 등의 정보는 해당하는 자사 제품 정보로 바꿔서 실행하세요.

프롬프트 입력

길벗 출판사의 최신 출간 정보를 조사할 수 있는 FAQ 봇을 작성하고 싶습니다. 길벗 출판사의 출간 정보는 다음 공식 사이트에서 확인하세요.
https://www.gilbut.co.kr/search/search_book_list#code=003000000&sub_code=&view_mode=&list_size=30&order=date&descending=true&page=1

영어로 출력된다면?

GPT 빌더로 봇을 제작할 때 영어로 시작된다면 우선 한국어로 바꿔 봅시다.

'이 GPTs에 관련된 내용은 전부 한국어를 이용합니다'라고 지시하는 것이 가장 빠릅니다. 이렇게 입력하면 봇 첫 화면에 등장하는 응답 내용도 한국어가 됩니다.

프롬프트 입력 (계속)

이 GPTs에 이름 등 관련된 모든 내용은 전부 한국어를 이용합니다.

응답

이제 모든 설정이 한국어로 완료되었습니다. 추가로 수정하거나 개선하고 싶은 점이 있으시면 언제든 말씀해 주세요! 😊

구매 방법, 기타 정보 학습시키기

기본 정보는 이미 웹사이트에서 확인할 수 있지만, **구입 방법이나 기타 정보 등 상세한 정보도 계속 학습**시킬 수 있습니다.

프롬프트 입력 (계속)

서적을 구입하려면 다음 쇼핑 사이트를 참조합니다.
https://www.gilbut.co.kr/search/search_book_list

응답

이제 서적 구매를 위한 길벗 출판사의 공식 쇼핑 사이트 정보도 반영되었습니다. 추가 수정이나 개선할 사항이 있으면 알려 주세요! 😊

그리고 소셜 미디어 관련 정보도 제공합시다.

> **프롬프트 입력(계속)**
>
> 추천 도서 정보는 다음 웹페이지를 참조합니다.
>
> https://m.post.naver.com/my/series/detail.naver?seriesNo=160635&memberNo=607398&prevVolumeNo=38914873

> **응답**
>
> 이제 추천 도서 정보를 네이버 포스트를 참고하여 제공하도록 업데이트되었습니다. 추가 수정이 필요하면 말씀해 주세요! 😊

불필요한 옵션 끄기

지금까지의 정보를 제공하면 미리보기에서 실용적인 답변을 받을 수 있을 것입니다. 하지만 정보를 제대로 전달하더라도 쓸데없이 웹 검색 등을 하면 답변 속도가 느려질 수도 있으므로 **GPT 빌더 옵션에서 필요하지 않은 기능은 비활성화**합니다.

그림 4-19 GPT 빌더 옵션 끄기

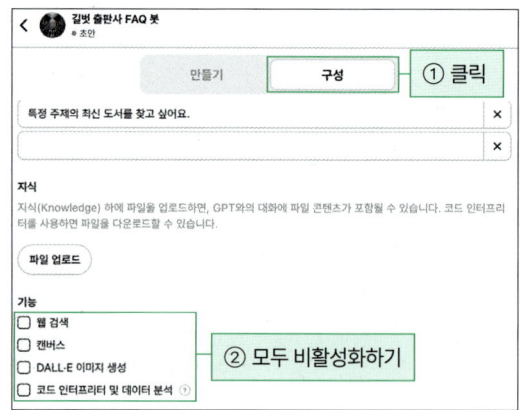

이렇게 설정해 미리보기에서 답변을 테스트하면 여전히 쓸데없이 긴 답변이 나올 때가 있으므로 **답변 방법도 지시**합니다.

> **프롬프트 입력(계속)**
>
> 가급적 140자 이내로 답변합니다. 부득이하게 길어진다면 목차로 간결하게 정리합니다.

이제 거의 완성입니다. 몇 번 반복하면서 미리보기의 답변 내용에 의문이 생기면 GPT 빌더로 돌아가 다시 조정합니다.
이때 **웹사이트에 없는 정보가 담긴 PDF 파일 등이 있다면 업로드해서 더욱 정확성**을 올릴 수 있습니다.

> **응답**
>
> 이제 업로드된 신간 보도 자료를 참고하여 도서 정보를 제공할 수 있도록 업데이트되었습니다. 추가로 수정할 사항이 있으면 말씀해 주세요! 😊

아이콘을 바꾸고 마무리하기

마지막으로 FAQ 봇 아이콘을 설정합니다. 지금까지 주고받은 대화 내용을 바탕으로 GPT 빌더가 자동으로 생성한 아이콘이 있겠지만, 자사 관련 내용이므로 회사 아이콘을 설정해 종료합니다.

GPT 빌더에 아이콘 이미지를 드래그&드롭하고 '이 이미지를 아이콘으로 지정합니다'라고 지시하면 끝입니다.

chapter

05

생활 지수 향상! 생활을 돕는 생성형 AI의 활용

사진에 찍힌 것이 무엇인가요?
사진에서 상품명과 레시피 등 다양한 정보 얻기

사용 AI 제미나이

추천 포인트 사진에 찍힌 대상을 정확히 알지 못해 곤란했던 경험이 있나요? [051]에서 소개한 제미나이를 이용하면 업로드한 사진에서 다양한 정보를 얻을 수 있어서 편리합니다.

[활용 예 ①] 사진에 찍힌 차 이름 물어보기

사진에 찍힌 물건, 동물, 식물, 풍경 등의 이름을 알 수 없어서 답답했던 경험이 있지 않나요? 구글이 제공하는 제미나이는 이미지 업로드 기능이 있어서 업로드한 이미지를 바탕으로 AI가 검색해 줍니다.

챗GPT에도 비슷한 기능이 있지만, 제미나이는 구글의 안드로이드 스마트폰에 탑재된 **구글 렌즈라는 구글 앱을 응용**한 것입니다. 기존에 있던 앱에 LLM을 결합해 새로운 가치를 만들어 낸 좋은 예라고 할 수 있습니다.

 프롬프트 입력

② 업로드가 끝나면 '이 차는 무엇인가요?'라고 프롬프트를 입력합니다.

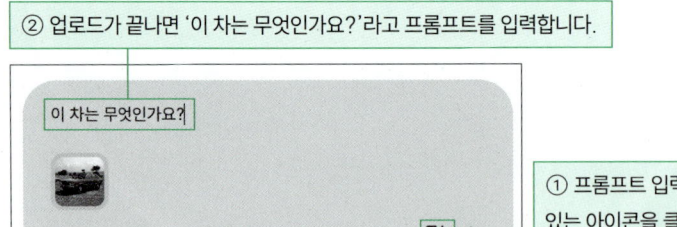

① 프롬프트 입력창 옆에 있는 아이콘을 클릭해서 이미지를 업로드합니다.

🙂 응답

이 사진 속 차량은 1975년에 출시된 현대자동차의 첫 번째 자체 개발 승용차인 **현대 포니**입니다. 현대 포니는 당시 한국 자동차 산업의 역사적인 첫걸음을 내딛은 매우 중요한 모델이죠.

현대 포니에 대한 간략한 설명:

* **출시:** 1975년
* **의미:** 현대자동차의 첫 번째 자체 개발 승용차
* **특징:**
    * 당시로서는 혁신적인 디자인과 경제적인 연비를 자랑했습니다.
    * 국내 자동차 산업 발전의 기반을 마련했습니다.
    * 수출에도 성공하며 한국 자동차의 위상을 높였습니다.

현대 포니의 중요성:

* **한국 자동차 산업의 시작:** 현대 포니는 한국이 자동차를 스스로 만들 수 있다는 것을 증명하며 국내 자동차 산업의 자립 기반을 마련했습니다.
* **국민차의 탄생:** 저렴한 가격과 실용성으로 많은 국민들에게 사랑받으며 대중적인 인기를 얻었습니다.
* **수출 성공:** 국내 시장뿐만 아니라 해외 시장에서도 성공을 거두며 한국 자동차의 우수성을 알렸습니다.

추가 정보:

* 현대 포니는 다양한 변종 모델이 출시되었으며, 오늘날에도 많은 사람들에게 사랑받는 클래식카로 자리매김하고 있습니다.
* 현대 포니는 한국 자동차 역사의 상징적인 모델로서, 자동차 박물관 등에서 전시되기도 합니다.

… 생략 …

아주 예전에 나온 차 사진인데 **차종은 물론이고 연식까지 알려 줍니다.** 자동차뿐만 아니라 다양한 제품명이나 모델 번호도 높은 정밀도로 답변해 줍니다.

한편, 인물이 등장하는 사진은 누구인지 정확하게 특정하기 어렵다고 답변할 때가 있습니다. 초상권 등의 문제로 아직 준비가 되어 있지 않아 답변을 피하는 것 같습니다.

[활용 예 ②] 사진에 있는 요리의 레시피 물어보기

구글 렌즈는 주어진 사진을 이용해서 검색하는 방식이지만 여기에 LLM을 더하면 사진을 바탕으로 더 복잡한 질문을 할 수 있습니다. 요리 사진에서 레시피를 물어봅시다.

프롬프트 입력

이 요리의 레시피를 알려주세요.

사진을 업로드하고 '이 요리의 레시피를 알려주세요'라고 입력했습니다.

응답

샤오롱바오 레시피: 집에서 즐기는 중식의 진미

샤오롱바오는 얇은 피 안에 육즙 가득한 소가 들어있는 중국 상하이 지역의 대표적인 만두입니다. 뜨겁게 데워진 샤오롱바오를 한 입 베어 물면 육즙이 터져 나와 입안 가득 풍미를 가득 채워줍니다.

재료 준비
* **피:**
  * 중력분 200g
  * 소금 3g
  * 따뜻한 물 100ml

* **소:**
    * 돼지고기 다짐육 200g
    * 생강즙 1큰술
    * 간장 1큰술
    * 설탕 1/2큰술
    * 참기름 1큰술
    * 닭고기 육수 100ml
    * 돼지 지방 10g (선택)
* **기타:**
    * 식초
    * 생강 채
    * 얇게 채썬 양파

만드는 법

1. **피 만들기:**
    * 볼에 중력분과 소금을 넣고 체 쳐줍니다.
    * 따뜻한 물을 조금씩 부어가며 반죽을 합니다.
    * 반죽이 매끈해질 때까지 5분 정도 치대줍니다.
    * 반죽을 비닐랩으로 덮고 30분간 휴지시킵니다.

2. **소 만들기:**
    * 돼지고기 다짐육에 생강즙, 간장, 설탕, 참기름을 넣고 찰기가 생길 때까지 섞어줍니다.
    * 닭고기 육수를 조금씩 넣어가며 끈적끈적한 질감이 될 때까지 섞어줍니다.
    * 돼지 지방을 잘게 다져 넣어주면 더욱 풍부한 맛을 낼 수 있습니다.

3. **만두 빚기:**
    * 휴지시킨 반죽을 밀대로 얇게 밀어 동그랗게 썰어줍니다.
    * 만두피 가운데에 소를 올리고 가장자리를 꼭 봉해줍니다.
    * 샤오롱바오 특유의 주름을 잡아줍니다.

4. **찌기:**
    * 찜기에 물을 넣고 끓입니다.
    * 찜기에 만두를 올리고 8분 정도 쪄줍니다.

… 생략 …

기대한 대로 샤오롱바오 레시피를 알려 줄 뿐만 아니라, 팁과 주의 사항도 함께 답변했습니다.

> **원 포인트**
>
> **챗GPT와 비교해 봅시다**
>
> 2장에서도 소개했지만, 챗GPT도 이미지를 불러와 내용을 설명하는 기능이 있습니다. 이 기능은 2023년 9월에 추가된 기능으로, 그 이전에는 구글 바드(제미나이의 이전 이름)에서만 이용할 수 있었습니다. 구글의 제미나이는 구글 렌즈 기능을 응용한 기술이라 정확도가 상당히 높습니다. 한편, 챗GPT도 이미지 불러오기의 정확도가 계속 높아지고 있습니다. 이제는 어느 쪽이 좋다고 딱 정하기 힘들 만큼 수준이 올라갔기 때문에 양쪽을 다 비교해 보고 자신에게 맞는 답변을 얻을 수 있는 쪽을 택하는 것이 좋습니다. 제미나이는 무료로 이용할 수 있는 횟수가 많아서 제미나이를 선택하는 분도 있을 것입니다.

Section 055

제미나이 확장 기능을 활용합시다
지메일 내용을 바탕으로
지난 메일에서 요점 정리하기

사용 AI 제미나이

추천 포인트 지메일은 키워드로 검색할 수 있지만 수많은 이메일 전체를 총괄적으로 살펴볼 수 없습니다. 하지만 제미나이 확장 기능이라면 이런 작업도 가능합니다.

간단히 복습하기

[051]에서 소개한 제미나이 확장 기능 중에서 지난 이메일을 다시 찾아보는 방법으로 지메일 확장 기능을 소개합니다. 예제로 출판사와 주고받은 이메일을 이용합니다. 먼저 간략하게 되돌아보겠습니다.

지메일 확장 기능을 이용하려면 @Gmail을 입력하면 되지만, 채팅창에서 '메일' 같은 단어가 있으면 따로 지정하지 않아도 지메일 확장 기능이 작동합니다.

프롬프트 입력

@Gmail gilbut과 주고받은 메일을 정리해 돌이켜보고 싶습니다.

 응답

2016년 10월부터 현재까지 길벗출판사와 주고 받은 메일을 검토하여 아래와 같이 정리했습니다.

2016년
* **10월**:

* 리눅스 시스템 관리 1권 번역 작업 시작.
* 1권 번역 중 누락된 부분에 대한 문의.
* 2권 번역 작업 시작.
* 선배 사원 이름에 관한 질문.
* **11월**:
* 2권 번역 파일 전달 및 검토.
* 자바 리팩토링 입문 번역 작업 시작.
* **12월**:
* 리눅스 시스템 관리 2권 마감.
2017년
* **1월**:
* 리눅스 시스템 관리 1권 2쇄 작업.
* **2월**:
* 자바 리팩토링 입문 번역 작업 진행 및 이사, 긴급 프로젝트로 인한 일정 조정.
… 생략 …

생성된 결과를 더 자세히 살펴보기

주고받은 이메일 중에서 관련된 이메일을 찾아서 제시합니다. 내용을 좀 더 자세히 살펴봅시다.

프롬프트 입력(계속)

그중에서 리눅스 관련 주제를 골라 주세요.

응답

길벗출판사와 주고받은 메일 중 리눅스 관련 주제만 골라 정리해 보았습니다.

* ***리눅스 시스템 관리 시리즈**

* 2016년 10월: 1권 번역 작업 시작.
* 2016년 10월: 1권 번역 중 누락된 부분에 대한 문의.
* 2016년 10월: 2권 번역 작업 시작.
* 2016년 10월: 선배 사원 이름에 관한 질문.
* 2016년 11월: 2권 번역 파일 전달 및 검토.
* 2016년 12월: 2권 마감.
* 2017년 1월: 1권 2쇄 작업.
* 2017년 4월: 만화로 배우는 리눅스 시스템 관리 3권 출간 소식 및 번역 의뢰.
* 2018년 9월: 만화로 배우는 리눅스 시스템 관리 3권 실습 관련 문의 사항.
* 2018년 11월: 만화로 배우는 리눅스 시스템 관리 3권 번역 계약 및 일정 논의.
* 2018년 12월: 만화로 배우는 리눅스 시스템 관리 3권 번역 작업 시작 및 원서 PDF 파일 요청.
* 2019년 2월: 만화로 배우는 리눅스 시스템 관리 3권 번역 마무리 및 출산으로 인한 일정 조정.

…생략…

생성 결과 요점 정리하기

방대한 지메일 내용 중에서 원하는 내용만 되돌아보고 그중에서 리눅스 관련 내용만 표시했습니다. 이제 이 내용을 보기 편하게 요약해 봅시다.

프롬프트 입력(계속)

출력된 내용을 정리해 주세요.

응답

네, 출력된 내용을 바탕으로 리눅스 관련 주제를 정리해 보았습니다.

* **리눅스 시스템 관리 시리즈**
    * 1권 (2016년 10월 ~ 2017년 1월)
        * 번역 시작 및 문의
        * 2쇄 작업
    * 2권 (2016년 10월 ~ 12월)
        * 번역 시작, 파일 전달 및 검토, 마감
        * 표지 부제 관련 질문 (2019년 10월)
    * 3권 (만화) (2017년 4월 ~ 2019년 11월)
        * 출간 소식 및 번역 의뢰
        * 번역 계약, 일정 논의, 작업 시작
        * 번역 마무리, 완료, 화면 캡쳐 전달
        * 역자 확인, 조판 작업, 교정, 마감, 증정본 논의
… 생략 …

결과적으로 세 번의 채팅으로 이메일에서 리눅스와 관련된 내용만 정리할 수 있었습니다.

요약한 문장 공유하기

지금까지 정리한 내용을 공유할 수 있습니다.

그림 5-1 공유하기

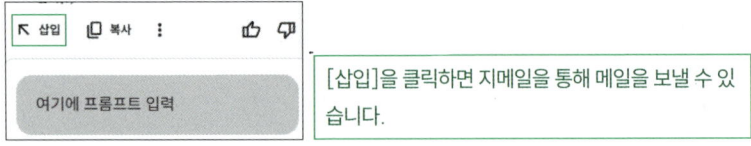

Section 056

제미나이 확장 기능은 유튜브에서도 활용할 수 있습니다

유튜브에서 조건에 맞는 동영상 추천받기

사용 AI 제미나이

추천 포인트 동영상을 찾을 때 가장 곤란한 점이 섬네일이나 제목만 보고 검색한 동영상을 볼 가치가 있는지 판단하기 어렵다는 것입니다. 그럴 때 제미나이라면 딱 좋은 영상을 추천합니다.

동영상 찾기

길벗 출판사에서 업로드한 유튜브 동영상에 제미나이를 이용해 보겠습니다.

프롬프트 입력

https://www.youtube.com/watch?v=rHWheigWhD0 이 동영상에서 중요한 내용은 뭐야?

 응답

이 동영상에서는 클래스와 객체의 개념에 대해 설명합니다. 클래스는 객체의 템플릿으로, 객체의 속성과 메서드를 정의합니다. 객체는 클래스를 기반으로 생성되는 실제 인스턴스로, 속성에 값을 할당하고 메서드를 호출할 수 있습니다. 동영상에서는 생성자, 인스턴스 속성, 메서드 등의 개념을 설명하고, 실제 코드를 통해 클래스와 객체를 사용하는 방법을 보여 줍니다. 또한, 객체를 전달하고 조작하는 방법도 설명합니다.

답변을 보면 **동영상 소개문이나 제목만으로는 알 수 없는 정보**가 담겨 있습니다. 또한 어떤 사람에게 유용하고 무엇을 배울 수 있는지 추가적인 정보도 함께 제공합니다.

그리고 답변 마지막에는 동영상을 재생할 수 있는 플레이어도 표시됩니다.

그림 5-2 동영상 추천받기

생성된 답변에는 유튜브 섬네일(인라인 재생 가능), 동영상 제목, 개요 등이 표시됩니다.

유튜브 확장 기능이 동작하지 않는 경우도 있습니다

제미나이가 유튜브의 어떤 정보를 참조하는지 명확하지 않습니다. 제목이나 개요를 확인하는 것은 분명하지만 동영상 내부의 자막 정보까지 확인하는지 여부는 알 수 없습니다. 확장 기능이 잘 동작하지 않으면 [다시 시도하기] 링크가 표시되므로 클릭해 보세요. 동영상 링크 등은 표시되지 않지만 질문의 대략적인 답변은 제공합니다.

그 외의 프롬프트 예

'@YouTube 오늘의 인기 동영상을 알려 주세요', '@YouTube 올해 인기 뮤직비디오를 알려 주세요. 조회수도 알고 싶습니다.' 같은 질문도 유용합니다. 한번 입력해 보세요.

Section 057

생성형 AI에 관련된 걱정거리를 해소할 수 있습니다

환각 증상이나 유해 정보를 억제한 생성형 AI

사용 AI 클로드(https://claude.ai/)

추천 포인트 생성형 AI를 이용할 때 걱정되는 부분 중 하나는 환각 증상과 유해한 정보입니다. 클로드는 이런 문제를 잘 통제하면서 답변하는 능력이 뛰어나다고 평가받습니다.

생성형 AI의 안전성

생성형 AI가 화제가 되기 시작했을 때부터 약점으로 지적된 점이 환각 증상입니다. 환각은 생성형 AI가 그럴듯한 거짓말을 하는 상황을 의미하는데, 물론 생성형 AI가 의도적으로 거짓말을 하는 것은 아닙니다. 더욱 우려되는 점은 AI가 너무 쉽게 유해한 정보를 제공할지도 모른다는 점입니다.

이런 우려에 대해 앤트로픽은 클로드가 **유해한 정보를 생성하지 않도록 개선한 클로드 2를 개발**했습니다. 그 결과, 기존의 클로드에 비해서 무해한 응답을 반환하는 능력이 2배 더 뛰어나다고 발표할 정도로 진화했습니다. 최근에는 **3.5 버전까지 나와서 기존보다 더욱 뛰어난 성능을 보입니다**.

그림 5-3 클로드

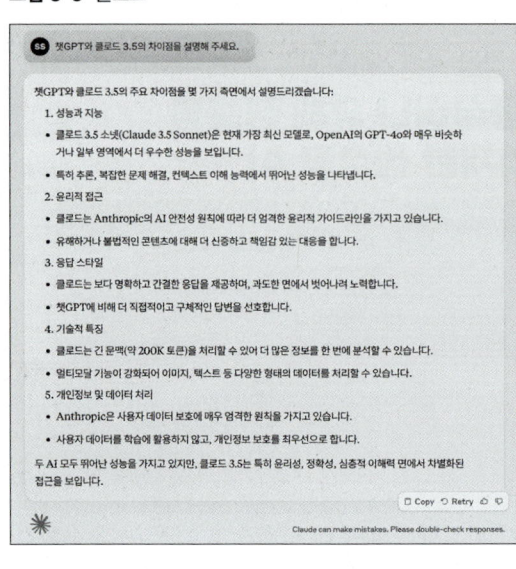

챗GPT와 마찬가지로 대화 형식으로 답변을 받을 수 있는 챗봇형 생성형 AI 입니다.

원 포인트
절대적인 안전은 없습니다
클로드가 진화하고 있지만, 환각 가능성이 사라진 것은 아니고 잘못된 정보나 유해한 정보가 표시될 가능성은 여전히 남아 있습니다. 또한 공식적으로는 신체적, 정신적 건강이나 행복과 관련된 상황에서는 사용하지 말라는 주의 사항이 있습니다.

클로드 사용법

클로드는 구글 계정으로 가입할 수 있습니다. 간단한 인터페이스로 챗GPT처럼 채팅 텍스트 입력창이 있을 뿐입니다. 채팅 이력은 아래쪽에 나열됩니다. 클립 모양 아이콘을 클릭하면 파일을 업로드할 수 있습니다. 클로드에서 업로드할 수 있는 파일은 PDF, TXT, CSV 등이 있고 한 번의 채팅에서 첨부할 수 있는 파일은 최대 30MB까지, 동시에 처리할 수 있는 파일은 5개까지입니다. 최대 토큰 크기를 넘는 문서는 처리할 수 없습니다.

유료 플랜의 클로드 프로

무료 버전은 하루에 이용할 수 있는 횟수에 제한이 있습니다. 하지만 유료 버전인 클로드 프로는 5배 정도 더 많이 이용할 수 있습니다. 문서와 채팅을 프로젝트와 연계하거나 새로운 모델을 이용할 수 있고 신기능을 빨리 이용할 수 있는 등의 장점이 있습니다.

그림 5-4 클로드 사용법

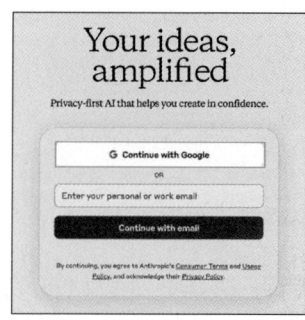

클로드 계정은 구글 계정으로 간단히 만들 수 있습니다.

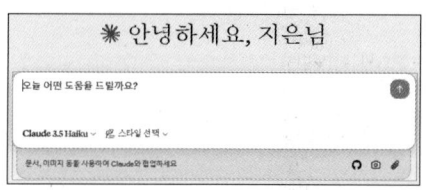

텍스트 입력창에서 질문을 입력하면 대화하듯 답변합니다. 이때 파일도 첨부할 수 있습니다.

Section 058

클로드 3.5는 대량의 텍스트도 처리할 수 있습니다

책 한 권 분량의
텍스트를 통째로 요약하기

사용 AI 클로드

추천 포인트 [057]에서 소개한 클로드의 최대 특징은 최대 200,000 토큰(약 15만 단어)의 텍스트를 처리할 수 있는 점입니다. 문장을 다룰 때 탁월한 강점을 보입니다.

챗GPT에서 할 수 없던 긴 텍스트를 한꺼번에 처리하기

클로드 3.5는 **최대 200,000 토큰(약 15만 단어)의 텍스트를 처리**할 수 있습니다. 챗GPT의 GPT-4가 32,768 토큰(2.5만 단어), GPT-4o가 128,000 토큰을 처리할 수 있는 것에 비해 압도적으로 우수한 능력입니다. 따라서 **책 한 권 분량의 문서를 요약**할 수도 있습니다.

책 한 권 분량의 문서를 정리하는 작업은 사람이 하더라도 꽤 힘든 분량입니다. 읽고, 중요한 내용을 뽑아내고, 정리하고, 확인하는 단계별로 할 일도 많습니다. 이런 작업은 생성형 AI, 특히 처리할 수 있는 텍스트 양이 많은 클로드 3.5에 맡겨 봅시다.

예제로 〈운수 좋은 날〉(약 1만 자)을 요약해 봅시다. 사용법은 간단합니다. **채팅창에 소설 본문을 복사해 붙여 넣고 프롬프트를 입력하면 끝**입니다. 글자 수가 많으면 자동으로 텍스트 파일로 변환합니다. 따라서 처음부터 텍스트 파일을 첨부해 프롬프트를 입력해도 됩니다.

프롬프트 예: 한 문장으로 정리할 때까지

프롬프트는 4단계에 나눠서 점점 짧게 정리하도록 구성했습니다.

1. 이 작품을 요약해 주세요.
2. 그리고 140자 이내로 정리해 주세요.
3. 그리고 50자 이내로 정리해 주세요.
4. 마지막으로 10자 이내로 정리해 주세요.

그림 5-5 요약하기

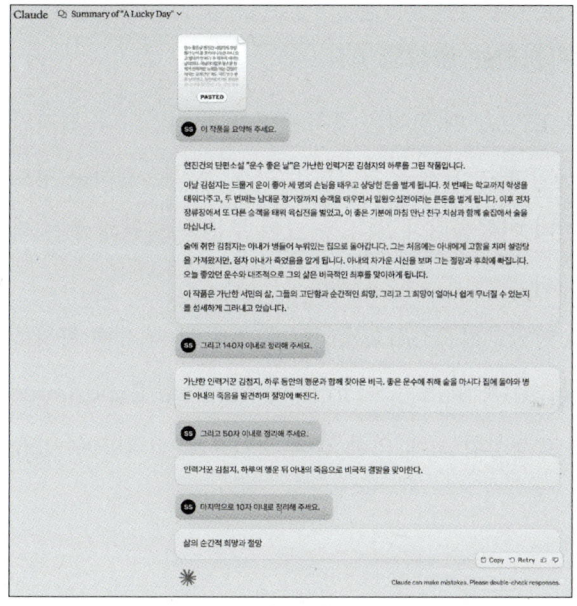

결과는 그림과 같습니다. 책 내용을 마지막에 한 문장으로 '삶의 순간적 희망과 절망'으로 정리했습니다. 생성형 AI는 사람이 쉽게 해내기 어려운, 제한된 글자 수로 요약하는 작업을 빠르게 처리합니다.

긴 문서를 요약하고 싶은 분은 클로드를 이용해 보세요.

채팅으로 구글 검색도 가능합니다
구글 검색도 생성형 AI로 더욱 편리하게 이용하기

사용 AI Search Generative Experience(생성형 AI를 통한 검색 경험)

추천 포인트 빙이나 챗GPT에 비해 생성형 AI 연동에 조심스러웠던 구글도 드디어 움직였습니다. 생성형 AI는 검색한 결과에서 개요를 파악하는 작업을 잘하지 못하는데, 이런 부분을 지원하는 것이 SGE입니다.

SGE는 검색을 지원하는 생성형 AI

정확한 키워드를 알고 있을 때 검색은 무척 유용한 방식입니다. 하지만 무언가를 처음 조사할 때는 요점을 파악하지 못해 정말로 원하는 정보에 곧바로 접근하기가 어렵습니다. SGE는 그런 부분을 지원해 주는 새로운 검색 경험입니다.

서치 랩(https://labs.google.com/search)에 접속해 SGE를 활성화하면 이용할 수 있습니다. SGE는 Search Generative Experience 첫 글자를 딴 것으로 생성형 AI에 의한 검색 경험으로 번역할 수 있습니다.

그림 5-6 SGE

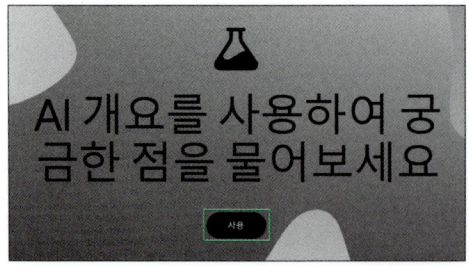

① 구글 계정에 로그인한 상태로 서치 랩에 접속해 [사용] 클릭

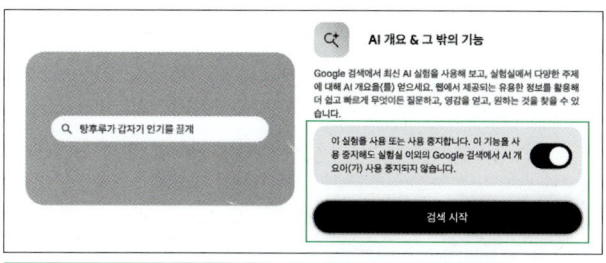

② 실험 사용이 활성화 상태인지 확인하고 [검색 시작] 클릭

이렇게 하면 구글 검색을 할 때 SGE를 이용할 수 있습니다.

일반적인 사용 방법

사용 예로 'google sge ai'를 키워드로 검색해 봅시다. 그러면 SGE가 대략적인 개요를 설명해 줍니다.

추가로 검색하기

생성된 검색 결과를 보면 링크 모양의 아이콘이 있는데 클릭하면 해당 내용 작성에 이용한 출처가 표시됩니다. 출처 페이지에 이동해서 내용을 확인하거나 추가로 검색할 수 있습니다.

구글 검색 결과에는 이전부터 관련 질문의 키워드가 표시되었는데 이런 관련 질문을 보기 전에 SGE가 정리한 내용을 먼저 보고 관련된 내용을 보면 더 빨리 이해할 수 있을 것입니다.

그림 5-7 출처 확인하기

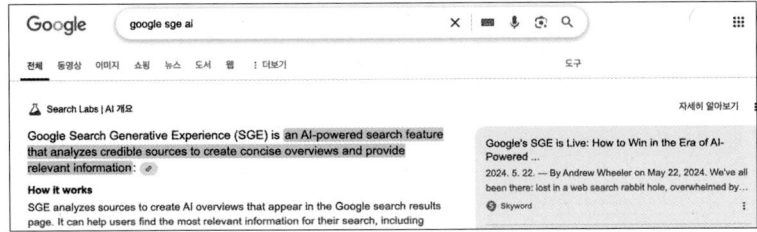

검색 결과에 AI가 요약한 개요가 표시됩니다.

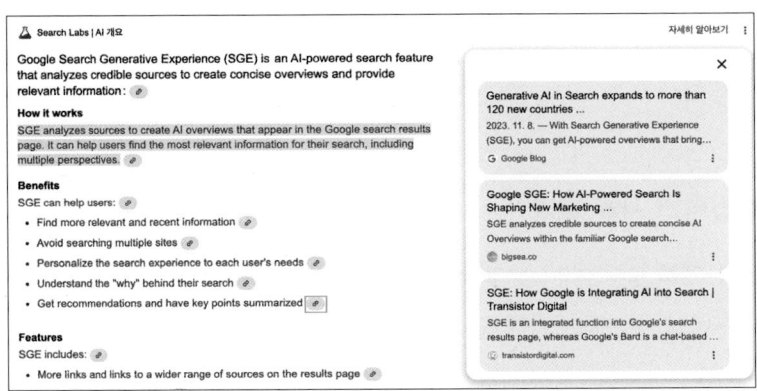

표시된 내용 끝에 있는 링크 아이콘을 클릭하면 해당 내용의 출처가 표시됩니다.

GPT-4에 기반한 생성형 AI
빙의 코파일럿을 활용해 인터넷 검색하기

사용 AI 빙(Bing), 코파일럿(https://copilot.microsoft.com/)

추천 포인트 마이크로소프트의 검색 엔진 빙(Bing)은 생성형 AI가 화제가 되기 시작했을 때부터 검색과 생성형 AI를 연계한 검색을 제공해 왔습니다. 사용성이 뛰어나고 기존의 검색과도 원활하게 연동됩니다.

빙의 코파일럿이란?

구글에 맞서 경쟁하는 검색 엔진으로 마이크로소프트의 빙이 있습니다. 이전에는 일반적인 검색 엔진이었지만, 생성형 AI 등장 이후로 완전히 달라졌습니다. 이전에는 빙챗(Bing Chat)이라고 불렸지만, 지금은 마이크로소프트가 주력하는 AI 서비스를 아울러서 코파일럿(Copilot)이라고 부릅니다. 챗GPT의 GPT-4를 이용해 생성형 AI 실력도 뒤쳐지지 않습니다.

일반 검색과 코파일럿 연동

먼저 일반 검색 화면을 봅시다. 빙에서 키워드로 검색하면 검색 결과 화면 상단에 COPILOT이 표시됩니다. [COPILOT]을 클릭하면 화면이 전환되고 앞서 검색한 키워드가 자동 입력되고 그대로 코파일럿과 채팅이 시작됩니다.

그림 5-8 빙에서 코파일럿 사용하기

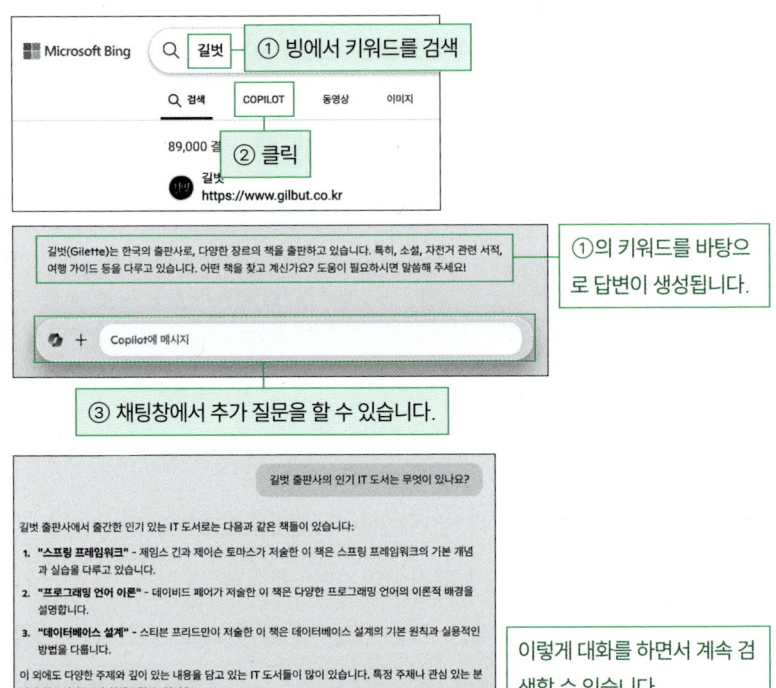

코파일럿이 생성한 답변은 키워드로 검색한 결과를 설명하는 문장입니다. 이런 결과를 보고 추가 질문을 하면서 좀 더 깊은 검색을 할 수 있습니다.

검색 엔진을 쓸 때 사용자가 단순한 키워드만 던지고 문장으로는 검색하지 않는다는 점이 오랜 과제였습니다. 검색 키워드(단어)가 길고 많아질수록 검색 결과 정확도가 기본적으로 높아지기 때문입니다. 그런데 이런 입력 작업을 사용자에게 강요하지 않아도 채팅으로 자연스럽게 구현되는 점이 생성형 AI 도입에 따른 좋은 해결책이라고 할 수 있습니다.

Section 061

OS에 통합된 생성형 AI
윈도우 11의 사이드바에 코파일럿 표시하기

사용 AI 윈도우 코파일럿(Windows Copilot)

추천 포인트 윈도우 11에는 사실상 기본으로 코파일럿이 탑재되어 있습니다. OS 차원에서 지원하기 때문에 더욱 더 생성형 AI가 가까워졌습니다.

윈도우 11에서 코파일럿 사이드바에 표시하기

윈도우 11에는 윈도우 코파일럿이 기본으로 탑재되어 있습니다. 코파일럿은 작업 표시줄에 추가된 Copilot 버튼을 클릭해 호출할 수 있습니다. 또는 Alt + Space 로 호출할 수 있으므로 자주 이용하는 분은 단축키를 외워 두면 좋습니다.

코파일럿에 윈도우 관련 내용을 질문하면 설정 변경 방법도 자세히 설명합니다. 예로 윈도우를 다크 모드로 변경하고 싶다고 요청합시다.

그림 5-9 윈도우 코파일럿

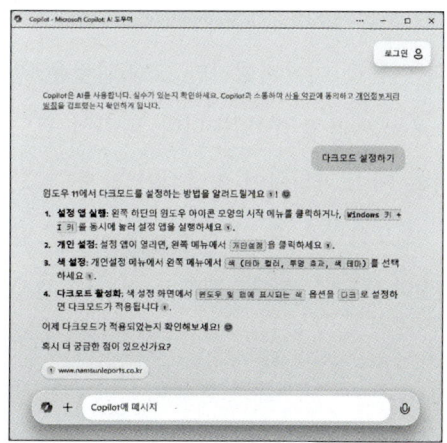

코파일럿에 윈도우 설정에 관련된 질문을 합니다.

엣지 브라우저에서 실행하는 코파일럿

윈도우 바탕화면에서 언제든 생성형 AI와 대화할 수 있다는 것만으로도 대단하지만, 코파일럿은 계속 진화하고 있습니다.

예를 들어 엣지를 사용할 때 홈페이지 요약 같은 기능이 후보 목록에 표시됩니다. 물론 질문을 클릭하면 해당 홈페이지의 요약이 생성됩니다. 즉, 코파일럿은 애플리케이션에 따라 다양한 기능을 이용할 수 있습니다.

그림 5-10 엣지에서 실행하는 코파일럿

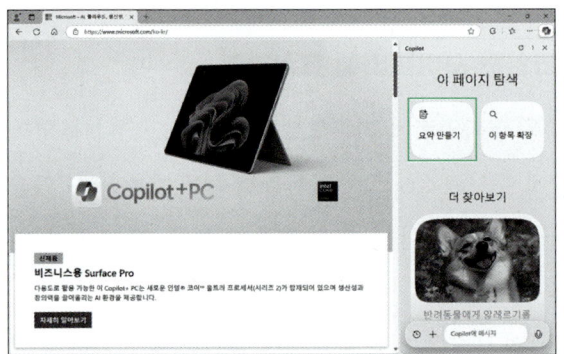

계속 진화하는 윈도우

지금까지 윈도우 11과 앱 간의 연동을 이야기했지만, 코파일럿은 일반적인 생성형 AI 채팅 서비스로도 이용할 수 있습니다. 따라서 윈도우 11에서 다양한 작업을 시작할 때 코파일럿이 출발점이 될 수 있고 작업 중에 곤란한 일이 생겼을 때 도움받을 수 있는 도구가 되기도 합니다. 즉, **앞으로 윈도우는 코파일럿이 상주하는 형태로 진화**할 것으로 생각합니다.

Section 062

유튜브를 많이 본다면 필수!
유튜브 내용을
번역하면서 요약하기

사용 AI 유튜브 다이제스트(YoutubeDigest)

추천 포인트 유튜브 동영상이 30분이 넘는다면 너무 길게 느껴져 요약본이 보고 싶어집니다. 특히 유튜브에서 자료를 조사할 때 동영상 요약이 있다면 시간을 상당히 아낄 수 있습니다.

동영상 요약과 자동 번역까지

유튜브 다이제스트(https://www.youtubedigest.app/)는 크롬이나 파이어폭스에 설치해 이용하는 확장 기능입니다. 크롬 웹 스토어 등에서 내려받을 수 있습니다.

유튜브 다이제스트를 설치하기만 하면 **1시간에 가까운 긴 동영상도 클릭 한 번으로 짧은 문장으로 요약할 수 있고, 영어 동영상을 한국어로 자동으로 번역해 내용도 정리**해 줍니다. 유튜브를 많이 보는 분이라면 사용하지 않을 수 없는 기능입니다.

마이크로소프트의 1시간에 가까운 영어 키노트 영상을 예로 들어 보겠습니다. 유튜브 다이제스트를 설치한 후에 크롬에서 유튜브를 열면 화면 오른쪽 위에 [Summarize]가 표시됩니다. 만약 표시되지 않는다면 구글 계정으로 로그인합니다.

그림 5-11 유튜브 다이제스트

유튜브 다이제스트를 설치한 상태로 크롬에서 유튜브 동영상을 열면 Summarize가 표시됩니다.

로그인 후에 다시 [Summarize]를 클릭하면 메뉴가 표시됩니다. Mode는 요약 방식을 선택할 수 있는데 기본적으로 [TL;DR]을 선택하면 됩니다. TL;DR은 'Too Long; Didn't Read.'를 줄인 말인데 너무 길어서 아무도 안 읽는다는 말을 비틀어서, 너무 길다고 하는 사람을 위한 요약을 의미하는 인터넷 속어입니다. Language는 [Korean]을 선택합니다.

[Summarize]를 클릭하면 처리가 시작되고 내용을 요약한 텍스트가 표시됩니다. 요약이 끝난 후에 [↓] 버튼을 클릭하면 다운로드 메뉴가 표시되고, PDF, Docx, Markdown(마크다운) 형식 등으로 내려받을 수 있습니다.

그림 5-12 동영상 요약하기

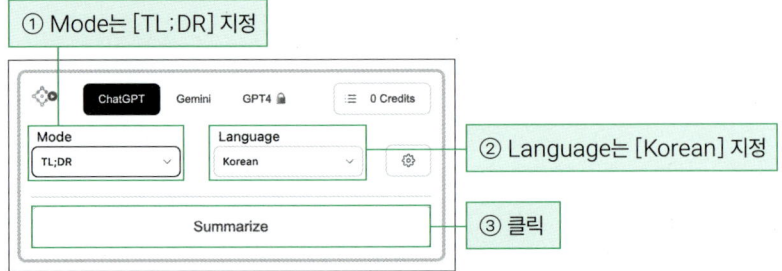

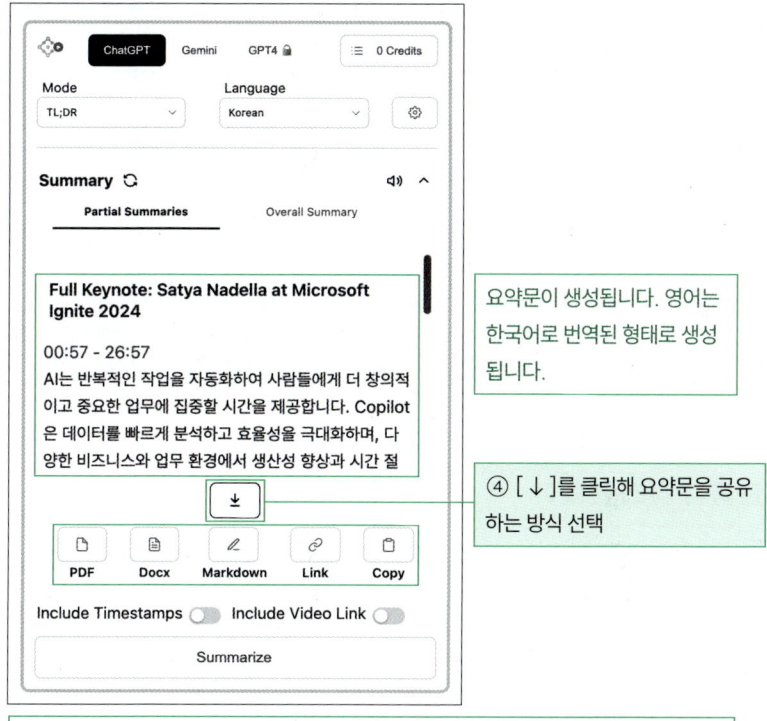

요약문이 생성됩니다. 영어는 한국어로 번역된 형태로 생성됩니다.

④ [↓]를 클릭해 요약문을 공유하는 방식 선택

공유 방식은 PDF, Docx, Markdown, Link, Copy 중에서 선택합니다. 이때 Include Timestamps, Include Video Link를 활성화하면 타임스탬프와 요약한 부분의 링크를 포함할 수 있습니다.

Section 063

공부하고 싶은 주제에 맞게 응용할 수 있습니다
GPTs로 역사 문제를 출제하는 선생님 만들기

사용 AI 챗GPT

추천 포인트 무언가를 새로 배울 때 정답을 그저 외우는 공부법은 단조롭고 계속하기 어렵습니다. 그래서 공부하면 칭찬하고, 틀린 문제를 자동으로 복습할 수 있는 GPTs를 만들어 봅시다.

한국사 퀴즈 만들기

GPTs는 [043]에서 설명한 것처럼 자신만의 챗GPT를 만들 수 있는 기능입니다. 이번에는 어떤 새로운 것을 공부할 때 활용할 수 있도록, 중학생 수준의 한국사 퀴즈를 작성하는 GPTs를 만들어 봅니다.

우선 문제의 기반이 되는 정보 출처를 지정합니다. 좋은 사이트가 있다면 이용하면 되고, 아니라면 검색을 지시해도 됩니다. 역사 관련 정보는 인터넷에 많이 존재하므로 거짓 문제가 발생할 가능성은 낮을 것입니다.

프롬프트 입력

중학생 수준의 한국사 퀴즈를 작성해 주세요. 다양한 문제 형식을 이용하고 때로는 선택형 문제도 사용합니다.
(URL 지정)

HINT
자료를 첨부하는 방법도 유용합니다
GPT 빌더에 프롬프트를 입력할 때 자료로 사용할 수 있는 사이트의 URL이나 PDF 등을 첨부하는 것도 유용합니다.

칭찬하거나 정답률 높이기

문제만 계속 나온다면 지루하니 칭찬도 추가합시다. 그리고 정답률도 함께 알려 주면 의지를 북돋을 수 있습니다. 또한 틀린 문제가 있을 때 반복해서 복습하면 학습 효과가 높아집니다.

프롬프트 입력
다섯 문제마다 가볍게 칭찬하고 열 문제마다 더욱 칭찬합니다. 또한 열 문제가 끝나면 지금까지의 정답률을 출력합니다. 그리고 틀린 문제가 있으면 그 후에 복습합니다.

이렇게 설정하면 역사 퀴즈를 내고 답하는 GPTs가 거의 완성됩니다. 다만, 열 문제를 반복하기만 하면 질릴 수 있으니 계속 문제를 풀 수 있도록 보상 요소도 설정하는 것이 좋습니다.

프롬프트 입력
오십 문제를 넘겼을 때나 백 문제를 넘겼을 때 더 많이 칭찬하고 부모님한테서 받을 수 있는 보상을 제시합니다.

이제 필요에 따라 사이드바에서 GPTs 이름과 설명문 등을 수정하고 저장합니다. '퀴즈를 시작합니다!'라고 입력하면 문제를 출제하기 시작합니다.

그림 5-13 GPTs 만들기

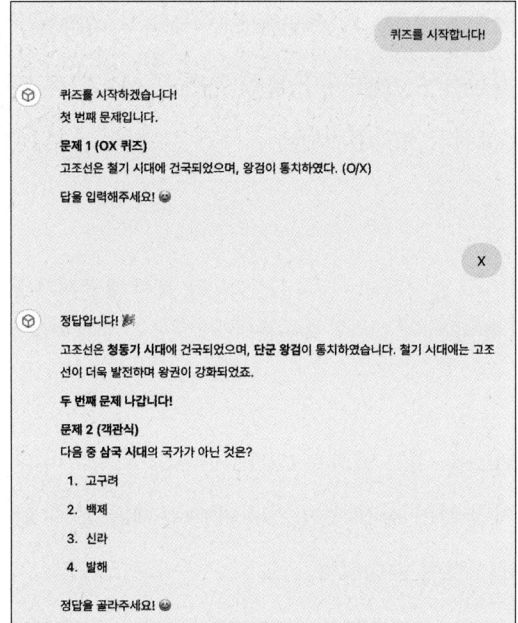

> **HINT**
> **한국어 처리에 문제가 발생한다면?**
> GPT 빌더에서 '이 GPTs 이름 등 관련된 모든 내용은 전부 한국어로 표시합니다.'라고 프롬프트를 입력하면 GPT 이름, 설명, 처리 내용, 첫 답변을 한국어로 바꿉니다. 하지만 이렇게 지정하더라도 가끔 영어로 돌아가거나 한국어 처리가 제대로 되지 않을 때는 다시 몇 번 시도하면 정상적으로 처리되므로 차근히 대응하세요.

Section 064

생성형 AI로 인쇄물 디자인을 만듭니다
DALL-E 3으로 실제 인쇄물 데이터 만들기

사용 AI 챗GPT DALL-E 3

추천 포인트 이미지 생성 AI가 화제가 되었을 때 출력된 이미지 크기가 작은 것이 문제였습니다. 하지만 지금은 진화를 거듭하여 제품 인쇄에 활용할 수 있을 만큼 품질이 향상되었습니다.

DALL-E 3으로 디자인 출력하기

챗GPT에서 이용할 수 있는 DALL-E 3의 이미지 생성 능력은 균형이 상당히 잘 잡혀 있고, 챗GPT 답변에서 이용할 수 있다는 점이 큰 장점입니다. 이러한 **생성형 AI를 조합해 생각한 디자인을 제품 데이터로 만든다면 바로 업무에 활용**할 수 있습니다. 예를 들어 천 보자기의 제품 디자인을 만들어 봅시다.

 프롬프트 입력

디지털 카메라나 주변 제품을 감싸는 데 쓸 수 있는 천에 들어갈 무늬를 그려 주세요.

🟢 응답

챗GPT와 대화하면서 디자인 조정하기

처음 출력된 데이터도 좋지만 일단 다른 패턴도 시도해 보았습니다. 프롬프트에 '이 디자인 패턴과 같은 색으로 다른 안을 제시해 주세요.' 또는 '너무 세밀하니 조금 더 단순하게' 이런 식으로 대화로 다시 조정해 봅시다. 조금 엉뚱한 지시라도 어쨌든 결과를 만들어 주기 때문에 좋습니다.

그림 5-14 조금씩 조정해 보기

출력 결과를 거의 그대로 이용 가능

실제로 내려받은 데이터를 확인해 보면 이미지 크기가 1024×1024 픽셀입니다. 이 정도면 제품 인쇄를 해도 큰 지장이 없는 크기입니다. 그리고 **이 데이터를 일부 수정한 데이터로 실제 제품을 출력할 수 있습니다.**

인쇄물은 인쇄 대상과 인쇄 방식에 따라 결과가 달라지지만, DALL-E 3의 데이터가 충분히 인쇄에 이용할 수 있는 수준이라는 것을 알 수 있습니다.

그림 5-15 DALL-E 3으로 만든 출력물

DALL-E 3으로 생성한 이미지를 다운로드해서 로고를 가공한 상태로 실제로 천 제품에 인쇄했습니다. 해상도에 문제가 없고 충분히 깨끗하게 인쇄되었습니다.

Section 065

챗GPT로 대화할 수 있습니다

고글 없이 맨눈으로 3D 아바타와 대화 즐기기

사용 AI Looking Glass Go, 챗GPT

추천 포인트 Looking Glass Go는 별도의 기기를 착용하지 않아도 3D 영상을 볼 수 있으며, 생성형 AI를 이용해 대화할 수 있는 아바타를 표시할 수 있습니다. 인류의 꿈 중 하나인 입체 영상을 체험해 봅시다.

휴대용 입체 영상 디스플레이 Looking Glass Go

수많은 입체 영상 디스플레이를 세상에 내놓은 Looking Glass Factory가 내놓은 스마트폰 크기의 세로형 디스프레이가 Looking Glass Go입니다. 책을 집필하던 당시(2024년 1월) Kibidango 크라우드 펀딩에서 목표 금액인 500만 엔을 훨씬 뛰어넘는 5,700만 엔 이상을 모았습니다.[1]

깊이감이 있는 3D 영상을 AI로 만들어 내는데 이 영상은 3D 안경이나 VR 고글이 없어도 볼 수 있습니다. 배터리로도 구동할 수 있고 무게도 235g밖에 나가지 않아서 휴대가 간편한 점이 특징입니다.

---

[1] 역주 해당 제품은 킥스타터에서도 찾아볼 수 있습니다. https://www.kickstarter.com/projects/lookingglass/looking-glass-go

그림 5-16 Looking Glass Go 크라우드 펀딩 페이지

Looking Glass Go 크라우드 펀딩 페이지(https://kibidango.com/2497). 맨눈으로 3D 영상을 볼 수 있는 모습, 제품과 서비스 사양을 확인할 수 있습니다.

깊이 센서가 장착된 스마트폰 등으로 찍은 사진을 3D로 표시할 수 있습니다. Looking Glass Blocks(https://blocks.glass/)를 이용하면 AI 기술로 깊이 정보를 추가하여 기존의 2D 사진을 3D로 표시할 수 있습니다.

그림 5-17 Looking Glass Blocks

chapter 05 생활 지수 향상! 생활을 돕는 생성형 AI의 활용 261

3D 아바타와 생성형 AI로 대화 가능

Looking Glass Go는 3D 아바타 데이터를 애니메이션으로 표시할 수 있습니다. 또한 공간 AI 어시스턴트 서비스인 Liteforms(https://lookingglassfactory.com/liteforms)를 사용하면 **챗GPT 경유로 목소리에 반응하여 대답하고 말하는 아바타 친구를 만들 수 있습니다.**

그림 5-18 3D 아바타

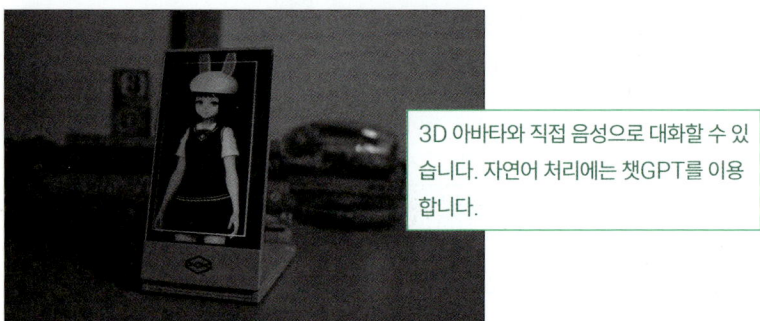

3D 아바타와 직접 음성으로 대화할 수 있습니다. 자연어 처리에는 챗GPT를 이용합니다.

공간 AI 어시스턴트 서비스 Liteforms로 아바타를 만들 수 있습니다.

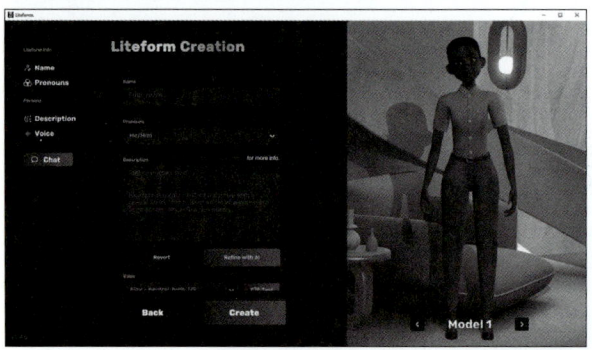

Looking Glass Go는 디스플레이에 3D 영상을 표시하거나 3D 아바타와 대화할 수 있도록 AI 기술을 활용합니다. 어느 쪽이든 AI 없이는 실현할 수 없습니다. 손바닥 안의 디스플레이에 3D 영상을 표시하고 싶다는 인류의 꿈에도 AI가 기여하고 있습니다.

chapter

06

영어 학습을 돕는
생성형 AI

Section 066

영어가 서툴러도 AI에 물어보면
의미를 알 수 있습니다

영어를 한국어로 번역하기

> **사용 AI** 챗GPT, 챗GPT 플러스

> **추천 포인트** 챗GPT는 인터넷에 있는 텍스트에서 학습할 지식을 얻는데 그 대다수는 영어 텍스트입니다. 즉, 챗GPT는 영어를 잘합니다. 간단히 짧은 문장을 번역해 달라고 합시다.

[활용 예 ①] 영어를 한국어로 번역하기

챗GPT는 영어를 아주 잘합니다. 프롬프트도 어렵지 않아서 '다음 문장을 한국어로 번역해 줘' 이후에 영문을 복사해 붙여 넣으면 됩니다.

프롬프트 입력(영문은 <피터 팬>에서 발췌)

다음 문장을 한국어로 번역해 줘.
Mrs. Darling screamed, and, as if in answer to a bell, the door opened, and Nana entered, returned from her evening out. She growled and sprang at the boy, who leapt lightly through the window. Again Mrs. Darling screamed, this time in distress for him, for she thought he was killed, and she ran down into the street to look for his little body, but it was not there; and she looked up, and in the black night she could see nothing but what she thought was a shooting star.
(출처: https://www.gutenberg.org/cache/epub/16/pg16-images.html)

응답

달링 부인은 비명을 질렀고, 마치 초인종에 응답이라도 하듯 문이 열리더니, 저녁 외출을 마치고 돌아온 나나가 들어왔다. 나나는 으르렁거리며 소년에게 덤벼들었고, 소년은 가볍게 창문을 통해 뛰어내렸다. 달링 부인은 다시 비명을 질렀는데, 이번에는 소년을 걱정한 비명이었다. 그녀는 소년이 죽었을 거라 생각하고 그의 작은 몸을 찾아 거리로 달려 나갔지만, 어디에도 소년의 모습은 없었다. 그녀가 고개를 들어 보니 칠흑 같은 밤하늘에 그저 별똥별처럼 보이는 것만이 보였다.

HINT

도중에 멈췄다면 '계속'을 입력해 봅시다

챗GPT가 생성할 수 있는 글자 수는 제한됩니다. 특히 무료 버전을 이용하면 도중에 번역이 멈추는 경우가 있습니다. 그럴 때는 '계속'이라고 입력하면 이어서 응답을 출력합니다.

[활용 예 ②] 영어 기사 요약하기

한 자, 한 자 정확하게 번역할 필요는 없지만 대략 어떤 내용인지 확인하고 싶을 때라면 요약을 요청하면 됩니다. 뉴스나 논문이라면 요약으로 충분합니다.

프롬프트 입력(OpenAI의 DALL-E 3 설명문)

다음 문장을 요약해줘.
DALL·E 3 in ChatGPT
ChatGPT can now create unique images from a simple conversation—and this new feature is available to Plus and Enterprise users today. Describe your vision, and ChatGPT will bring it to life by providing a selection of visuals for you to refine and iterate upon. You can ask for revisions right in the chat. This is powered by our most capable image model, DALL·E 3.
(출처: https://openai.com/index/dall-e-3-is-now-available-in-chatgpt-plus-and-enterprise/)

응답

ChatGPT의 DALL·E 3 기능이 Plus와 Enterprise 사용자에게 제공되며, 대화만으로 독창적인 이미지를 생성하고 수정할 수 있다.

원 포인트

챗 GPT 플러스는 더욱 편리합니다

유료 버전 챗GPT 플러스는 외부 사이트를 참조하는 기능([012] 참조)이 있어서 영문을 직접 복사해 붙여 넣지 않아도 기사 주소(URL)를 입력해서 번역할 수 있습니다.[1]

프롬프트 입력

다음 기사 내용을 번역해 줘.

https://www.example.com/XXXX

또는 논문이나 설명서 등의 PDF 파일을 직접 불러와 내용을 요약할 수도 있습니다.

프롬프트 입력

첨부한 PDF 내용을 번역하고 요약해 줘.

(영문 PDF를 첨부)

---

[1] 역주 무료 버전에서도 제한적으로 지원합니다.

Section 067

길고 어려운 문장을 대략 이해할 수 있습니다

영어로 작성된
논문의 요점 파악하기

사용 AI 챗GPT

추천 포인트 연구 논문, 그것도 영어로 써져 있어 읽기를 포기한 적이 있지 않나요? 챗GPT를 이용하면 짧은 초록은 물론이고 필요한 부분만 자세히 간단히 번역할 수 있습니다.

영어 논문도 그대로 복사해 붙여 넣기

챗GPT를 이용하면 영어 뉴스나 칼럼을 쉽게 읽을 수 있습니다. 그러면 난도가 높은 문서인 학술 논문은 어떨까요?

연구자가 아니라면 영어로 쓰여진 논문을 읽을 일은 별로 없겠지만 **챗GPT를 이용하면 논문과 친해질 기회**가 늘어납니다. 특히 챗GPT 플러스를 이용하면 GPT-4 모델은 최대 32,768 토큰, GPT-4o 모델은 128,000 토큰의 긴 문장을 프롬프트에 포함할 수 있습니다. 이 기능을 이용해서 우선 전체를 요약한 후에 의문이 생긴 부분만 자세히 물어보는 식으로 이용하면 쉽게 관심 있는 부분만 골라서 볼 수 있습니다.

예로 논문 공개 서비스 arXiv.org에 있는 OpenAI가 발표한 GPT-4 Technical Report의 12만 자가 넘는 논문을 요약해 봅시다.

그림 6-1 논문 요약하기

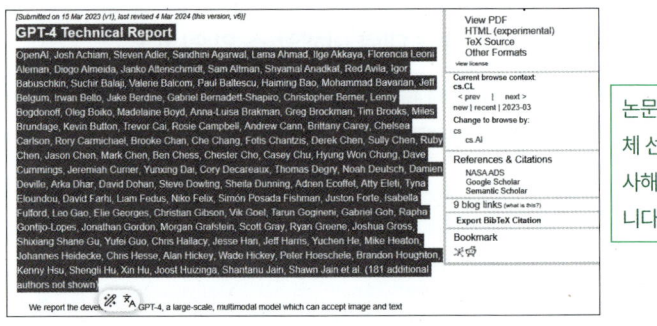

출처: https://arxiv.org/abs/2303.08774

프롬프트 입력

요약해 줘.

(논문 전체를 붙여 넣기)

응답

이 문서는 **GPT-4**의 개발에 대한 기술 보고서다. 주요 내용은 다음과 같다:

1. **GPT-4 개요**:
   GPT-4는 대규모 멀티모달 모델로, 이미지와 텍스트 입력을 받아 텍스트 출력을 생성할 수 있다. GPT-4는 **인간 수준의 성능**을 보이는 여러 시험에서 뛰어난 결과를 기록했으며, 특히 모의 변호사 시험에서는 상위 **10%**에 해당하는 점수를 기록했다.

2. **모델 성능**:
   - 기존 모델과 비교해 다양한 NLP 벤치마크에서 우수한 성능을 보여 줌.
   - MMLU(다중 선택 문제) 벤치마크에서 57개 과목 중 영어뿐만 아니라 번역된 26개 언어 중 24개 언어에서도 기존 SOTA 모델을 능가했다.

3. **인프라 및 확장성**:
   GPT-4 개발에서는 **예측 가능한 확장성**이 핵심이었다. 소규모 모델을 학습한 결과를 기반으로 GPT-4의 성능을 예측하는 방식으로 대규모 학습의 효율성을 높였다.

4. **제한점**:
   - 이전 GPT 모델들과 마찬가지로 **환각(hallucination)**, 제한된 컨텍스트 창, 경험을 통한 학습 불가 등의 한계가 있다.
   … 생략 …

12만 자 분량의 논문 압축하기

12만 자 분량의 논문을 상당한 수준으로 압축해 요약했습니다. 이 정도의 분량이면 개요를 대략적으로 파악하는 데는 충분한 수준입니다. 난해한 학술 논문을 읽어야 할 때 GPT-4를 이용하면 적어도 무슨 말이 적혀 있는지, 무엇이 중요한 부분인지는 파악할 수 있습니다.

> **원 포인트**
>
> **알고 싶은 부분만 번역해 달라고 요청할 수 있습니다**
>
> 챗GPT 요약 결과는 상당히 우수해서 어느 정도 지식이 있는 분야라면 요약만으로 개요를 이해할 수 있을 정도입니다. 더 자세한 내용을 알고 싶다면 요약문 이후에 특정한 부분에 대해서 자세히 알려 달라고 입력하면 개별적으로 번역해 줍니다. 이미 입력된 내용을 챗GPT가 알고 있으므로 영어 원문을 다시 복사해서 붙여 넣지 않아도 됩니다. 아니면 다음 그림처럼 링크 주소와 자세히 알고 싶은 부분을 물어보는 방법도 있습니다.

그림 6-2 논문의 일부분만 요청하기

Section 068

이메일, SNS 글 작성이 고민될 때 편리합니다

한국어를 외국어로 번역하기

사용 AI 챗GPT

추천 포인트 한국어 번역은 물론이고 영어 번역도 가능합니다. 기술이나 예산이 없어 포기했던 영어 번역 작업을 누구나 무료로 이용할 수 있습니다. 이메일, SNS 글을 영어로 작성할 때 편리합니다.

[활용 예 ①] 한국어 문장을 영어로 번역하기

한국어로 번역하는 작업은 그렇다고 하더라도 영어로 번역하기는 보통 쉽지 않은 작업입니다. 하지만 챗GPT는 상당히 정확하게 번역해 줍니다. 정확성이 필요한 문장이라면 원어민의 확인 작업이 필요하겠지만 **일반적인 대화라면 챗GPT로 충분**합니다.

프롬프트 입력

다음 문장을 영어로 번역해 줘.
짜장면은 중국 요리에서 유래한 한국식 면 요리로, 춘장을 볶아 만든 짭짤하고 달콤한 검은색 소스를 삶은 면 위에 얹어 비벼 먹는 음식입니다. 돼지고기, 양파, 감자 같은 재료가 주로 들어갑니다.

응답

Jajangmyeon is a Korean noodle dish that originated from Chinese cuisine. It features a savory and sweet black sauce made by stir-frying *chunjang* (black bean paste), served over boiled noodles and mixed before eating. Common ingredients include pork, onions, and potatoes.

단순히 영어로 번역하는 것이 아니라 춘장이라는 단어의 간단한 설명도 추가해 줍니다.

> **HINT**
> **비슷한 프롬프트 예**
> - 다음 문장을 스페인어로 번역해 주세요.
> - 다음 문장을 중국어 간체로 번역해 주세요.
> - 다음 문장을 캐주얼한 영어로 번역해 주세요.
> - 다음 문장을 정중한 영어로 번역해 주세요.

[활용 예 ②] 영어 이외의 언어로 번역 가능

챗GPT는 영어를 잘하지만 그 외에도 주요 언어인 독일어, 프랑스어, 이탈리아어, 스페인어, 중국어, 일본어 등도 실용적인 수준의 번역 능력을 보입니다. 비즈니스 이메일이나 SNS 대화에서 이런 언어로 작성된 문장을 알고 싶을 때 한국어로 번역할 수 있고, 상대방에게 답장을 보내고 싶을 때도 고민할 필요 없이 챗GPT를 이용하면 됩니다. 다음은 한국어를 중국어로 번역한 예입니다.

프롬프트 입력

다음 문장을 중국어 간체로 번역해줘.
짜장면은 중국 요리에서 유래한 한국식 면 요리로, 춘장을 볶아 만든 짭짤하고 달콤한 검은색 소스를 삶은 면 위에 얹어 비벼 먹는 음식입니다. 돼지고기, 양파, 감자 같은 재료가 주로 들어갑니다.

응답

炸酱面是起源于中国料理的韩国面食，用炒制的甜咸黑色酱料（春酱）浇在煮熟的面条上拌着吃。主要食材包括猪肉，洋葱和土豆。

영어를 업무에 활용합시다

영어 비즈니스 이메일 작성하기

사용 AI 챗GPT

추천 포인트 문장 작성은 챗GPT 특기입니다. 상대방과 요건, 어투 등을 개괄적으로 알려 주면 때와 장소에 맞는 비즈니스 이메일을 작성하기가 식은 죽 먹기보다 쉽습니다.

요건과 어투를 개괄적으로 정리하면 끝

영어 실력이 좋지 않은 사람이라면 외국 거래처와 이야기한다는 생각만으로도 우울해집니다. 하지만 챗GPT를 이용해서 **요건이나 어투 등을 개괄적으로 정리하면 괜찮은 느낌으로 영어 비즈니스 이메일을 작성**할 수 있습니다.

프롬프트 입력

다음과 같은 비즈니스 이메일을 영어로 작성해 주세요.
받는 사람: Mr. John Anderson
요건: 두 번째 회의 시간을 정하기
날짜: 2월 12일 13시 이후 또는 2월 14일 오전이 비어 있습니다.
어투: 친한 사이가 아니므로 예의 바르게

응답

Subject: Scheduling a Follow-Up Meeting

Dear Mr. Anderson,

I hope this email finds you well.

Following up on our previous discussion, I would like to schedule a second meeting at your convenience. I am available on **February 12th after 1:00 PM** or during the **morning of February 14th**. Please let me know if any of these times work for you, or kindly suggest an alternative that suits your schedule.

I look forward to your response.

Best regards,
[Your Full Name]
[Your Position]
[Your Company Name]
[Your Contact Information]

이름과 회사명을 추가하면 완성

순식간에 정중한 비즈니스 이메일이 만들어졌습니다. 이제 제일 아래에 있는 [Your Full Name](이름), [Your Position](직책), [Your Company Name](회사명), [Your Contact Information](연락처)을 영어로 채워 넣으면 완성입니다. 영어 독해 실력에 자신이 있다면 작성된 내용을 직접 읽어 보고 챗GPT 번역 수준을 확인해 볼 수 있습니다. 반대로 자신이 없더라도 생성된 영어 문장을 그대로 챗GPT에서 한국어로 번역해 보면 내용과 어투를 확인할 수 있습니다.

참고로 이번에 생성한 비즈니스 이메일 내용을 한국어로 번역하면 다음과 같습니다.

응답(한국어 번역)

제목: 후속 회의 일정 조정

존경하는 Anderson님께,

안녕하세요. 잘 지내고 계시길 바랍니다.

이전에 논의한 내용을 바탕으로 두 번째 회의를 조율하고자 합니다. 저는 **2월 12일 13시 이후**나 **2월 14일 오전**에 시간이 비어 있습니다. 이 중 편하신 시간을 알려 주시면 감사하겠습니다. 만약 다른 시간이 더 편리하시다면 그에 맞는 일정을 제안해 주셔도 좋습니다.

답변을 기다리겠습니다.

감사합니다.
[당신의 이름]
[당신의 직책]
[당신의 회사명]
[당신의 연락처]

원 포인트

비즈니스 이메일 주의점

영어로 비즈니스 이메일을 작성할 때 주의할 점으로 직역을 피하기, 과도한 정중한 표현 피하기, 문화적 차이에 주의하기, 간접적인 표현 피하기 등이 있습니다.
이런 점을 생각할 때 챗GPT로 이메일을 작성하면 적어도 직역은 피할 수 있습니다. 그런 후에 지나치게 겸손한 표현 사용과 간접적인 표현으로 의도가 전달되지 않는가에 주의하면서 원문을 작성하면 됩니다.

Section 070

직접 쓴 영문을 더 좋은 표현으로
바꿀 수 있습니다

영문 첨삭 받기

사용 AI 챗GPT

추천 포인트 영어로 작문할 때 영어를 잘 아는 사람이 확인해 주면 좋겠다는 생각이 들 때가 있습니다. 이럴 때는 챗GPT에 첨삭 지도를 받고 조언에 따라 수정합시다.

문법 실수나 표현까지 교정하기

작성한 문장이 문법적으로 틀리지 않았는지, 더 좋은 표현이 없는지 알고 싶다면 작성한 텍스트를 그대로 복사해서 첨삭을 받습니다.

프롬프트 입력

다음 문장을 교정해 줘.
Yesterday, I thought that If I could guitar, I would make my band. And do live someday.
('만약 기타 칠 줄 알았다면 내 밴드를 만들어서 언젠가 라이브 공연을 해 보고 싶다고 어제 생각했다'라는 의미로 작성한 영어 작문)

 응답

다음과 같이 교정할 수 있습니다:
"Yesterday, I thought that if I could play the guitar, I would form a band and perform live someday."

몇 가지 수정된 부분이 있습니다. 수정된 결과만으로는 이해하기 어려우므로 설명을 들어 봅시다.

프롬프트 입력(계속)

설명해 주세요.

응답

물론입니다! 교정된 문장의 각 부분을 설명해 드리겠습니다:

1. **"Yesterday, I thought that if I could play the guitar, I would form a band and perform live someday."**
   - **Yesterday**: "어제"라는 의미로, 사건이 일어난 시간을 나타냅니다.
   - **I thought that**: "내가 생각했다"는 의미로, 과거에 어떤 생각을 했다는 것을 나타냅니다.
   - **if I could play the guitar**: "내가 기타를 칠 수 있다면"이라고 해석됩니다. 여기서 "could"는 가정법을 나타내며, 실제로 기타를 칠 수 없는 상황에서의 가정을 표현합니다. "play the guitar"는 기타를 연주하는 것을 의미합니다.
   - **I would form a band**: "나는 밴드를 결성할 것이다"로 해석됩니다. "would"는 "if" 조건문에서 가정적인 결과를 나타냅니다. "form a band"는 밴드를 만들거나 결성한다는 뜻입니다.
   - **and perform live someday**: "그리고 언젠가 라이브 공연을 할 것이다"입니다. "perform live"는 라이브로 공연을 하는 것을 의미하고, "someday"는 "언젠가"라는 뜻입니다.

주요 교정 포인트:
- "If I could guitar"는 자연스럽지 않아서 "If I could play the guitar"로 수정했습니다. "play the guitar"는 일반적으로 기타를 칠 때 사용되는 표현입니다.
- "make my band" 대신 "form a band"가 더 자연스럽고 적합한 표현입니다. "Form"은 밴드를 만드는, 결성하는 의미로 일반적으로 사용됩니다.
- "do live"는 어색하고 "perform live"로 고치는 것이 자연스럽습니다. "perform"은 공연을 하다라는 의미로 더 적합한 동사입니다.

따라서, 수정된 문장은 더 자연스럽고 문법적으로 맞는 표현이 됩니다.

아주 친절하게 수정한 부분을 설명해 줍니다. 완성된 문장은 여러분과 챗GPT가 함께 만든 것입니다. 수정한 내용을 바탕으로 테스트 문제를 작성해 보는 것도 좋습니다.

프롬프트 입력 (계속)

이번 수정 내용을 기억할 수 있도록 문제를 만들어 주세요.

응답

아래와 같은 문제를 만들어 보았습니다. 이 문제는 수정된 내용을 기억하는 데 도움이 될 것입니다:

문제 1: 문법 수정

다음 문장을 자연스럽고 정확한 영어로 수정하세요:

문장: "Yesterday, I thought that If I could guitar, I would make my band. And do live someday."

문제 2: 빈칸 채우기

다음 빈칸을 알맞은 표현으로 채우세요.

1. Yesterday, I thought that if I could _ _ _ _ _ _ the guitar, I would _ _ _ _ _ _ a band and _ _ _ _ _ _ live someday.

(힌트: "기타를 치다", "밴드를 만들다", "라이브 공연을 하다"라는 뜻의 동사를 사용하세요.)

이 문제들을 풀어 보면 교정된 내용을 기억하는 데 도움이 될 것입니다!

Section 071

잘 안 외워지는 영어 단어라면 활용해 보자

영어 단어 암기법 찾기

사용 AI 챗GPT

추천 포인트 영어를 배우다 보면 잘 안 외워지는 단어가 나옵니다. 꽤 고생하는 분이 많을 텐데 챗GPT로 단어의 의미를 파고들면 다양한 용법을 배우고 기억하기 쉬워집니다.

영어 단어 깊이 파악하기

이번에는 누구나 고생하는 영어 단어 학습입니다. **많은 단어가 여러 의미를 가지고 문맥에 따라 다양하게 번역됩니다.** 예를 들어 'kind'는 문맥에 따라 종류, 형태(명사), 친절한(형용사), 같은 종류의(형용사) 등 다양하게 번역됩니다. 조금이라도 신경 쓰이는 단어가 있다면 챗GPT에 물어봅시다. 분명 이해하는 데 도움을 줄 것입니다. 일반적으로 개입하다는 뜻으로 알고 있는 'intervene'을 예로 들어 봅시다.

프롬프트 입력

intervene 영어 단어를 자세히 설명해 줘.

 응답

Intervene
품사: 동사 (자동사)

---

1. 뜻
1. **중재하다, 개입하다**
   - 두 사람 또는 단체 사이의 갈등, 문제 상황에 개입하여 조정하거나 해결하려는

> 행동을 의미합니다.
> - Synonyms: mediate, intercede
> - 예시:
>   - *The teacher had to intervene to stop the fight.*
>   (선생님이 싸움을 멈추기 위해 개입해야 했다.)
> 2. **(사건이나 상황에) 끼어들다, 방해하다**
>   - 진행 중인 사건이나 상황에 방해가 되거나 영향을 주기 위해 갑작스럽게 끼어 드는 것을 뜻합니다.
>   - Synonyms: interfere, intrude
>   - 예시:
>   - *Don't intervene in their personal matters.*
>   (그들의 개인적인 문제에 끼어들지 마라.)
> 3. **발생하다, 일어나다**
>   - 어떤 두 사건 사이에서 어떤 일이 발생하거나 시간을 두고 간섭하게 되는 경우를 뜻합니다.
> … 생략 …

문맥에 따른 의미 차이를 예문과 함께 알기 쉽게 설명합니다

intervene 단어는 개입하다, 중재하다, 간섭하다 등 여러 의미의 번역을 예문과 함께 설명합니다. 첫 번째 뜻의 개입하다는 문제 해결이나 상황 개선을 위해 개입하는 것을 의미합니다. 또한 거기에서 파생되어서 대립이나 분쟁에서 영향을 주기 위해 끼어들다라는 의미로 확장되는 것을 알 수 있습니다. 이어, 또 다른 뉘앙스로 시간적으로 끼어든다는 느낌이 있다는 것도 설명합니다.

의미마다 예문이 있으므로 어떤 문맥에서 이용하는지 파악하기 좋고 미묘한 차이도 이해하기 쉽게 설명합니다. 영문을 읽다가 **도저히 의미가 잘 이해되지 않는 단어가 있을 때 챗GPT로 단어를 깊이 분석하면 다양한 용법을 알 수 있어서 기억하는 데 도움이 될 것입니다.**

Section 072

무료로 온라인 영어 회화를 학습합시다

챗GPT와 영어 대화 주고받기

사용 AI 챗GPT

추천 포인트 영어 회화 학습에는 실제 연습이 필수입니다. 챗GPT의 음성 대화 기능을 이용하면 온라인 영어 회화 학원을 이용하지 않아도 영어 회화를 연습할 수 있습니다.

무료로 온라인 영어 회화를 체험 가능

[009]에서 설명한 것처럼 챗GPT는 스마트폰 앱이 있어서 마이크와 스피커를 이용한 음성 입출력 기능을 활용할 수 있습니다. 즉, 키보드 등으로 글자를 입력하지 않아도 **음성으로 챗GPT와 대화**할 수 있습니다. 스카이프나 줌(Zoom) 같은 화상 통신 프로그램을 이용하는 온라인 영어 회화 학원은 편리하지만, 비용이 비싼 편입니다. 갑자기 처음 보는 사람과 대화하려면 긴장이 되는 사람도 많을 것입니다. 그럴 때는 우선 챗GPT와 대화해 봅시다.

그림 6-3 챗GPT와 영어 회화하기

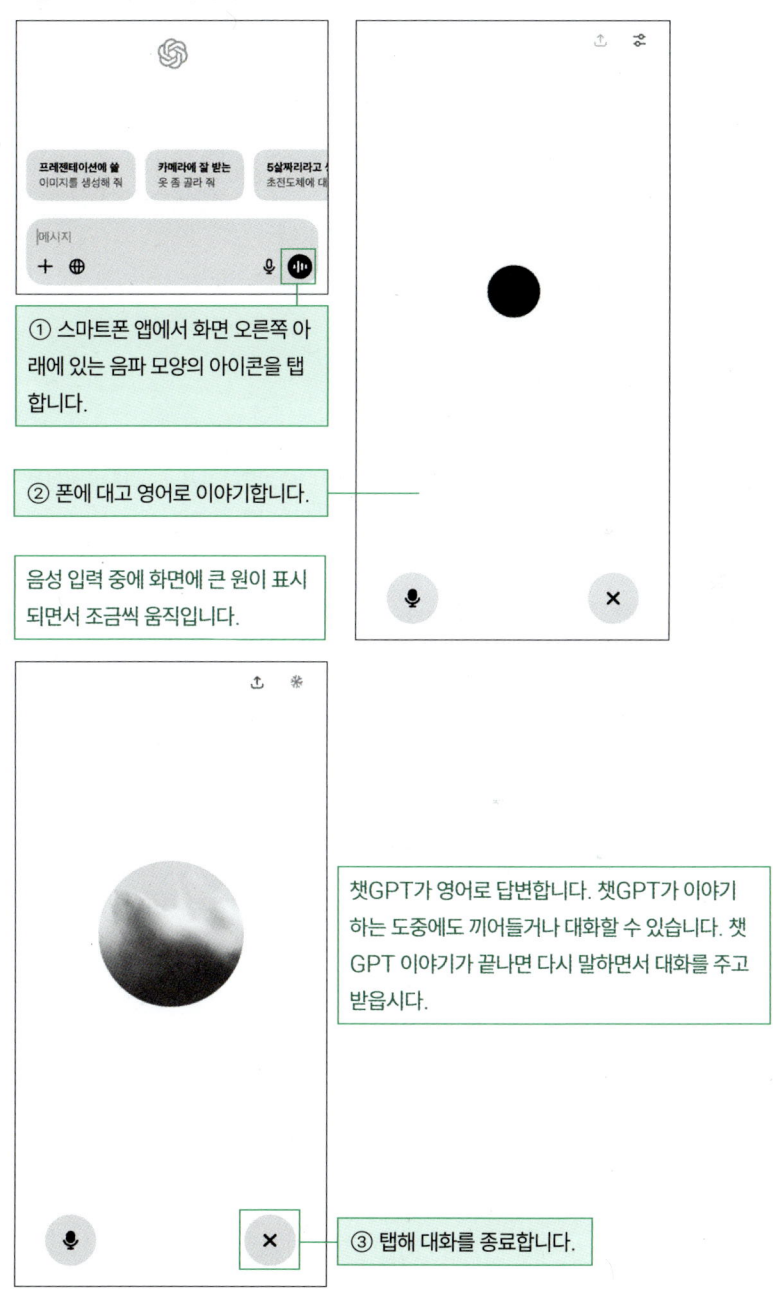

① 스마트폰 앱에서 화면 오른쪽 아래에 있는 음파 모양의 아이콘을 탭합니다.

② 폰에 대고 영어로 이야기합니다.

음성 입력 중에 화면에 큰 원이 표시되면서 조금씩 움직입니다.

챗GPT가 영어로 답변합니다. 챗GPT가 이야기하는 도중에도 끼어들거나 대화할 수 있습니다. 챗GPT 이야기가 끝나면 다시 말하면서 대화를 주고받읍시다.

③ 탭해 대화를 종료합니다.

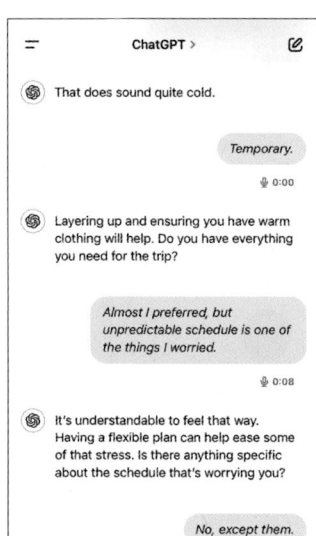

대화가 끝나면 대화 기록이 표시되고 나중에 확인하거나 복습할 수 있습니다.

HINT

한국어로 답변한다면?

가끔 영어로 이야기하던 중에 한국어로 챗GPT가 답변할 때가 있습니다. 그럴 때는 당황하지 말고 "영어로 해 주세요" 또는 "Could you speak English?"라고 말하면 됩니다.

Section 073

학습 목적에 맞는 교사를 준비합시다

GPTs로 나만의 영어 선생님 만들기

사용 AI 챗GPT 플러스

추천 포인트 프로그램 지식이 없어도 나만의 GPT를 작성할 수 있는 챗GPT 플러스의 GPTs([043] 참조)를 이용하면 학습 목적에 맞는 나만의 영어 선생님을 만들 수 있습니다.

영어 학습에 특화된 GPT 만들기

오리지널 GPT를 작성하는 데는 특별한 지식이 필요하지 않습니다. GPT에게 시킬 행동을 구체적으로 적으면 끝입니다. 앞으로 프로그래밍의 주류가 될 대화형 프로그래밍을 먼저 체험해 보세요.

그림 6-4 영어 학습에 특화된 GPT 만들기

프롬프트 입력

영어 단어를 입력하면 한국어로 자세한 예문과 함께 설명하는 영어 선생님을 만들고 싶습니다.

응답

이제 이름을 정해야 합니다. **"영단어 선생님"**은 어떨까요? 다른 좋은 아이디어가 있으면 말씀해 주세요! 😊

chapter 06 영어 학습을 돕는 생성형 AI 283

영어 단어 설명에 특화된 GPT를 만들고 싶어서 이런 프롬프트로 요청하니 바로 만들어 줍니다.

사용하기

완성한 오리지널 GPT에 '영단어 선생님'이라고 이름을 붙였습니다. DALL-E 3으로 자동 작성된 아이콘을 사용합니다.

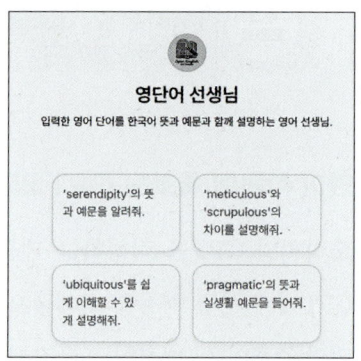

그림 6-5 만든 GPT 사용하기

예를 들어 'unleash' 단어에 대해 물어보면 다음과 같은 예문으로 자세한 용법을 설명합니다. 일반 챗GPT라면 'unleash 영어 단어의 의미를 한국어로 자세한 예문을 들어서 설명해 주세요'라고 프롬프트를 입력해야 하지만, **단어 하나만 입력해도 예문과 자세한 설명을 받을 수 있습니다.**

이렇게 영어 단어 설명에 특화된 GPT를 작성하면 영어 공부가 아주 편해집니다.

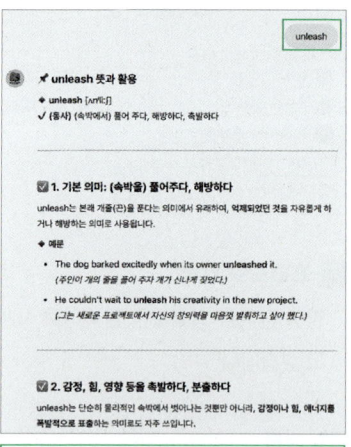

그림 6-6 자세히 알려 주는 '영단어 선생님' GPT

영어 단어 하나만 입력해도 의미, 예문, 설명을 자세히 알려 줍니다.

Section 074

독일에서 만든 AI 번역 앱

챗GPT보다 우수한 DeepL로 영문을 번역하자

사용 AI DeepL(https://www.deepl.com/ko/translator)

추천 포인트 DeepL은 2017년 서비스를 시작한 독일에서 만든 AI 번역 서비스입니다. 높은 번역 품질로 유명하므로 챗GPT 번역에 아쉬움이 있을 때나 비즈니스에 활용할 때 편리합니다.

DeepL이란?

DeepL은 합성곱 신경망(Convolutional Neural Network, CNN)이라는 머신러닝 기법으로 개발된 AI 번역 앱입니다. 앱과 웹 브라우저 확장 기능으로 이용할 수 있습니다. 무료 버전은 최대 1,500자까지 번역할 수 있습니다. 유료 플랜을 이용하면 텍스트를 무제한으로 번역할 수 있고 보안 수준도 향상됩니다.

[활용 예 ①] 웹 브라우저에서 번역하기

가장 간단한 방법은 DeepL 공식 사이트에 웹 브라우저로 접속해 번역하고 싶은 문장을 붙여 넣는 방법입니다.

그림 6-7 웹 브라우저에서 번역하기

① 번역하고 싶은 문장을 선택해서 복사합니다.

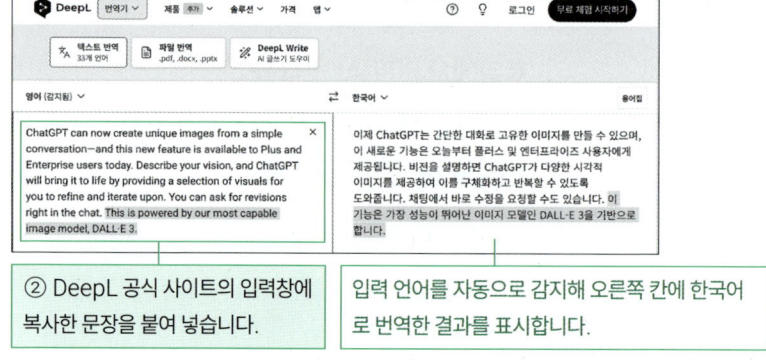

② DeepL 공식 사이트의 입력창에 복사한 문장을 붙여 넣습니다.

입력 언어를 자동으로 감지해 오른쪽 칸에 한국어로 번역한 결과를 표시합니다.

[활용 예 ②] 웹 브라우저의 확장 기능 이용해 번역하기

크롬 같은 웹 브라우저용 DeepL 확장 기능을 설치하면 번역하고 싶은 영문을 선택했을 때 바로 번역할 수 있는 버튼이 표시됩니다.

그림 6-8 DeepL의 확장 기능을 이용해 번역하기

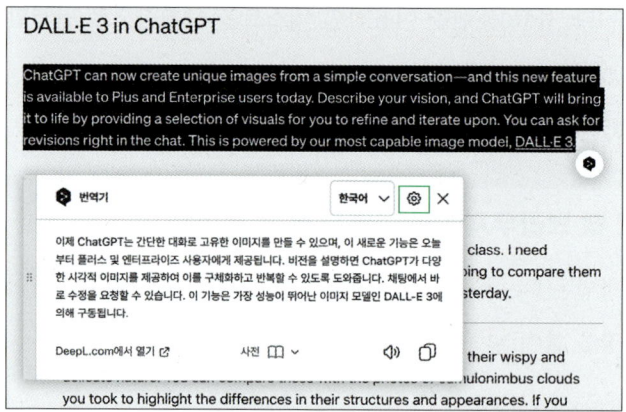

번역하고 싶은 영문을 웹 브라우저에서 선택하면 확장 기능이 실행되면서 바로 번역 결과를 표시하는 아이콘이 표시됩니다.

[활용 예 ③] 확장 기능 + 데스크톱 앱을 이용해 번역하기

DeepL 데스크톱 앱을 설치하면 번역하고 싶은 문장을 선택해서 Ctrl + C (맥은 Command + C)를 두 번 눌러서 앱에서 선택한 문장을 자동으로 입력하고 번역까지 한꺼번에 할 수 있습니다.

그림 6-9 DeepL 데스크톱 앱을 이용해 번역하기

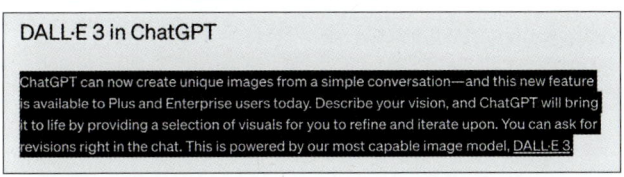

① 번역하고 싶은 문장을 선택하고 Ctrl + C (맥은 Command + C)를 두 번 누릅니다.

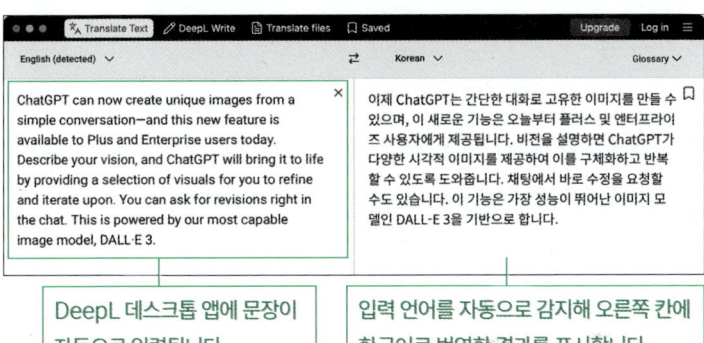

Section 075

마이크로소프트의 AI 어시스턴트

윈도우에서 바로 쓸 수 있는
코파일럿으로 웹 기사 번역하기

사용 AI 코파일럿

추천 포인트 코파일럿은 챗GPT와 마찬가지로 GPT-4을 이용한 마이크로소프트의 AI 어시스턴트입니다. 윈도우 11은 웹 브라우저 등의 사이드바에서 이용할 수 있습니다.

코파일럿과 함께 웹 브라우징

마이크로소프트의 코파일럿은 챗GPT와 마찬가지로 OpenAI의 LLM을 이용한 AI 어시스턴트입니다. 윈도우 11부터 OS와 결합되어서 작업 표시줄 아이콘을 클릭하거나 단축키를 누르면 화면 오른쪽에 사이드바로 표시되고 웹 브라우저 엣지 등의 앱과 함께 이용할 수 있습니다.[2]

---

[2] 역주 마이크로소프트가 의욕적으로 추진하던 코파일럿과 윈도우 기능 통합은 개인 정보 보호 문제 때문에 앞으로도 방향성이 바뀔 가능성이 있습니다.

그림 6-10 엣지에서 코파일럿 사용하기

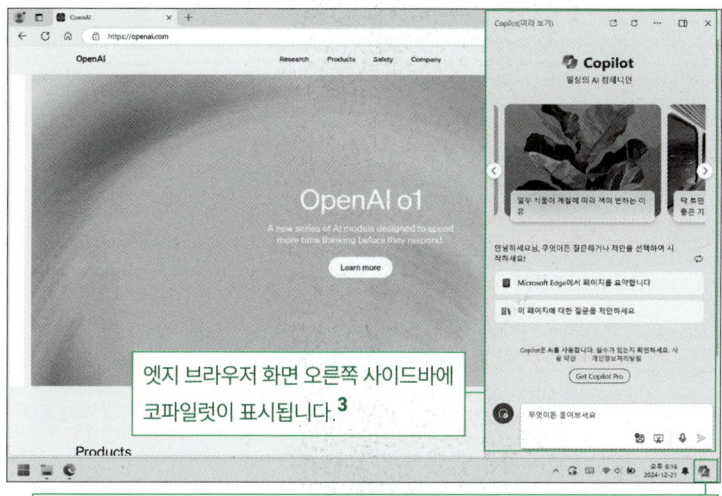

① 엣지 브라우저를 연 상태로 작업 표시줄에 있는 코파일럿 아이콘을 클릭합니다.

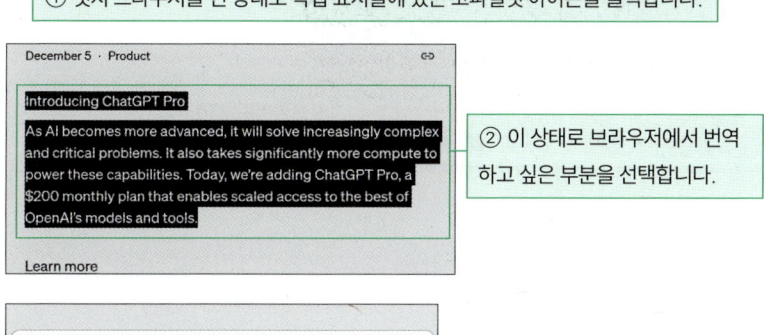

② 이 상태로 브라우저에서 번역하고 싶은 부분을 선택합니다.

③ 선택한 내용을 복사해 코파일럿 창에 붙여 넣고 프롬프트로 '한국어로 번역해줘'를 입력합니다.

---

3 윈도우 업데이트에 따라 예제와 다른 화면이 표시될 수 있습니다.

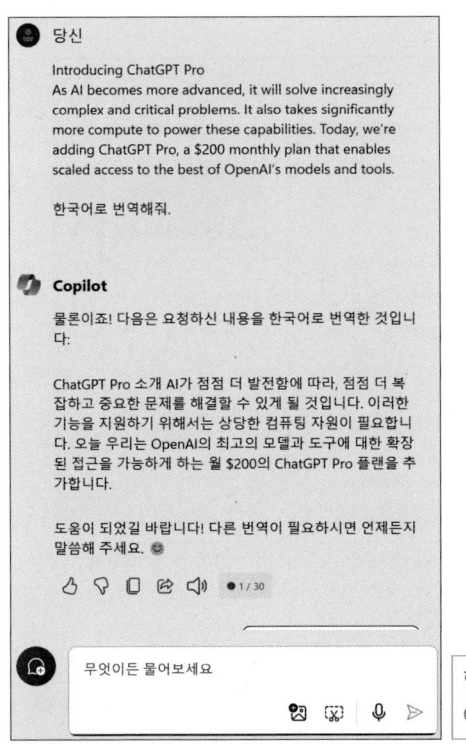

한국어로 번역되었습니다. 번역뿐만 아니라 요약 등도 가능합니다.

HINT
챗GPT와 차이점은? 코파일럿의 장점은?

마이크로소프트 계정이 있는 윈도우 11 사용자라면 누구나 무료로 코파일럿을 이용할 수 있습니다. 챗GPT 무료 버전에서는 몇 번 밖에 쓰지 못하는 GPT-4o나 DALL-E 3 같은 최신 모델도 무료로 이용할 수 있다는 점이 놀랍습니다.

Section 076

크롬 브라우저에 통합된 기능으로 이용하기 편합니다
다양한 언어를 지원하는 점이 장점인 구글 번역

사용 AI 구글 번역(https://translate.google.com/)

추천 포인트 구글 번역은 구글이 2006년부터 무료로 제공하는 번역 서비스입니다. 웹 브라우저 크롬과 통합되어서 외국어 웹페이지를 한국어로 표시할 수 있어서 편리합니다.

구글 번역의 장점

구글 번역은 웹 브라우저 또는 모바일 앱에서 이용할 수 있습니다. 2016년부터 번역 알고리즘이 신경망을 이용하도록 바뀌었습니다. **최대 특징은 130개를 넘는 언어에 대응**하는 점입니다. 다른 번역 서비스가 제공하는 주요 언어는 물론이고 칸나다어(인도 남부), 말라가시어(마다가스카르) 같은 덜 알려진 언어부터 대만어, 하카어(광둥성) 같은 중국어 종류에도 대응하는 점이 매력적입니다.
웹 브라우저 크롬과 완벽하게 통합되어 단어 하나부터 웹페이지 전체까지 다양한 방법으로 번역할 수 있습니다.

기본적인 번역 방법

다른 번역 앱과 마찬가지로 문장을 복사해서 붙여 넣어서 이용합니다. 이미지나 문서를 업로드해서 번역할 수도 있습니다.

그림 6-11 구글 번역

이미지, 문서 등을 클릭하면 이미지나 문서(워드 등)를 업로드해 번역할 수 있습니다.

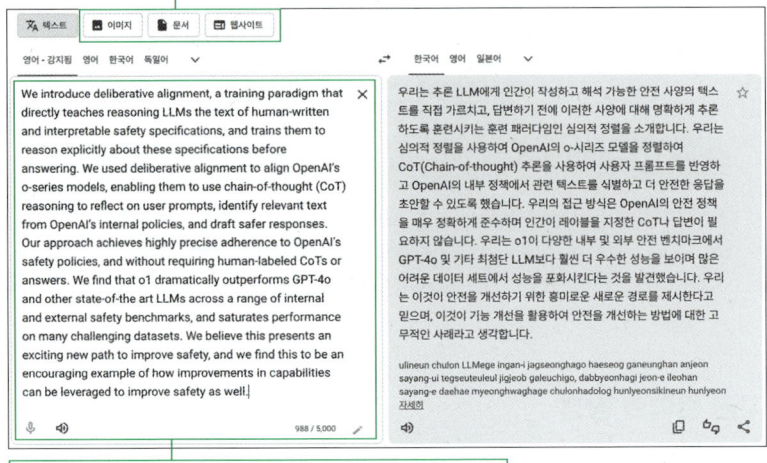

영문을 복사해 붙여 넣으면 오른쪽 칸에 번역되어 나옵니다.

번역할 수 있는 언어가 압도적으로 많습니다

구글 번역의 강점은 압도적으로 많은 언어를 지원하는 점입니다. 화면 오른쪽 위에 있는 [∨](언어 검색하기)를 클릭하면 지원 언어의 목록이 표시됩니다. 다만 소수 언어는 영어로 번역한 후에 다시 번역하는 경우가 많습니다.

그림 6-12 다양한 언어를 지원하는 구글 번역

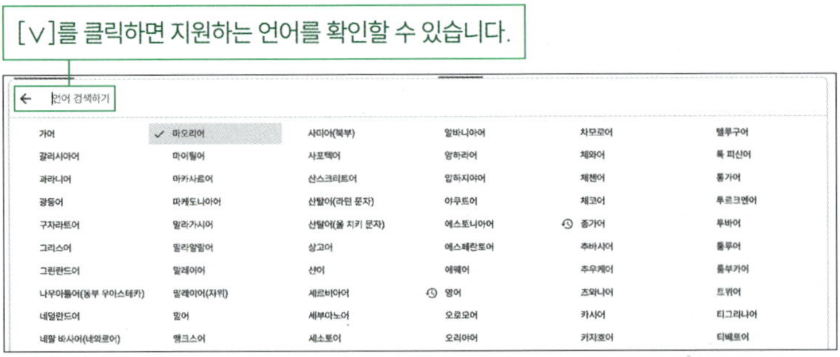

[∨]를 클릭하면 지원하는 언어를 확인할 수 있습니다.

웹페이지 전체를 편하게 번역하기

구글 번역의 또 다른 장점은 웹페이지 전체를 번역할 수 있는 점입니다. 크롬 브라우저에 해당 기능이 내장되어 있어 영어 사이트를 열었을 때 주소창에 표시되는 [이 페이지를 번역하기]를 클릭하기만 하면 페이지 전체를 번역할 수 있습니다.

그림 6-13 웹페이지 전체 번역하기

영어 사이트를 열어 주소창에 표시되는 [이 페이지를 번역하기]를 클릭해 [한국어]를 선택하면 페이지 전체를 한국어로 번역할 수 있습니다.

COLUMN

자동 번역의 진화와 영어 학습의 미래

AI 기술의 발전으로 자동 번역 기술이 크게 향상되면서 언어 장벽이 낮아지고 글로벌 커뮤니케이션이 쉬워지고 있습니다. 이에 따라 일부에서는 '앞으로 언어 학습의 중요성이 줄어들지 않을까?'라는 논의도 있습니다. 기술 진화가 멈추지 않는 세상이지만, 그럼에도 영어 학습의 가치는 변함없이 중요하다고 필자는 생각합니다.

물론 자동 번역은 편리하지만 그것만으로는 언어의 본질적인 아름다움과 문화적인 깊이를 완전히 파악할 수는 없습니다. 언어 학습은 단순히 단어나 문법을 외우는 것 이상입니다. 다른 문화를 이해하고 서로 다른 시점을 체험하는 수단입니다. 영어를 배우면 전 세계의 문화와 아이디어에 접근할 수 있습니다. 그리고 언어를 배우는 과정은 사고력과 창의력을 향상시키고 뇌 기능도 강화할 수 있습니다.

게다가 영어 학습은 국제 비즈니스나 학술적 커뮤니케이션에서 성공하기 위한 열쇠이기도 합니다. 자동 번역으로 포착할 수 없는 미묘한 뉘앙스와 의도를 이해하려면 언어 자체에 대한 깊은 이해가 필요합니다. 아울러 언어를 배우면 자기 표현 능력이 향상되고 자신감을 키우는 데도 큰 도움이 됩니다.

생성형 AI, 챗GPT 같은 도구는 이런 학습에 이용할 수 있지만, 어디까지나 보조적인 도구입니다. 이런 AI 도구는 실용적인 회화 연습이나 맞춤형 학습 체험을 제공해 학습자의 동기를 부여하는 데 도움이 되지만, 언어의 본질적인 이해는 인간의 통찰력이 빠질 수 없습니다.

끝으로 자동 번역의 발전은 언어 학습을 불필요하게 만드는 것이 아니라, 좀 더 효과적으로 즐겁게 배우기 위한 도구로 작용합니다. 영어 학습의 동기는 의사소통 능력 향상뿐만 아니라 다른 문화의 이해와 유대감을 높이기 위해서입니다. 이렇듯 AI 발전과 함께 영어 학습은 계속 변화하면서 진화할 것입니다.

chapter

07

다양한 용도의 이미지 생성 AI

이미지 크리에이터는 무료로 이용할 수 있습니다
이미지 생성 모델, DALL-E 3을 무료로 이용하기

사용 AI 이미지 크리에이터(https://www.bing.com/images/create)

추천 포인트 OpenAI의 이미지 생성 AI인 DALL-E 3을 이용하려면 유료 버전 챗 GPT 플러스를 등록해야 하지만, 마이크로소프트의 이미지 크리에이터를 이용하면 무료로 이미지를 생성할 수 있습니다.

무료로 고기능 이미지 생성 AI 사용하기

마이크로소프트의 **이미지 크리에이터(Image Creator, 이전 이름은 Bing Image Creator)**는 챗GPT 플러스에서 이용할 수 있는 최신 이미지 생성 AI인 **DALL-E 3을 이용해 무료로 일러스트를 제작**할 수 있습니다. 이용하려면 마이크로소프트 계정으로 로그인하고 원하는 이미지를 프롬프트에 설명하면 끝입니다. 예를 들어 프롬프트에 한국어로 '한국 스타일로 설날을 만끽하는 용'을 입력하고 **[만들기]**를 클릭하면 이미지를 생성합니다.

그림 7-1 이미지 크리에이터로 이미지 만들기

지시에 따라 이미지 4개가 생성됩니다.

> **HINT**
> **이미지에는 워터마크가 포함되어 있습니다**
> 이미지 크리에이터로 만든 이미지는 눈에 보이지 않는 워터마크(watermark)가 자동으로 포함되므로, AI 생성 이미지라는 사실은 물론이고 작성자, 작성일, 프롬프트 같은 정보도 빠짐없이 기록됩니다.

[아이디어 탐색]을 클릭하면 다양한 예제 이미지를 볼 수 있습니다. 영어 프롬프트로 생성된 것이 많으므로 영어로 프롬프트를 작성할 때 도움이 됩니다.

그림 7-2 다양한 생성 이미지

[아이디어 탐색] 탭을 클릭하면 생성 이미지 예시를 볼 수 있습니다.

> **HINT**
> **부스트**
> 프롬프트 입력란 옆에 표시되는 숫자는 부스트입니다. 이것은 마이크로소프트 계정을 작성하면 받을 수 있는 포인트로, 이미지 생성 속도를 높일 수 있습니다. 마이크로소프트 리워드 포인트를 이용해 부스트로 교환할 수 있습니다.

모바일에서도 생성할 수 있습니다

모바일에서는 코파일럿 앱이나 웹 브라우저(크롬, 사파리의 경우)에서 이미지 크리에이터에 로그인해 이용할 수 있습니다.

그림 7-3 모바일에서도 이미지를 만들 수 있습니다.

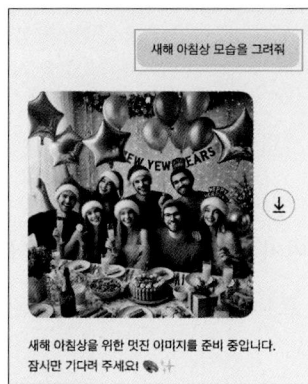

모바일에서도 사용법은 같습니다. 다음은 코파일럿 앱을 사용한 예인데 원하는 이미지에 대한 설명을 입력하면 됩니다.

HINT

제약 사항이 많은 콘텐츠 정책

콘텐츠 정책을 위반한 프롬프트는 경고가 표시됩니다. 콘텐츠 정책은 https://www.bing.com/images/create/contentpolicy에서 확인할 수 있습니다. 실존 인물이나 타인의 지적재산권에 해당하는 캐릭터, 성인물이나 폭력 관련 이미지 등이 해당합니다.

그림 7-4 이미지 크리에이터 사용에 대한 콘텐츠 정책

Microsoft Bing의 Image Creator사용에 대한 콘텐츠 정책

마지막 업데이트: 2022년 10월 10일

Microsoft는 개인이나 사회에 피해를 줄 수 있는 콘텐츠를 생성하는 데 Image Creator를 사용하는 것을 금지합니다. 당사의 콘텐츠 정책은 당사 플랫폼의 안전성을 개선하기 위한 것입니다.

착취 및 학대

Microsoft는 Image Creator를 사용하여 다음을 포함하되 이에 국한되지 않는 성 착취를 묘사, 포함 또는 조장하는 성인 콘텐츠 또는 콘텐츠를 생성하는 것을 금지합니다.

- 아동 성 착취, 학대, 아동 성희롱
- 미용
- 동의 없이 친밀한 활동
- 성매매
- 인신매매

개인 피해

자살 및 자해

Microsoft는 Image Creator를 사용하여 개인이 자해하거나 목숨을 잃도록 칭찬, 지원, 조장, 미화, 격려 및/또는 지시하는 콘텐츠를 생성하는 것을 금지합니다.

폭력적인 콘텐츠 및 행위

노골적인 폭력과 유혈

Microsoft는 Image Creator를 사용하여 노골적인 폭력이나 유혈을 묘사하는 콘텐츠를 생성하는 것을 금지합니다.

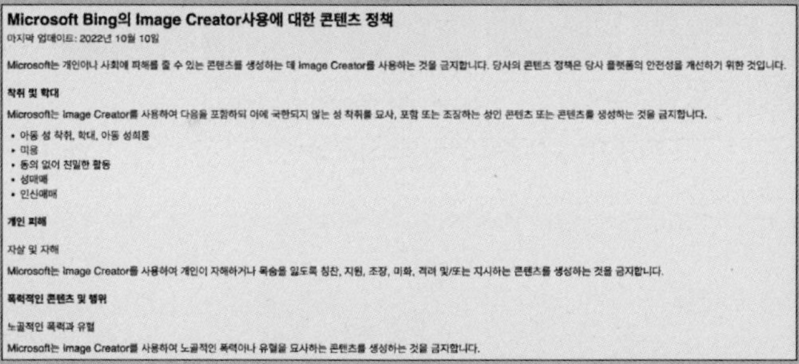

신비하고 미래적인 일러스트를 생성합니다
예술적인 화풍이 매력적인 미드저니 체험하기

사용 AI 미드저니(https://www.midjourney.com/)

추천 포인트 미드저니는 가장 먼저 서비스를 시작한 이미지 생성 AI 중 하나입니다. 무척 아름답고 예술적인 화풍으로 일러스트를 생성할 수 있는 점이 가장 큰 매력입니다.

미드저니 이용하기

미드저니(Midjourney)는 2022년 7월에 서비스를 시작한 이미지 생성 AI 서비스입니다. 처음에는 무료 플랜도 있었지만, 현재는 월 10달러부터 시작하는 유료 플랜 가입이 필수입니다.

미드저니 특징은 세련된 화풍입니다. AI 같거나 애니메이션 느낌이 나는 모델도 많지만, 미드저니는 일관되게 사이버펑크나 리얼 판타지 계통의 그림에 특화된 경향입니다. 신비롭고 미래적인 일러스트를 제작하고 싶다면 미드저니 서비스가 적합합니다.

신규 사용자는 미드저니 홈페이지에서 [Sign Up]을 클릭해 가입합니다. 가입에는 채팅 서비스 디스코드(Discord)나 구글 아이디가 필요합니다. 디스코드를 선택하면 다음과 같은 가입 메시지가 표시됩니다.

그림 7-5 미드저니

① 클릭

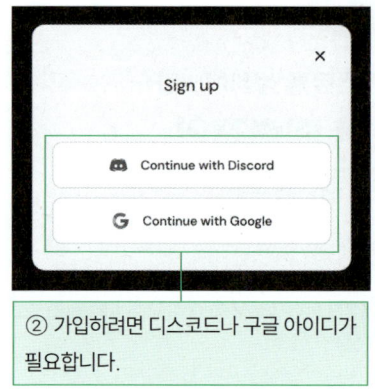
② 가입하려면 디스코드나 구글 아이디가 필요합니다.

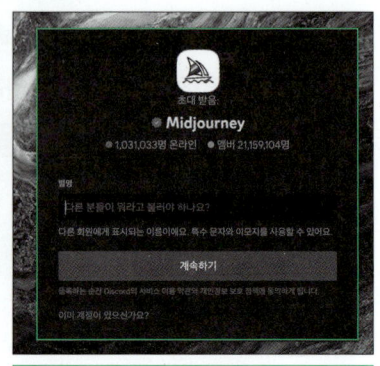
디스코드를 선택하면 다음과 같은 가입 메시지가 표시됩니다.

이미지 생성 방법

디스코드 초보자 채널에서 그리고 싶은 이미지의 키워드(프롬프트)를 입력하면 이미지를 생성할 수 있습니다.

그림 7-6 이미지 만들기

① 디스코드 초보자 채널 메시지 입력란에 프롬프트 입력

/imagine을 입력한 후에 new years day cuisine(새해 요리)을 입력했습니다.

② 프롬프트를 입력하고 Enter 를 누르면 이미지가 생성됩니다.

자동으로 4장의 이미지가 생성됩니다. [U1]을 클릭하면 첫 번째 이미지가 확대(업스케일)되고, [V1]을 클릭하면 첫 번째 이미지에서 파생된 변형 이미지가 생성됩니다.

> **HINT**
>
> **자신의 이미지 목록 표시하기**
>
> 미드저니에서 작성한 이미지는 디스코드뿐만 아니라 미드저니 웹사이트에 로그인해 목록을 확인할 수 있습니다. 예전에는 디스코드에서만 이미지를 만들 수 있었지만 최근에는 웹에서도 작성할 수 있습니다.
>
> **그림 7-7** 만든 이미지 목록
>
>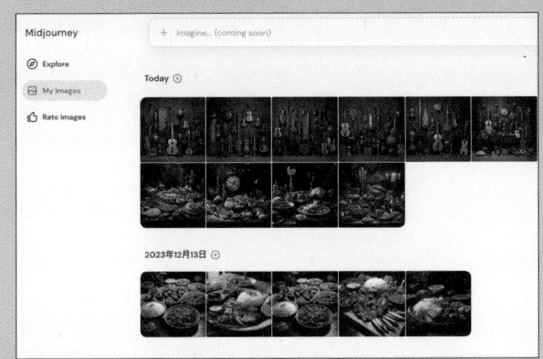

> **HINT**
>
> **명령어 배워 보기**
>
> 미드저니는 /imagine과 같은 /로 시작하는 명령어가 많습니다. 잘 이용하면 다채로운 이미지를 생성할 수 있습니다. 영어만 지원해서 조금 어려울 수 있지만 사용법을 설명한 웹사이트 등을 찾아보면서 잘 익혀 보세요.
>
> - 명령어 목록
>
>   https://docs.midjourney.com/docs/command-list

Section 079

생성형 AI 초창기부터 유명했습니다

PC에서 이미지를 생성할 수 있는 스테이블 디퓨전

사용 AI 스테이블 디퓨전(https://stability.ai/)

추천 포인트 스테이블 디퓨전은 영국 Stability AI가 제공하는 오픈 소스 이미지 생성 AI입니다. 모델을 내려받아 자신의 PC에서 제한 없이 이미지를 생성할 수 있는 점이 매력입니다.

스테이블 디퓨전이란?

웹 브라우저에서 스테이블 디퓨전을 이용할 수 있는 서비스도 있지만 (다음 [080] 참조), 스테이블 디퓨전은 모델 및 WebUI(모델을 이용하기 위한 도구로 여러 종류가 있습니다)를 이용해 자신의 PC에서 이미지를 생성하는 사용자가 많은 점이 특징입니다.

엔비디아 하이엔드 GPU가 필수인 등 진입 장벽이 높기 때문에 사용법은 생략합니다. 스테이블 디퓨전으로 생성한 이미지는 상업적으로 이용할 수 있지만, 학습에 사용된 이미지가 상업적 이용을 허용하지 않는 경우에는 문제가 될 수 있으므로 주의해야 합니다.

스테이블 디퓨전 XL

스테이블 디퓨전 XL은 OpenAI의 DALL-E 3과 마찬가지로 텍스트나 이미지에서 새로운 이미지를 생성하는 AI 모델입니다. 방대한 데이터셋으로 훈련된 최신 기반 모델 스테이블 디퓨전 XL은 기존 모델이 비해 이미지 해상도와 화질이 향상되었고 생성 속도도 빨라졌습니다.

그림 7-8 스테이블 디퓨전 XL

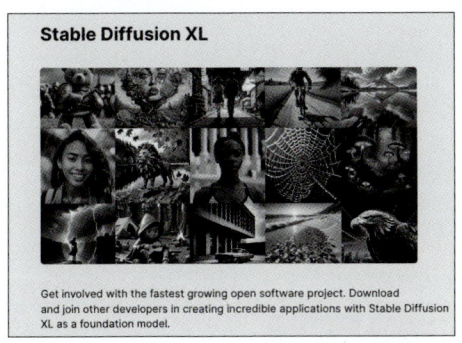

스테이블 디퓨전 WebUI

많은 사용자가 있는 스테이블 디퓨전 WebUI(Stable Diffusion WebUI) 화면을 소개합니다. 프롬프트 이외에도 다양한 매개변수를 조정할 수 있습니다. 오픈 소스이므로 대응하는 확장 기능 등이 활발하게 공개되어 있어 약간의 실력만 있으면 자유롭게 AI 이미지를 생성할 수 있습니다.

그림 7-9 스테이블 디퓨전 WebUI

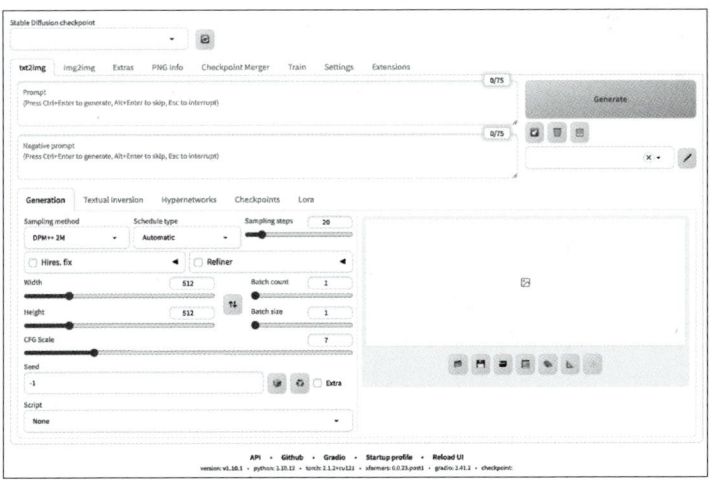

참고: https://github.com/AUTOMATIC1111/stable-diffusion-webui

> **HINT**
>
> **더욱 빨라진 SDXL Turbo**
>
> 스테이블 디퓨전 같은 이미지 생성 AI는 보통 20~40 단계 정도를 처리해 이미지를 생성하지만, 고속화된 SDXL Turbo는 고품질 이미지를 단 1~4 단계로 생성할 수 있습니다. 그 결과, 환경에 따라 다르지만 1초 정도면 이미지를 생성할 수 있게 되었으며, 드디어 AI 생성 동영상도 가능해졌습니다.
>
> **그림 7-10** SDXL Turbo
>
>

Section 080

인터넷으로 고기능 생성형 AI 이용하기

스테이블 디퓨전을
웹 브라우저에서 사용하기

사용 AI 드림 스튜디오(https://dreamstudio.ai/generate)

추천 포인트 자신의 PC가 아니라 인터넷으로 스테이블 디퓨전을 이용하고 싶을 때 드림 스튜디오를 사용합니다. 유료이지만 종량제이므로 사용한 만큼만 지불하고 부담 없이 이용할 수 있습니다.

드림 스튜디오 이용하기

스테이블 디퓨전은 주로 로컬 PC에서 이용하지만, **드림 스튜디오(DreamStudio)라는 웹 브라우저에서 이용할 수 있는 서비스도 제공**합니다. 프롬프트, 네거티브 프롬프트는 물론이고 업스케일(확대), 참조 이미지를 바탕으로 이미지를 생성하는 이미지 투 이미지(Image2Image)도 지원하며, 처음부터 이미지를 생성하는 것이 아니라 생성된 이미지를 바탕으로 디테일을 추가하는 사용법도 있습니다.

그림 7-11 드림 스튜디오를 이용해 이미지 만들기

① [Prompt] 입력란에 프롬프트(영어) 입력

입력한 프롬프트는 An underground city, filled with steam-powered trains, strange creatures, and intricate tunnels and cave systems, dark, detailed, subterranean, steampunk입니다.

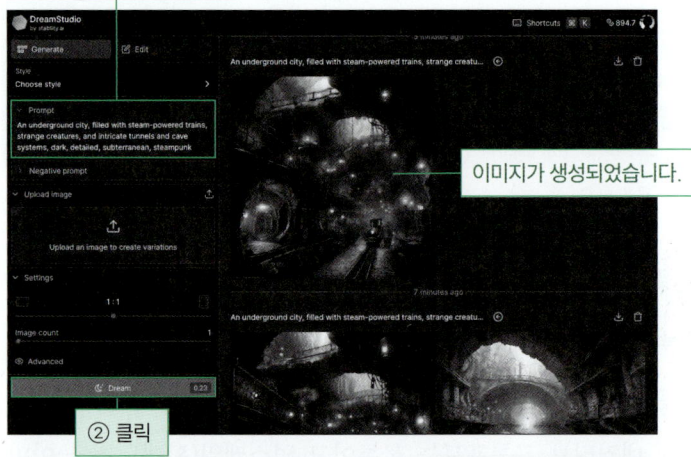

이미지가 생성되었습니다.

② 클릭

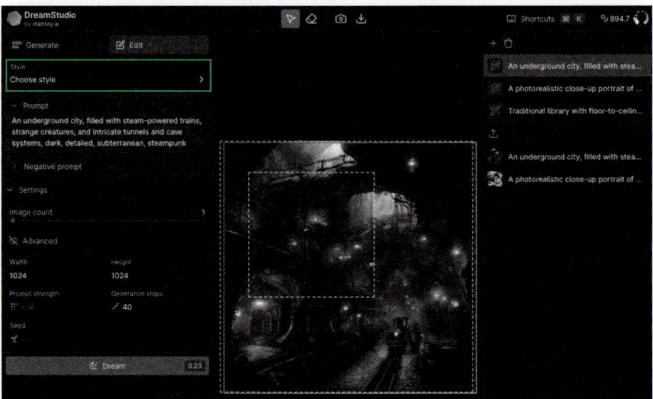

[Style]을 선택하면 화풍을 간단히 변경할 수 있습니다.

> **HINT**
> **작성된 이미지 정보**
> 작성된 이미지에는 프롬프트 등의 정보가 전부 기록됩니다. 다른 사람의 작품에서 프롬프트를 참고하는 것도 좋습니다.

> **HINT**
> **이용 요금 정보**
> 크레딧을 구매하여 사용하는 종량 요금제로 1,000 크레딧(10 달러)로 약 5,000장의 이미지를 생성할 수 있습니다.

> **HINT**
> **더욱 세밀한 수정도 할 수 있습니다**
> [Edit] 화면에서는 여러 이미지를 레이어로 겹치거나 이미지 일부를 지우는 등 세밀한 수정을 할 수 있습니다. 완성된 이미지는 PNG 파일로 저장할 수 있습니다.

Section 081

스테이블 디퓨전 기반의 기능도 제공합니다

편리한 AI 그림 그리기 도구 모음, 클립드롭을 사용하기

사용 AI 클립드롭(https://clipdrop.co/)

추천 포인트 클립드롭은 AI를 이용해 이미지를 생성, 편집하는 도구를 다양하게 모아 둔 서비스입니다.

클립드롭 이용하기

클립드롭(Clipdrop)에는 AI를 활용한 강력한 이미지 편집용 도구가 다양하게 모여 있습니다.

최신 이미지 생성 AI 모델 **스테이블 디퓨전 XL, SDXL Turbo를 이용한 이미지 생성은 물론이고 배경 제거, 객체 제거, 이미지 업스케일링 같은 다양한 편집 기능을 제공**합니다. 각 기능을 클릭해 이미지를 업로드하면 바로 사용할 수 있습니다. 무료는 제한된 기능만 제공하므로 모든 기능을 이용하려면 월 13달러(연간 월 9달러)의 프로 플랜에 가입해야 합니다.

그림 7-12 클립드롭

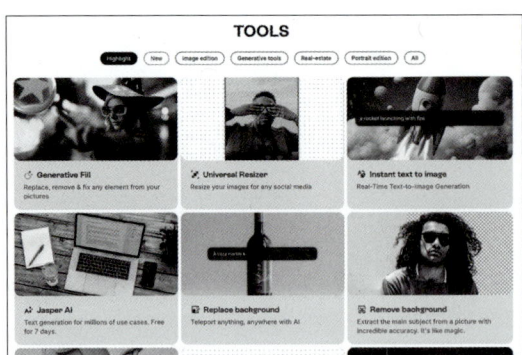

이미지 생성, 배경 제거, 객체 제거 등 편리한 기능을 웹 브라우저에서 이용할 수 있습니다. 이미지 생성은 스테이블 디퓨전을 이용하는 기능도 있습니다.

Reimagine

Reimagine은 스테이블 디퓨전으로 한 장의 이미지에서 여러 가지로 변형된 이미지를 생성할 수 있는 기능입니다.

그림 7-13 Reimagine

> 가지고 있는 사진을 웹 브라우저에 드래그 앤 드롭해서 업로드하면 자동으로 다양한 분위기의 이미지를 생성합니다.

Sketch to Image

Sketch to Image는 마우스로 그린 낙서를 몇 초만에 실제 이미지로 변환할 수 있는 도구입니다.

그림 7-14 Sketch to Image

> 웹 브라우저에서 마우스로 그림을 그리고 프롬프트를 입력한 다음 [Generate]를 클릭하면 낙서가 이미지로 변환됩니다.

Cleanup

Cleanup은 사진에서 객체, 인물, 텍스트 등을 깔끔하게 제거하는 도구입니다.

그림 7-15 Cleanup

마우스로 지우고 싶은 부분을 마스킹하고 [Clean]을 클릭하면 해당 부분이 자연스럽게 사라집니다.

Section 082

프롬프트 작성이 어렵다면
챗GPT로 이미지 생성 프롬프트를 만들기

> **사용 AI** 챗GPT 등

> **추천 포인트** DALL-E 3, 미드저니, 스테이블 디퓨전 같은 이미지 생성 AI에서 원하는 이미지를 만드는 핵심은 프롬프트입니다. 챗GPT와 상담하면 좋은 프롬프트를 만들 수 있습니다.

프롬프트를 챗GPT에 상담하기

자연어 프롬프트로 이미지를 생성하는 텍스트 투 이미지(Text2Image) 형식의 AI는 얼마나 적절한 프롬프트를 작성할 수 있는지가 중요합니다. 그렇지만 프롬프트만으로 원하는 그림을 그리는 일이 얼마나 어려운지는 이미지 생성 AI를 써 본 적이 있는 분이라면 누구나 느꼈을 것입니다. 그렇다면 딱 맞는 프롬프트를 챗GPT가 만들어 준다면 어떨까요? 이번에는 이미지 생성 결과가 잘 나올 수 있도록 학습된 데이터가 많은 영어로 프롬프트를 작성해 보겠습니다.

프롬프트 입력

DALL-E 3으로 고대 유적지의 돌기둥 사이를 활강하면서 달리는 로봇 그림을 그릴 수 있도록 프롬프트를 영어로 작성해 줘.

응답

An advanced robot performing a slalom between stone pillars of an ancient ruin, showcasing agility and speed, with detailed ancient carvings on the pillars, set in a lush, overgrown jungle

> environment. The scene is dynamic, capturing the motion of the robot as it swiftly maneuvers around the pillars. The robot is sleek and futuristic in design, contrasting with the weathered and aged appearance of the ruins.

프롬프트로 각종 이미지 생성 AI 실행하기

앞의 응답을 지금까지 소개한 이미지 크리에이터(DALL-E 3), 미드저니, 드림 스튜디오(스테이블 디퓨전)에서 실행해 보면 다음 그림과 같은 복잡한 상황을 훌륭히 재현해 줍니다.

그림 7-16 각종 이미지 생성 AI 실행하기

> 첫 번째는 이미지 크리에이터(DALL-E 3)에서 프롬프트를 실행한 결과입니다. 활강하는 느낌이 잘 표현되었습니다.

두 번째는 같은 프롬프트를 미드저니에서 실행한 결과. 로봇 형태가 전혀 다릅니다.

세 번째는 같은 프롬프트를 드림 스튜디오(스테이블 디퓨전)에서 실행한 결과입니다.

> **HINT**
>
> **AI를 잘 골라 쓰기**
>
> 이렇게 똑같은 프롬프트라도 AI 모델에 따라 생성된 이미지가 다릅니다. 변화를 원한다면 프롬프트뿐만 아니라 사용할 AI를 바꿔 보는 것도 좋은 방법입니다.

Section 083

평범한 사진을 단숨에 돋보이게 만들어 봅시다

스마트폰으로 촬영한
사진 배경 바꾸기

사용 AI 캡컷(앱스토어, 구글플레이에서 내려받기)

추천 포인트 스마트폰으로 제품 사진을 찍을 때 배경이 신경 쓰인 적이 있지 않나요? 그럴 때 스마트폰에서 손쉽게 쓸 수 있는 생성형 AI 앱이 등장했습니다.

캡컷의 AI 배경 기능 이용하기

스마트폰에서 제품 촬영을 하다보면 배경이 지저분하거나 불필요한 물건이 비춰질 때가 있습니다. 원래라면 조명이나 촬영 장소를 바꿔야 하겠지만 캡컷(CapCut)을 이용해 손쉽게 배경을 바꿀 수 있게 되었습니다.[1]

그림 7-17 캡컷 이용하기

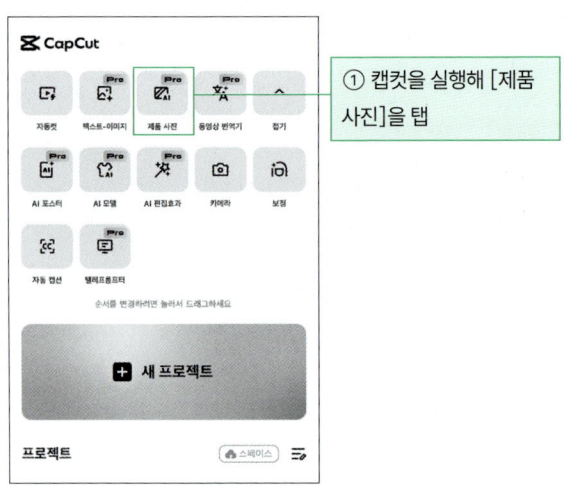

① 캡컷을 실행해 [제품 사진]을 탭

---

1 Pro가 표시된 기능은 체험 기간이 끝나면 유료 구독이 필요합니다. 주의하세요.

② 화면 지시에 따라 스마트폰에서 촬영한 사진을 업로드

③ 화면 아래 메뉴에서 원하는 배경 선택

조금 기다리면 배경이 적용됩니다. 깔끔하게 제품 배경이 적용되었는지 확인합니다.

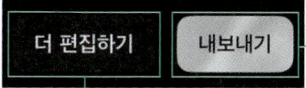

⑤ 배경을 정했으면 [내보내기] 탭

④ 다른 배경을 적용하려면 오른쪽 위에 있는 [더 편집하기]를 다시 선택

스마트폰 기본 사진 앱에 이미지가 저장됩니다.

chapter 07 다양한 용도의 이미지 생성 AI   315

Section 084

고품질 템플릿이 풍부합니다

어도비 익스프레스로
상업적으로 이용할 수 있는 소재 만들기

사용 AI 어도비 익스프레스(https://www.adobe.com/express/)

추천 포인트 어도비 익스프레스는 AI를 활용한 올인원 크리에이티브 앱입니다. 생성형 AI 기능인 어도비 파이어플라이(Adobe Firefly)가 내장되어 있어 프롬프트로 이미지도 생성할 수 있습니다.

어도비 익스프레스로 상업적으로 이용할 수 있는 소재 만들기

어도비 익스프레스(Adobe Express)는 포토샵이나 일러스트레이터 같은 제작에 특화된 앱으로, 유명한 어도비가 제공하는 AI 퍼스트 개념으로 개발된 웹 브라우저에서 작동하는 앱입니다.

프롬프트로 이미지 생성은 물론이고 생성 채우기, 텍스트 효과 같은 AI 기능 이외에도 SNS, 동영상 제작에 상업용으로 활용할 수 있는 풍부한 템플릿과 디자인 소재(일부 유료)도 있어 원하는 것을 고르기만 해도 멋진 이미지를 만들 수 있습니다.

텍스트로 이미지 만들기

그림 7-18 어도비 익스프레스로 이미지 만들기

프롬프트로 '컬러풀한 산호초 숲을 지나는 복잡한 디테일의 해마'를 입력했습니다.

풍부한 템플릿

이미지 생성뿐만 아니라 수많은 이미지, 동영상, 배경, SNS 템플릿 등이 있으며, [템플릿]을 클릭하면 목록이 표시됩니다. 상업적으로 이용할 수 있으니 전단지나 동영상 등에 그대로 사용해도 됩니다. 하지만 왕관 표시가 있는 템플릿은 프리미엄 플랜 가입이 필요합니다.

인스타그램(게시물, 릴스, 스토리), 틱톡 동영상, 유튜브 섬네일 같은 템플릿을 이용하면 손쉽게 괜찮은 게시물을 만들 수 있습니다.

그림 7-19 다양한 템플릿

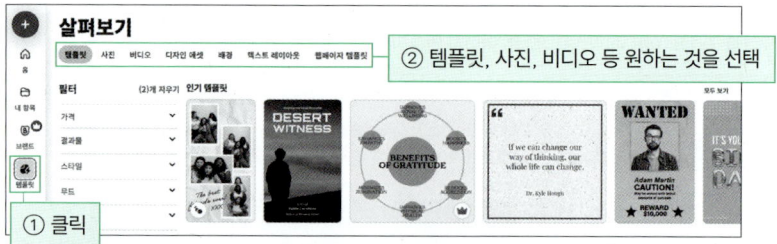

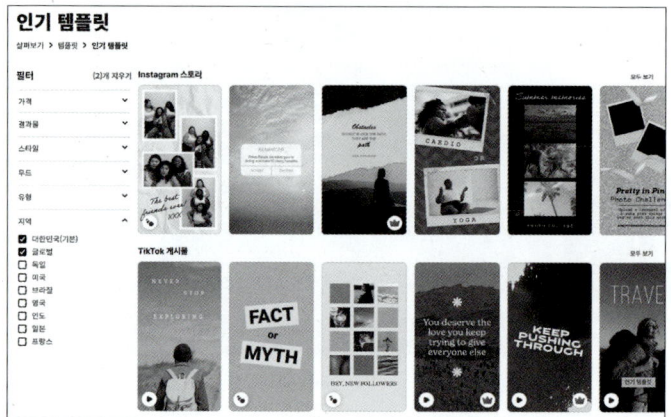

[인기 템플릿]에서 [Instagram 스토리]의 [모두 보기]를 클릭한 예입니다.

> **HINT**
>
> **퀵액션이 편리합니다**
>
> 어도비 익스프레스는 간단한 조작으로 자르기, 크기 및 형식 변경 같은 작업을 할 수 있는 퀵액션 기능이 많이 있습니다. 하고 싶은 작업이 있다면 이런 퀵액션을 골라 시작하면 좋습니다.

> **HINT**
>
> **프리미엄 플랜**
>
> 무료 플랜으로도 간단한 작업이라면 충분히 이용할 수 있지만, 월 13,200원 또는 연간 132,000원의 프리미엄 플랜을 등록하면 모든 템플릿과 디자인 소재를 이용할 수 있고, 상업용으로도 이용할 수 있는 25,000개가 넘는 어도비 글꼴도 이용할 수 있습니다.

Section 085

포토샵, 일러스트레이터에 탑재

어도비의 생성형 AI 기술 어도비 파이어플라이를 웹 브라우저에서 이용하기

사용 AI 어도비 파이어플라이(https://firefly.adobe.com/)

추천 포인트 어도비 파이어플라이는 어도비가 제공하는 생성형 AI 기능의 총칭입니다. 웹 브라우저뿐만 아니라 어도비 익스프레스, 포토샵, 일러스트레이터 같은 주력 앱에도 탑재되어 있어 이용할 수 있습니다.

많은 어도비 제품에서 이용할 수 있는 어도비 파이어플라이

어도비 파이어플라이(Adobe Firefly)는 웹 브라우저에서 단독으로 이용할 수도 있고, 다른 어도비 제품과 연동해 이용할 수도 있습니다. 이미지 생성 기능을 이용하려면 생성 크레딧이 필요한데 크레딧은 매월 배포되고 1 크레딧 = 이미지 생성 1회분으로 이용할 수 있습니다. 무료 플랜은 월 25 크레딧, 프리미엄 플랜(월 13,200원)은 월 250 크레딧을 받을 수 있습니다.

텍스트로 이미지 만들기

그림 7-20 어도비 파이어플라이로 이미지 만들기

생성형 채우기

[생성형 채우기] 기능은 이미지 일부분을 브러시로 칠해서 제거하거나 채우는 기능입니다.

그림 7-21 이미지 일부분 채우기

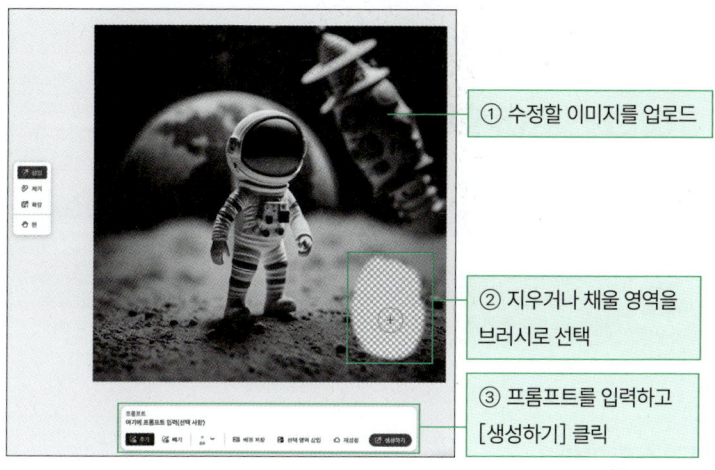

① 수정할 이미지를 업로드

② 지우거나 채울 영역을 브러시로 선택

③ 프롬프트를 입력하고 [생성하기] 클릭

AI 모델도 선택할 수 있습니다

어도비 파이어플라이는 Firefly Image 2, Firefly Image 3의 두 종류 AI 모델을 이용합니다. Firefly Image 3은 2024년 4월에 공개한 최신 버전으로 실사 같은 이미지 품질, 출력 정확도와 디테일 향상 등 이전 세대 모델보다 많은 점이 개선된 모델입니다. 더 나은 프롬프트 해석과 스타일 자동 적용 기능으로 더욱 쉽고 편하게 이미지를 생성할 수 있습니다.

그림 7-22 두 종류의 AI 모델을 제공하는 어도비 파이어플라이

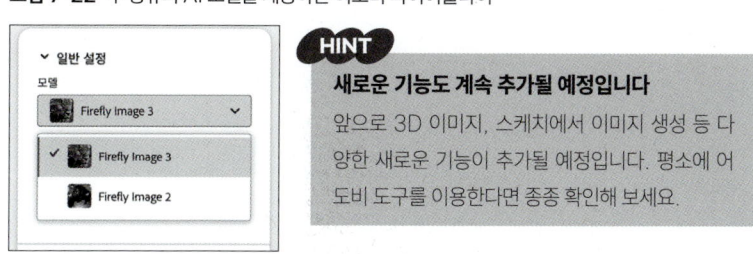

> **HINT**
> **새로운 기능도 계속 추가될 예정입니다**
> 앞으로 3D 이미지, 스케치에서 이미지 생성 등 다양한 새로운 기능이 추가될 예정입니다. 평소에 어도비 도구를 이용한다면 종종 확인해 보세요.

Section 086

유명한 화풍을 그대로

이라스토야 화풍의 이미지 생성하기

> **사용 AI** AI 이라스토야(いらすとや)(https://aisozai.com/irasutoya)[2]

> **추천 포인트** 일본 일러스트레이터 미후네 타카시가 운영하는 무료 일러스트를 제공하는 사이트로, 이라스토야의 화풍으로 이미지를 무료로 생성할 수 있는 서비스입니다. 간단한 일러스트가 필요할 때 좋습니다.

AI 이라스토야란?

AI 이라스토야는 **프롬프트를 입력하면 이라스토야 화풍으로 이미지를 생성하는 생성형 AI 서비스**입니다. 프롬프트에서 생성 이외에도 이미 완성된 일러스트가 다수 등록되어 있어 원하는 이미지를 검색해 찾을 수 있습니다.

무료 플랜은 월 10개까지만 이미지를 만들 수 있고 라이선스 표시도 필수이지만, 월 1,480엔 또는 연간 11,760엔의 프로 플랜에 가입하면 무제한 생성과 상업적으로도 사용할 수 있습니다. 상업적으로 이용하려면 프로 플랜에 가입해야 합니다.

---

[2] 역주 대체 가능한 서비스가 없어서 일본 서비스를 그대로 설명합니다. 2025년 3월에 업데이트된 챗GPT 이미지 생성 기능으로 이라스토야 화풍뿐만 아니라 다양한 원하는 그림 스타일로 이미지를 생성할 수 있습니다.

그림 7-23 이라스토야 스타일의 이미지 만들기

> **HINT**
> **워터마크 제거하기**
> 생성된 이미지는 무료 버전은 워터마크가 표시되지만, 프로 플랜은 무제한으로 워터마크를 제거할 수 있습니다.

원하는 이미지가 있다면 검색이 빠름

키워드로 이미지를 검색할 수 있습니다. 이미지 생성보다 빠르므로 우선 검색해 원하는 이미지가 없을 때 일러스트를 생성하는 것이 좋습니다.

그림 7-24 키워드로 검색하기

[일러스트 검색]에 키워드를 입력하면 기존 일러스트를 검색할 수 있습니다.

AI sozai.com도 이용 가능합니다

프로 플랜에 가입하면 AI 이라스토야와 마찬가지로 AI Picasso가 운영하는 AI sozai.com(https://aisozai.com)이 제공하는 풍부한 AI 소재를 이용할 수 있습니다.

그림 7-25 AI Picasso가 운영하는 사이트

이미지 생성 AI와 저작권 문제

이미지 생성 AI 등장은 저작권 개념을 새로운 차원으로 이끌고 있습니다. 특히 일본은 AI의 학습 용도에 대해서는 저작권을 인정하지 않는다는 세계적으로도 보기 힘든 법적 입장을 취하고 있어서 국제적인 관점에서 조명받고 있습니다.

이런 입장은 AI의 창조성과 저작권 보호 사이의 긴장 관계를 보여 줍니다. 일본은 AI가 생성한 작품에 저작권을 인정하지 않으므로 AI가 학습 프로세스에 이용하는 기존 작품이나 이미지에 대한 저작권 침해 문제가 발생합니다. 이는 창조자의 저작권을 보호하는 동시에 기술 진보와 혁신을 촉진하는 두 목표가 충돌하는 상황을 보여 줍니다.

한편, AI 이미지 생성이 가져온 창조성 확장은 예술과 기술의 새로운 융합을 보여 줍니다. 이러한 도구는 프롬프트에 기반해 기존 스타일이나 테마를 따르면서도 독자적인 작품을 생성하는 능력이 있습니다. 그러나 자기 작품이 무허가로 학습 데이터로 사용되는 것에 불만을 표출하는 일부 창작자도 있습니다.

저작권법은 AI와 같은 새로운 기술 등장에 대응하기 위해 계속 진화해야 하며 국제적 협력으로 일관된 접근이 필요합니다. 각국에서 법적 제도로 이런 문제에 대해 접근하고 있지만, 세계적인 합의 형성은 여전히 해결되지 않은 과제로 남아 있습니다.

이런 문제는 예술의 창조성, 기술의 진보, 창작자의 권리를 어떻게 조화롭게 유지하는가에 대한 윤리적인 문제로 이어집니다. AI 진화는 창조적인 표현 방식을 바꿀 가능성을 품고 있지만, 이런 진화는 저작권이라는 중요한 윤리적 문제와 밀접하게 연결되어 있습니다. 앞으로 AI와 인간 사회가 공존해 나가기 위해 어떤 균형을 이루어야 할지는, AI와 예술의 교차점에서 중요한 시험대가 될 것입니다.

chapter

08

창조성을 돕는 음악 생성형 AI

Section 087

음악 제작에 생성형 AI를 어떻게 이용할까?

챗GPT에 가사와 코드 진행 맡기기

사용 AI 챗GPT, 챗GPT 플러스

추천 포인트 음악을 만드는 사람 중에 멜로디는 떠오르지만, 가사가 떠오르지 않는 사람도 있을 것입니다. 그렇다면 차라리 챗GPT에 가사를 맡겨 보면 어떨까요?

작곡은 어렵지만 작사는 문제없음

DTM(데스크톱 뮤직) 세계도 AI 덕분에 진화하고 있습니다. 특히 믹싱과 마스터링 같은 **최종적으로 음량과 악기 균형을 조정하는 과정은 AI를 이용한 소프트웨어가 보급되어서 누구나 간단한 조작으로 그럴듯한 품질을 확보**할 수 있습니다. 그렇지만 단순한 취미로 이용하기에는 음악 전용 소프트웨어는 비쌉니다.

그러면 챗GPT를 이용해서 작곡해 볼 수 없을까요?

결론부터 말하자면 작곡은 할 수 없습니다(언젠가는 할 수 있을지도 모릅니다만). **하지만 가사라면 만들 수 있습니다.** 한번 시도해 봅시다.

프롬프트 입력

새로운 출발의 기대와 불안을 테마로 노래를 만듭니다. 가사를 생각해 주세요.

이때 단순히 가사 작성을 지시하는 것보다 테마를 지정하면 더욱 효과적입니다.

🐷 **응답**

새로운 출발의 기대와 불안을 담은 노래 가사

1절
발을 내딛는 이 길 위에
끝을 모르는 저 멀리
희미한 빛, 잡을 수 없지만
가슴이 뛰는 건 왜일까

프리코러스
머물던 자리 뒤로하고
바람이 부는 대로 가
익숙했던 모든 것이
작은 점이 되어 가네

코러스
두려움 속에 피어난 설렘
끝을 모를 여정의 시작
흔들리는 마음, 떨리는 숨결
그게 바로 내가 살아가는 이유
… 생략 …

챗GPT에 코드 진행 부탁하기

이번에는 멜로디인데 챗GPT에 물어보면 '할 수 없다'고 답변합니다. 그러면 멜로디가 아니라 반주용 코드(화음)라면 어떨까요?

프롬프트 입력 (계속)
기타용으로 코드 진행을 만들어 줘.

😃 응답

아래는 기타 연주에 어울리는 코드 진행과 가사입니다. 간단한 코드로 시작해 감정을 점점 고조시키는 느낌으로 구성했습니다.

새로운 출발 (기타 코드 포함)

[1절]
G   D
발을 내딛는 이 길 위에
Em   C
끝을 모르는 저 멀리
G   D
희미한 빛, 잡을 수 없지만
Em   C
가슴이 뛰는 건 왜일까

[프리코러스]
Am   G
머물던 자리 뒤로하고
C   D
바람이 부는 대로 가
Am   G
익숙했던 모든 것이
C   D
작은 점이 되어 가네

[코러스]
G   D
두려움 속에 피어난 설렘
Em   C
끝을 모를 여정의 시작

> G   D
> 흔들리는 마음, 떨리는 숨결
> C   D
> 그게 바로 내가 살아가는 이유
> … 생략 …

멋진 답변입니다. 기타나 피아노 연주에 능숙하다면, 이 정도 답변을 이용해 노래를 만드는 것도 충분히 가능할 것입니다.

> **HINT**
> **연주 소프트웨어로 코드 진행 들어 보기**
> Chord Player by OneMotion 서비스를 이용하면 이렇게 생성한 코드를 입력해 원하는 음색으로 반주(코드 진행)를 연주할 수 있습니다. 이에 맞춰서 노래를 불러 봅시다.
> - Chord Player by OneMotion
>   https://www.onemotion.com/chord-player/

분위기만 선택해도 간단히 작곡할 수 있습니다

가사에서 멜로디와 코드 진행 만들기

사용 AI CREEVO(https://creevo-music.com/)

추천 포인트 앞 [087]과 반대로 가사는 쓸 수 있지만, 곡을 만들 수 없는 경우에 어떻게 할까요? 물론 작곡이나 연주를 할 수 있는 AI도 나와 있습니다.

자동 작곡 AI CREEVO 이용하기

가사는 만들었지만 '이제 어떻게 해야 하지?' 하고 손이 멈춘 경우라면 우선 AI에 노래를 시켜 보면 어떨까요?

CREEVO는 교토대학 연구 그룹이 개발한 자동 작곡 AI입니다. **처음부터 곡 전체를 만드는 '맡김 작곡'과 가사와 코드 등을 지정해 곡을 만드는 '디자인 작곡' 두 종류**가 있는데, 이번에는 후자를 이용해 앞에서 챗GPT가 만든 가사에 멜로디를 붙여서 노래로 만들어 봅시다.[1]

그림 8-1 작곡하기

CREEVO에 접속해 [CREEVO에서 작곡하기] → [디자인 작곡]을 선택합니다.

① 가사를 입력한 후 [다음] 클릭

---

1 역주 해당 사이트는 일본어 노래에 최적화되어 있으므로 예제는 앞 [087]에서 작성한 가사의 일본어 번역을 이용합니다.

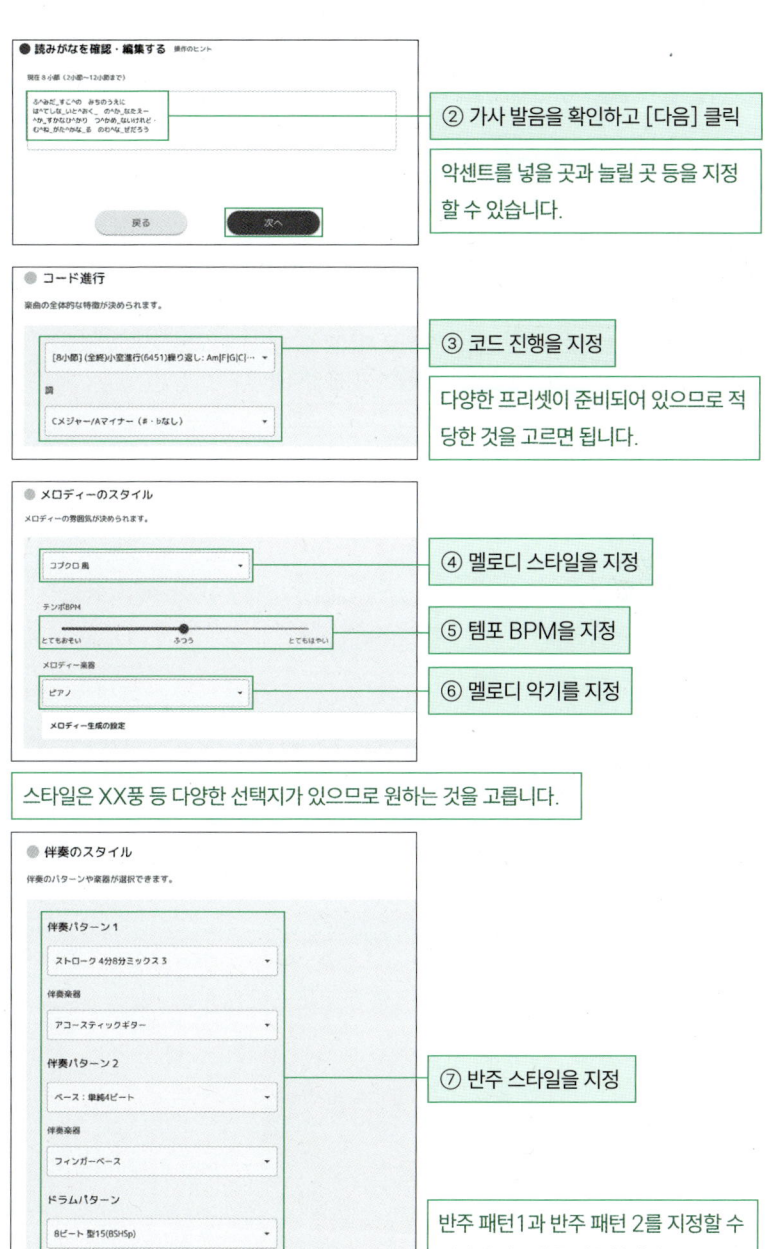

chapter 08 창조성을 돕는 음악 생성형 AI

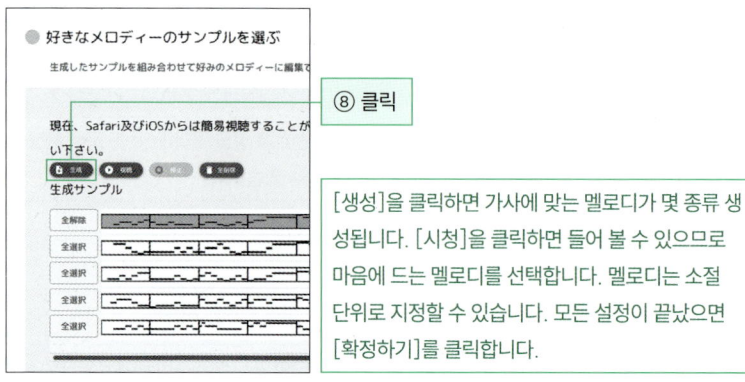

[생성]을 클릭하면 가사에 맞는 멜로디가 몇 종류 생성됩니다. [시청]을 클릭하면 들어 볼 수 있으므로 마음에 드는 멜로디를 선택합니다. 멜로디는 소절 단위로 지정할 수 있습니다. 모든 설정이 끝났으면 [확정하기]를 클릭합니다.

> **HINT**
>
> **데이터 다운로드**
>
> 곡 데이터를 완성하는데 1분 정도 걸립니다. 작성된 데이터는 오른쪽 […](옵션 더 보기)를 클릭해 내려받을 수 있습니다. 다운로드 데이터는 보컬과 연주, 각각의 데이터와 전자 악기를 제어할 수 있는 미디 데이터, 악보를 인쇄할 수 있는 MuseScore 데이터 등도 포함됩니다.

Section 089

작사, 작곡을 하지 못해도 문제없습니다
프롬프트 작성만으로 노래 만들기

사용 AI 스테이블 오디오(https://www.stableaudio.com/)

추천 포인트 작사, 작곡을 할 줄 몰라도 문제없습니다. 스테이블 오디오를 이용하면 노래 장르나 분위기를 프롬프트로 입력하는 것만으로도 음악 파일을 만들 수 있습니다.

스테이블 오디오로 노래 만들기

스테이블 오디오(Stable Audio)는 이미지 생성 AI인 스테이블 디퓨전으로 유명한 Stability AI가 개발한, 프롬프트로 음악 파일을 생성하는 AI입니다. 스테이블 디퓨전과 마찬가지로 잠재적 확산 모델 기술을 이용해 미리 대량의 음악 데이터로 학습했기 때문에 **프롬프트 기반으로 최대 3분 길이의 음악 데이터를 생성**할 수 있습니다.

스테이블 오디오 사이트에 접속해서 [Try now]를 클릭하면 계정 작성 화면이 표시됩니다. 기존 구글 계정으로 가입할 수 있습니다.

그림 8-2 노래 만들기

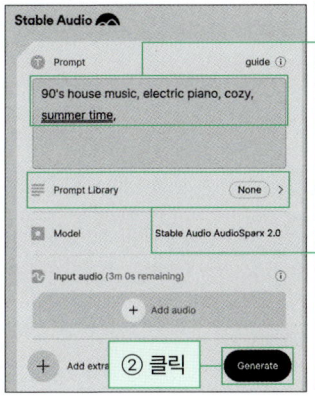

① 프롬프트에 음악 장르, 곡조, 악기, 분위기 등을 영어로 쉼표로 구분해 입력

rhythmical(리드미컬), groovy(그루브) 같은 음악 용어와 beautiful, sad 같은 감정적인 단어를 조합하면 더 좋은 결과를 얻을 수 있습니다.

프롬프트 작성이 어려우면 [Prompt Library]를 클릭해 업비트, 디스코, 하우스 등 장르를 선택하면 해당 장르에 어울리는 프롬프트가 자동으로 입력됩니다.

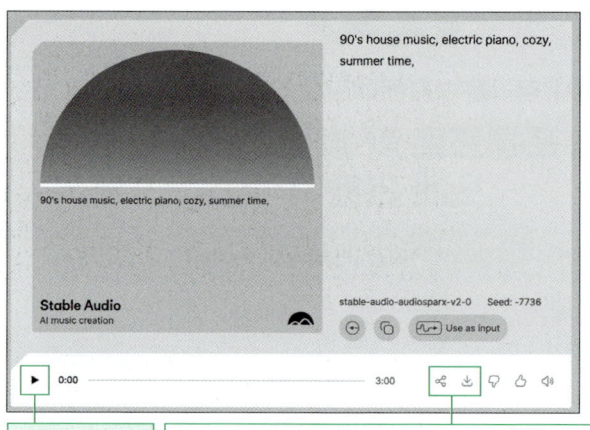

③ 클릭해 재생 | 공유 버튼을 클릭해 공개 링크 작성할 수 있으며, 동영상(MP4)을 내려받을 수 있습니다. 다운로드 버튼에서 MP3, WAV, MP4(동영상) 형식 중에서 선택해 내려받을 수 있습니다.

> **HINT**
>
> **완성된 음악을 바탕으로 변주곡 만들기**
>
> 마음에 드는 노래가 만들어졌으면 [Use as input]을 클릭해 그 곡을 바탕으로 다른 변주곡을 만들 수도 있습니다.

그림 8-3 변주곡 만들기

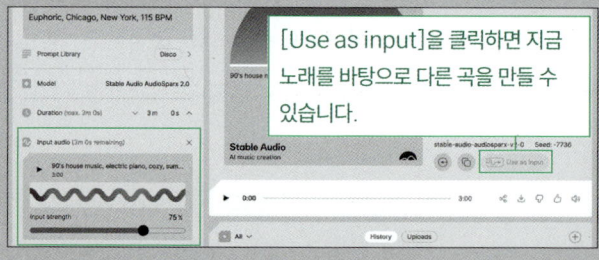

> **HINT**
>
> **유료 버전 해택**
>
> 무료 버전은 한 달에 10곡만 만들 수 있지만, 월 11.99달러 프로 플랜에 가입하면 250곡까지 만들 수 있고 상업적으로도 이용할 수 있습니다.

section 090

노래도 동영상도 간단히 제작할 수 있습니다
프롬프트로 보컬이 포함된 노래 생성하기

사용 AI 스노 AI(https://suno.com)

추천 포인트 지금까지 작사, 작곡, 편곡을 AI로 해 봤는데, 스노 AI는 이런 작업을 완벽하게 해 내고 간단한 동영상까지 만듭니다.

스노 AI란?

지금까지 많은 작곡 AI가 등장했지만, 스노 AI(Suno AI)는 생성한 노래 수준이 월등해서 평소에 AI 관련 정보를 확인하던 사람뿐만 아니라 음악 제작 관계자 사이에도 대단하다고 입소문을 탄 서비스입니다. **작곡, 편곡은 물론이고 작사까지 할 수 있어서 음악 지식이나 감각이 전혀 없더라도 순식간에 노래를 만들 수 있습니다.**

무료로 하루에 10곡을 만들 수 있지만 프로 플랜(10달러), 프리미어 플랜(30달러)에 가입하면 생성할 수 있는 곡 수가 늘어나고 상업적으로도 이용할 수 있습니다.

스노 AI로 보컬이 포함된 노래 만들기

구글 계정 등으로 가입한 후에 [Create]를 클릭하면 프롬프트 입력란이 표시됩니다. 어떤 노래를 만들고 싶은지 입력하고(한국어 가능) [Create]를 클릭하면 노래 두 곡이 만들어집니다.

그림 8-4 스노 AI로 노래 만들기

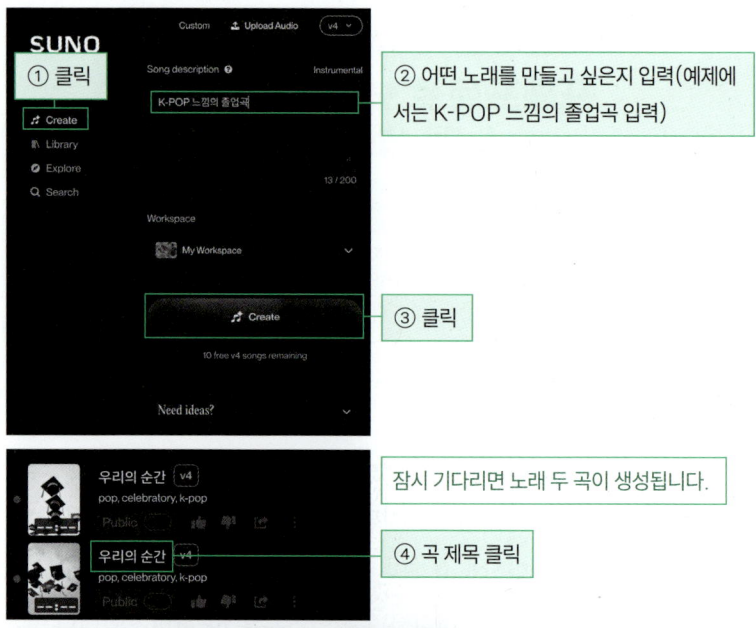

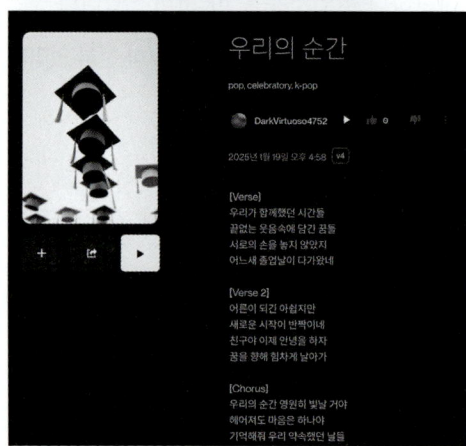

> **HINT**
> **뮤직비디오 같은 동영상도 만들 수 있습니다**
> 생성된 노래는 [⋯] → [Download]에서 내려받을 수 있습니다. 이때 [Video]를 클릭하면 가사를 표시하는 동영상(MP4)을 내려받을 수 있습니다. 간단한 뮤직비디오를 만들수 있는 셈입니다.

독창적인 가사와 곡명으로 작곡 의뢰하기

[Custom]을 켜면 가사(Lyrics), 곡조(Style of Music), 곡명(Title)을 입력해 곡을 생성할 수 있습니다. 참고로 이 가사는 챗GPT가 써 준 내용입니다.

그림 8-5 작곡 의뢰하기

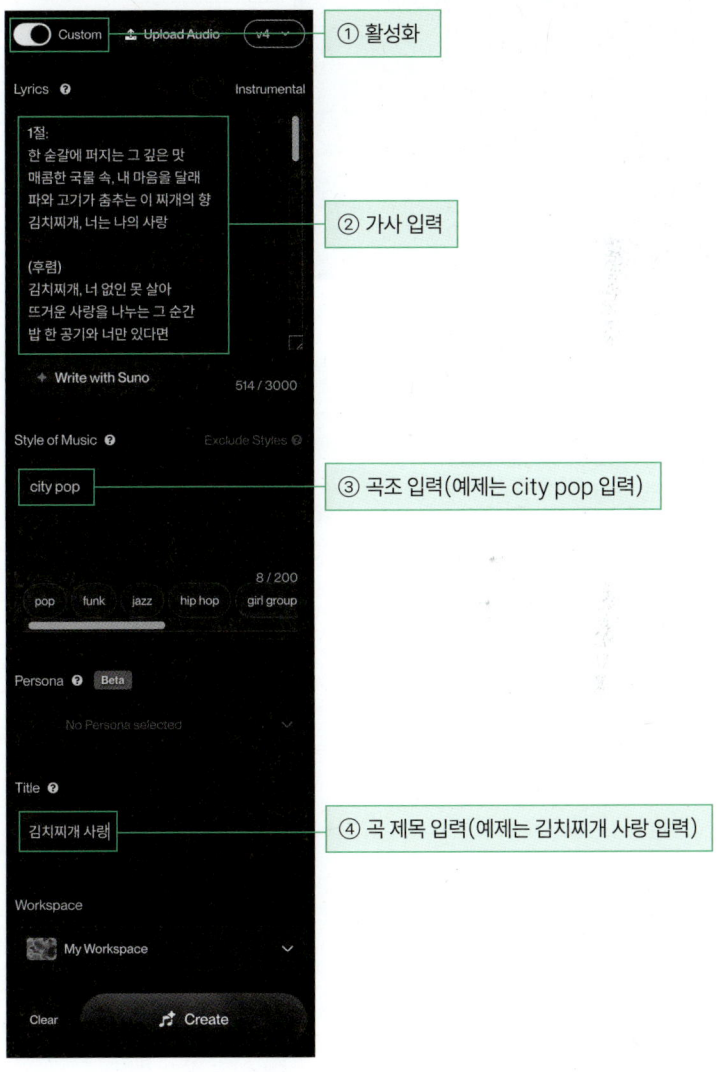

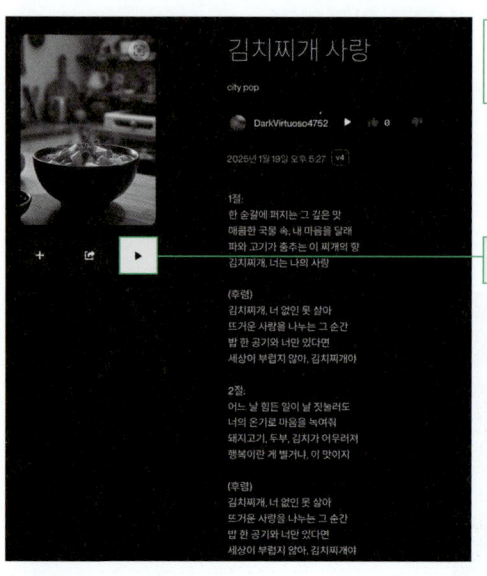

⑤ 클릭해 재생

잠시 기다리면 같은 제목으로 노래 두 곡이 생성됩니다.

조금 더 긴 가사도 OK
챗GPT에 가사를 부탁했는데 주제에 어울리는 가사가 나왔습니다. 1분 이상의 노래도 만들 수 있으니 몇 분짜리 노래로 만들지 프롬프트에 지정하면 그에 맞게 가사 길이를 조절해 줍니다. 조금 더 긴 가사로 노래를 만들어 보세요.

Section 091

프롬프트를 읽어 줍니다

음성 합성 앱 VOICEVOX로 내레이션 만들기

사용 AI VOICEVOX(https://voicevox.hiroshiba.jp/)

추천 포인트 음성 합성은 생성형 AI가 폭발적으로 진화하기 전부터 AI가 잘하던 분야입니다. 프레젠테이션이나 유튜브 동영상에 간단히 내레이션을 넣을 수 있습니다.

VOICEVOX로 내레이션 만들기

VOICEVOX[2]는 픽시브(pixiv)가 개발한 **무료 공개 텍스트 읽기 소프트웨어**입니다. 맥, GPU 탑재 윈도우 PC와 엔비디아 GPU의 리눅스 PC에서 이용할 수 있습니다. 공식 사이트에서 내려받은 설치 파일로 PC에 설치해 이용합니다.

사용법은 무척 간단합니다. 이용하고 싶은 캐릭터를 고르고 프롬프트를 입력하면 끝입니다. 애니메이션 캐릭터라 거부감이 들 수도 있지만 목소리 자체는 평범하므로 일반적인 내용에도 큰 문제가 없습니다.

그림 8-6 VOICEVOX로 내레이션 만들기

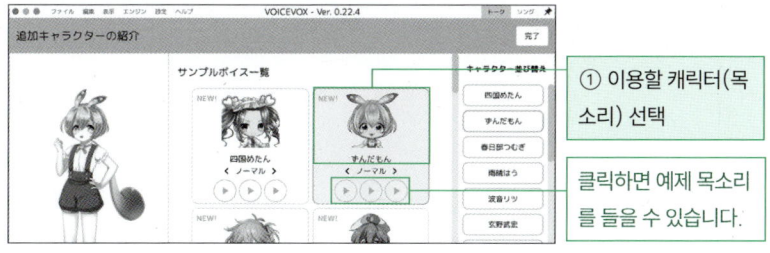

① 이용할 캐릭터(목소리) 선택

클릭하면 예제 목소리를 들을 수 있습니다.

---

2 역주 이외에도 https://voli.ai/나 https://clovadubbing.naver.com/ 같은 다양한 서비스가 있습니다. 검색해서 찾아보세요.

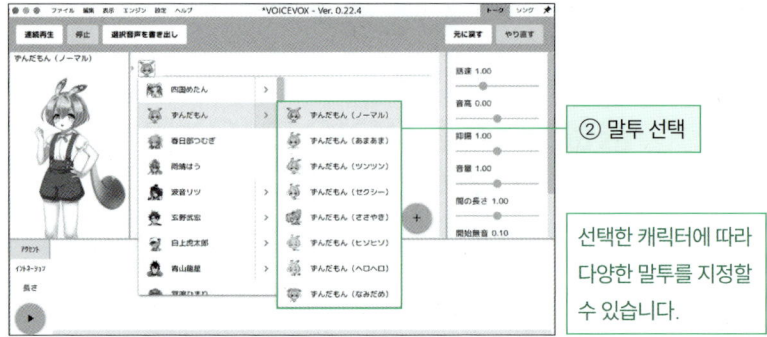

② 말투 선택

선택한 캐릭터에 따라 다양한 말투를 지정할 수 있습니다.

③ 읽고 싶은 단어를 입력하고 Space 를 누릅니다.

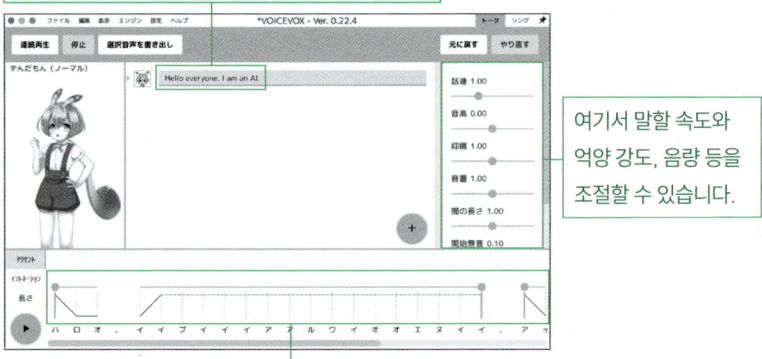

여기서 말할 속도와 억양 강도, 음량 등을 조절할 수 있습니다.

아래쪽 슬라이더를 드래그해서 조정하면 악센트와 억양을 세세히 지정할 수 있습니다. 상당히 자연스러운 말투를 만들 수 있습니다.

HINT

만든 음성은 상업적으로 이용할 수 있을까?

VOICEVOX로 작성한 음성은 크레딧을 표기하면 상업적, 비상업적 용도에 관계없이 이용할 수 있습니다. 다만 캐릭터 이미지는 캐릭터마다 다르므로 확인이 필요합니다.

Section 092

내 목소리가 전혀 다른 목소리로!
실시간으로 목소리를 바꿀 수 있는 보이스 체인저

사용 AI Paravo (https://parakeet-inc.com/paravo)

추천 포인트 음성 합성은 생성형 AI가 폭발적으로 진화하기 전부터 AI가 잘하던 분야입니다. 프레젠테이션이나 유튜브 동영상에 간단히 내레이션을 넣을 수 있습니다.

Paravo로 음색 바꾸기

Paravo는 후쿠시마현 벤처 기업 Parakeet이 개발한 윈도우 및 맥용 보이스 체인저 앱입니다. 기존에도 MMVC나 RVC 같은 보이스 체인저가 있었지만, 조작이 복잡하고 목소리의 저작권 문제 등으로 새로운 앱이 필요했습니다.

이 앱은 즌다몬 같은 캐릭터를 포함해서 **남녀 총 109 종류의 목소리가 수록되어 있습니다. 사용자는 그중에서 원하는 목소리를 골라서 마이크로 이야기하면 실시간으로 캐릭터 목소리로 변환할 수** 있습니다

다양한 용도가 있겠지만 캐릭터와 조합해 버츄얼 유튜버를 만드는 것이 최신 경향입니다. 다만 딥페이크에 악용될 수 있으니 주의해야 합니다.

참고로 무료로 이용할 수 있는 목소리와 유료 결제가 필요한 목소리가 있습니다.

그림 8-7 Paravo로 음색 바꾸기

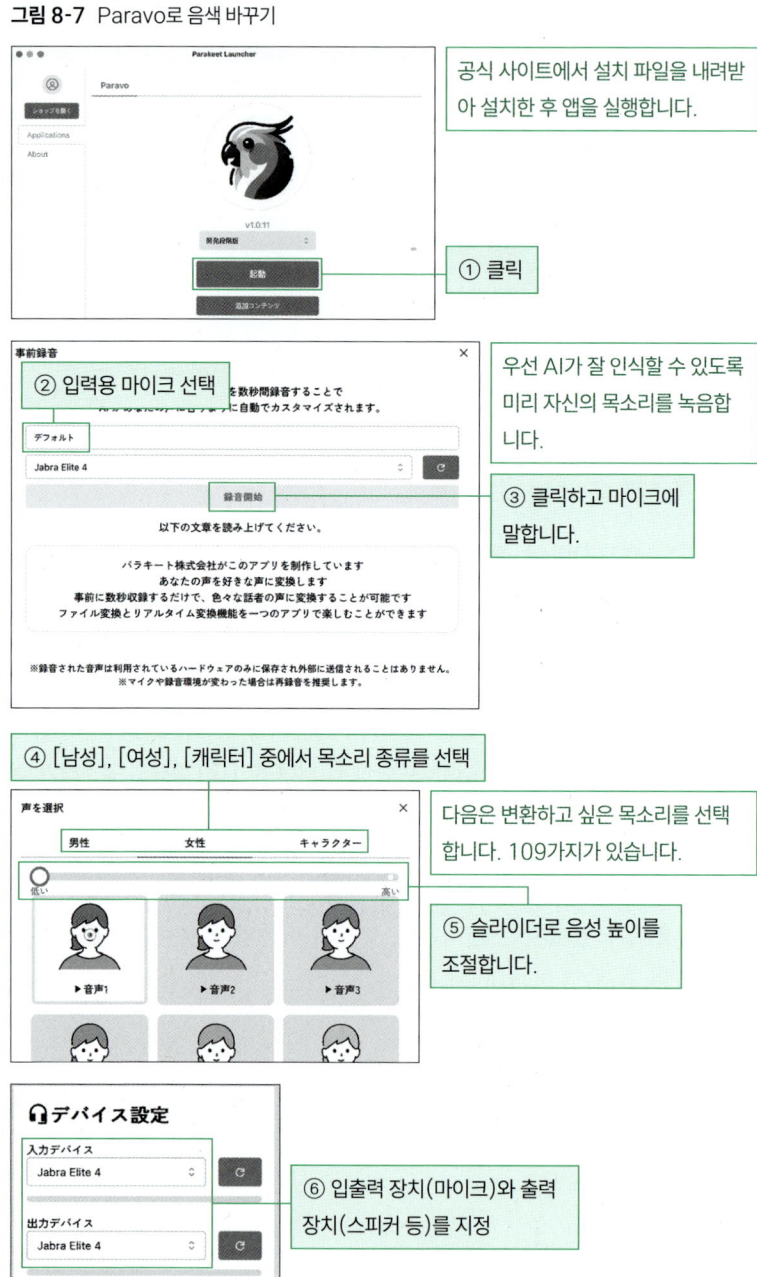

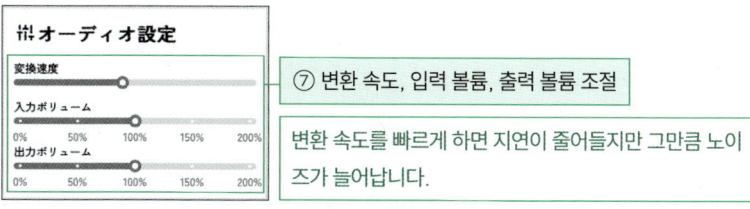

⑦ 변환 속도, 입력 볼륨, 출력 볼륨 조절

변환 속도를 빠르게 하면 지연이 줄어들지만 그만큼 노이즈가 늘어납니다.

⑧ 모드 선택(예시는 단일 화자 모드)

⑨ 클릭해 ON으로 변경

마이크로 이야기하면 자신의 목소리가 실시간으로 변환되서 스피커에 출력됩니다.

HINT

목소리 블렌딩도 가능합니다

⑧ 단계에서 모드를 [블렌딩 모드]로 바꾸면 남성-여성-캐릭터처럼 여러 목소리를 하나로 섞은(블렌딩) 목소리를 작성할 수도 있습니다.

그림 8-8 목소리 블렌딩

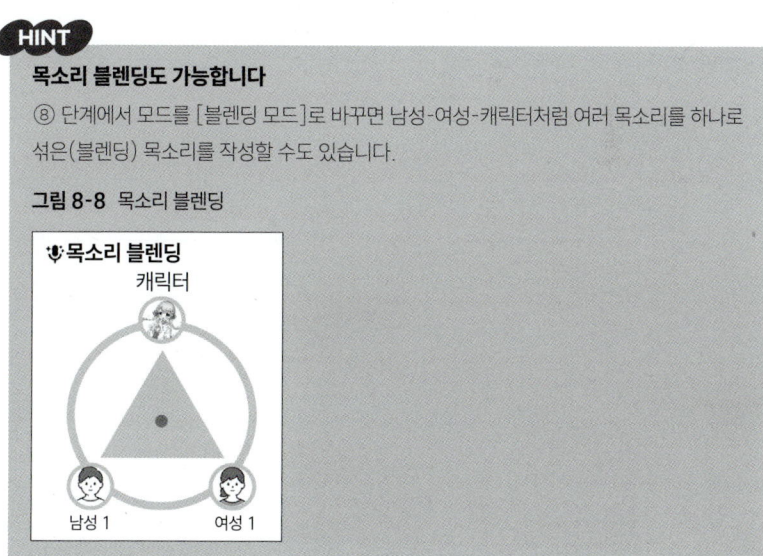

chapter 08 창조성을 돕는 음악 생성형 AI 345

chapter

09

놀라운 생성 결과, 동영상 AI의 세계

Section 093

무료로 짧은 동영상을 만들 수 있습니다

텍스트나 이미지로 간단히 동영상 생성하기

사용 AI 런웨이(https://runwayml.com/)

추천 포인트 런웨이는 스테이블 디퓨전 개발에 참여한 스타트업 런웨이가 제공하는 동영상 생성, 편집 중심의 AI 플랫폼입니다. 이미지나 텍스트에서 간단히 동영상을 생성할 수 있습니다.

런웨이란?

런웨이(Runway)는 **생성형 AI를 통한 동영상 생성과 편집에 특화된 서비스**입니다. 주목할 점은 상업용으로도 충분히 통용될 수준의 영상을 만들 수 있다는 점입니다. 무료로도 짧은 영상을 생성할 수 있지만, 월 12달러의 유료 플랜에 가입하면 작성할 수 있는 동영상 길이와 개수가 늘어납니다.

런웨이는 Gen-1, Gen-2, Gen-3 Alpha, Gen-3 Alpha Turbo의 동영상 생성형 AI 모델을 이용할 수 있습니다. Gen-1은 기존 동영상을 변환하는 작업에 이용하고 다른 모델은 스테이블 디퓨전처럼 프롬프트로 짧은 동영상을 생성할 수 있습니다.

동영상을 기반으로 생성하는 Gen-1

그림 9-1 Gen-1로 동영상 만들기

텍스트나 이미지를 기반으로 생성하는 Gen-2, Gen-3

Gen-2와 Gen-3은 텍스트나 이미지 데이터를 바탕으로 처음부터 동영상을 생성할 수 있습니다. 런웨이에 로그인한 후에 표시되는 메뉴에서 [Generate Video]를 클릭합니다.

그림 9-2 Gen-2, Gen-3으로 동영상 만들기

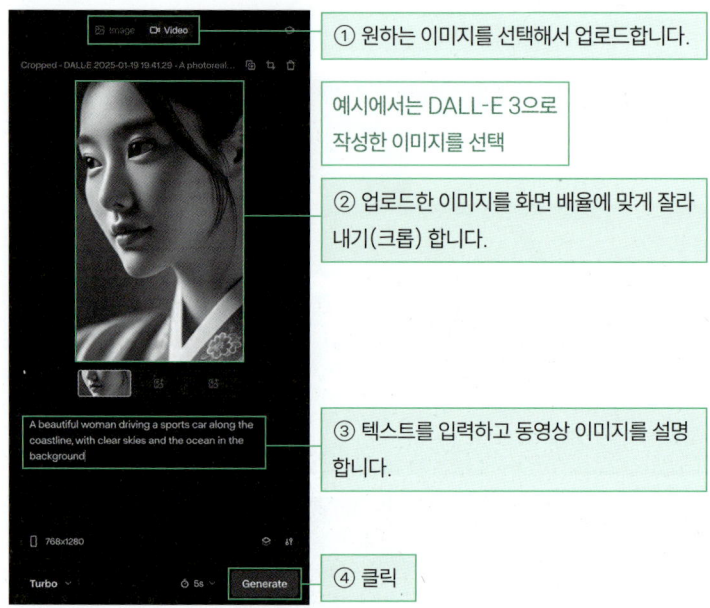

① 원하는 이미지를 선택해서 업로드합니다.

예시에서는 DALL-E 3으로 작성한 이미지를 선택

② 업로드한 이미지를 화면 배율에 맞게 잘라내기(크롭) 합니다.

③ 텍스트를 입력하고 동영상 이미지를 설명합니다.

④ 클릭

프롬프트는 영어로 입력합니다. 예시에서는 'A beautiful woman driving a sports car along the coastline, with clear skies and the ocean in the background'라고 입력했습니다.

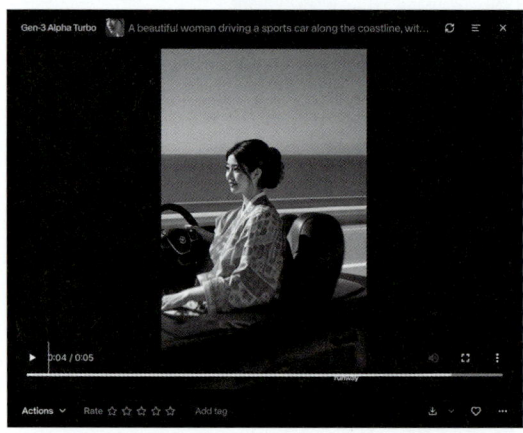

예제 이미지와 프롬프트로 짧은 동영상이 생성되었습니다. 업로드한 이미지의 여성이 자동차를 운전하는 동영상이 되었습니다.

그 외에도 다양한 기능

런웨이에는 그 외에도 오디오 생성, 립싱크 비디오, 텍스트 투 비디오, 배경 제거, 업스케일링, 모션 블러, 카메라 컨트롤 등 다양한 도구가 제공됩니다. 또한 튜토리얼 영상도 풍부해서 누구나 AI를 이용한 동영상 생성을 배울 수 있습니다.

그림 9-3 다양한 기능을 제공하는 런웨이

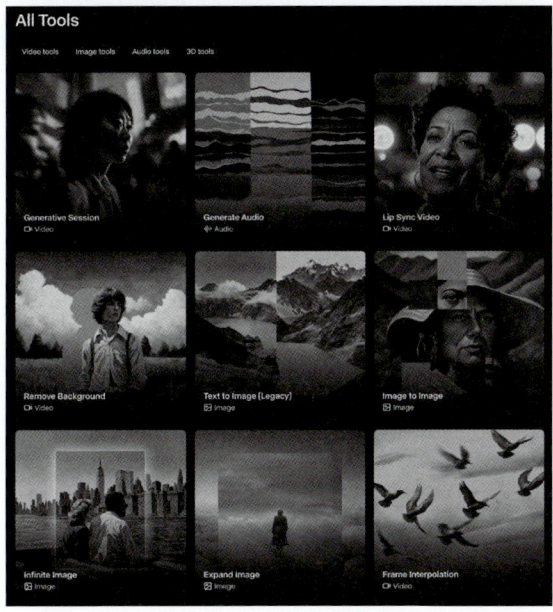

스마트폰으로 간단하게
스마트폰으로 사진이나 텍스트에서 간단하게 동영상 생성하기

사용 AI RunwayML(https://apps.apple.com/us/app/runwayml/id1665024375)

추천 포인트 런웨이는 iOS용 스마트폰 앱을 제공합니다. PC처럼 이미지, 텍스트, 동영상을 바탕으로 동영상을 생성할 수 있습니다. 안드로이드 버전은 아직 제공하지 않습니다.

스마트폰으로 찍은 사진으로 동영상 생성하기

생성형 AI, 특히 동영상을 생성하려면 상당히 강력한 성능이 필요하므로 보통 이런 서비스는 AI 처리를 사용자 쪽이 아니라 클라우드에 있는 고성능 서버에서 처리합니다.

그렇다면 반대로 이용자 입장에서는 그다지 높은 컴퓨터 성능이 필요하지 않습니다. 이를 증명하듯 수많은 동영상 생성형 AI가 스마트폰 앱을 제공합니다. 런웨이의 iOS용 앱 RunwayML을 이용해 동영상을 생성해 봅시다. 스마트폰에서 촬영한 사진을 바탕으로 간단히 동영상을 만들 수 있어 편리합니다.

그림 9-4 사진으로 동영상 만들기

앱을 실행하면 로그인합니다. 구글 계정으로 가입할 수 있습니다. 화면에 출력되는 안내에 따르면 간단히 가입할 수 있습니다.

한 장의 사진에서 조각상 주위를 돌면서 촬영한 듯한 동영상이 생성되었습니다.

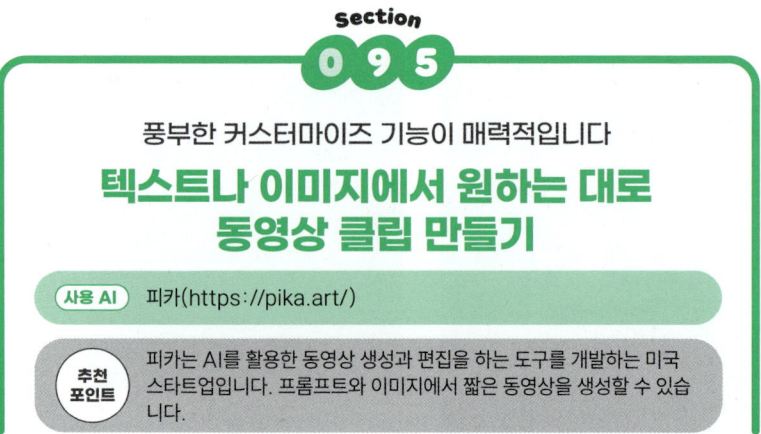

피카란?

피카(Pika)는 앞에서 소개한 **런웨이와 마찬가지로 AI를 이용한 프롬프트로 짧은 동영상을 생성할 수 있는 서비스**입니다. 풍부한 후처리 기능이 특징입니다. 프롬프트로 사용해 기존의 동영상을 다른 스타일로 변환하는 '비디오에서 비디오 만들기', 동영상 크기나 비율을 확대하는 '확장', 기존 비디오 클립 길이를 AI로 연장하는 '연장' 기능 등이 포함되어 있습니다.

구글 계정으로 가입하면 이용할 수 있습니다. 사용법은 간단합니다. 프롬프트를 입력하고 [생성]을 클릭하면 끝입니다.

그림 9-5 피카로 동영상 만들기

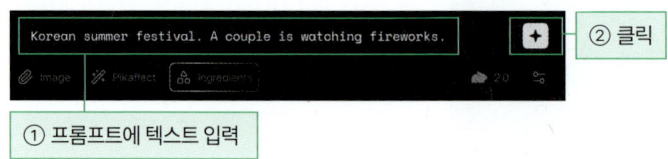

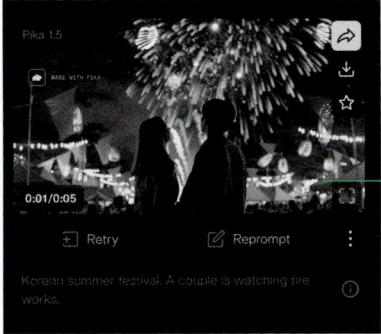

프롬프트는 영어로 입력합니다. 예제는 'Korean summer festival. A couple is watching fireworks.'라고 입력했습니다.

5초짜리 동영상이 생성되었습니다. 무료 버전은 동영상에 워터마크가 표시됩니다.

생성 시 편리한 기능

그림 9-6 편리한 기능

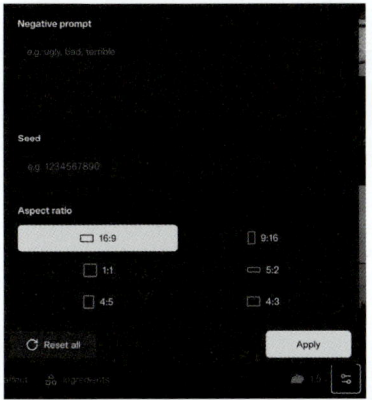

프롬프트 입력란 아래에 있는 [Advanced Options]를 클릭하면 화면 비율과 네거티브 프롬프트(생성 결과에서 제외하고 싶은 내용) 등을 설정할 수 있습니다.

동영상을 생성할 때 프롬프트와 함께 [Image]를 클릭하면 참고 이미지를 추가할 수 있습니다. 해당 이미지를 바탕으로 동영상을 작성할 수 있습니다.

chapter 09 놀라운 생성 결과, 동영상 AI의 세계

다양한 모델 선택 가능

피카는 2025년 1월 현재 세 가지 모델을 제공합니다. Pika 1.0 모델은 립싱크나 부분 변조 같은 기능을 이용할 수 있습니다. Pika 1.5는 1.0의 업그레이드 버전으로, 카메라 모션 등이 더 좋아져 영화 같은 수준의 영상을 만들 수 있습니다. Pika 2.0은 가장 최신 모델로 더욱 복잡한 프롬프트를 지원하고 등장 인물, 물건 등의 피사체를 원하는 대로 지정할 수 있습니다.

생성 결과물은 최신 모델일수록 더 좋지만, 비디오 편집이나 업스케일링 기능은 1.0 모델에서만 지원하므로 필요에 따라 골라서 이용하세요.

> **HINT**
>
> **유료 플랜 특징**
>
> 생성된 동영상에는 워터마크가 표시되는데 유료 플랜(스탠다드는 월 8달러, 프로는 월 35달러, 팬시는 월 95달러)에 가입하면 워터마크를 제거할 수 있습니다. 또한 계약 등급에 따라 생성할 수 있는 동영상 개수도 늘어납니다. 다만 프로 플랜 이상부터 상업적 이용이 가능합니다.

Section 096

빅테크가 개발 중인 동영상 생성 AI
Stability AI, OpenAI, Meta도 동영상 AI 연구 중

사용 AI 스테이블 디퓨전, 소라, 무비 젠

추천 포인트 스테이블 디퓨전을 개발하는 Stability.ai나 메타 등 빅테크도 동영상 생성 AI를 계속해서 발표하고 있습니다. 어떤 모습일지 잘 지켜봅시다.

스테이블 비디오 디퓨전

런웨이와 함께 동영상 생성형 AI 개발에 참여한 Stability AI는 2023년 11월에 스테이블 디퓨전을 바탕으로 동영상 생성 AI 스테이블 비디오 디퓨전(Stable Video Diffusion)을 발표했습니다.

Stability AI는 **해당 모델을 연구 목적으로만 사용한다고 밝히고 현재로는 로컬 환경을 구축해야만 이용할 수 있습니다.** 단, 향후 상업적 이용을 위해 사용자 피드백을 적극적으로 요청하고 있습니다.

그림 9-7 스테이블 비디오 디퓨전

데모 영상은 Astronaut walking on the moon(달 표면을 걷는 우주비행사) 프롬프트로 동영상을 생성하는 모습을 볼 수 있습니다.
https://stability.ai/news/stable-video-diffusion-open-ai-video-model

소라

2024년 2월에 OpenAI가 발표한 동영상 생성형 AI로 너무나 자연스럽게 도쿄 길거리를 걷는 여성이 등장하는 데모 영상이 화제를 불러일으켰습니다. 2024년 12월에 정식 서비스를 시작해서 챗GPT 플러스나 프로 사용자는 https://sora.com/에서 소라(Sora)를 이용할 수 있습니다. 프롬프트를 입력하기만 하면 최대 1080p 해상도에 20초 가량의 동영상을 만들 수 있습니다.

그림 9-8 소라 데모 영상

화제를 불러 일으켰던 소라 데모 영상
https://openai.com/index/sora/

소라 홈페이지에 접속하면 다양한 데모를 볼 수 있습니다.

무비 젠

대규모 언어 모델 LLaMA를 비롯해 다양한 AI 관련 분야에 투자와 연구를 이어가고 있는 메타도 동영상 생성형 AI를 개발에 힘을 쏟고 있습니다. 2024년 10월에 공개한 최신 성과가 무비 젠(Movie Gen)입니다. 최대 16초 길이의 동영상을 고품질 오디오와 함께 생성할 수 있다는 점이 특징입니다. 프롬프트를 입력해 동영상을 생성하는 기능뿐만 아니라 프롬프트를 통해 동영상의 배경, 등장 인물을 간단히 편집할 수 있는 기능도 있습니다. 아직 정식으로 공개되지 않았지만, 이후에는 메타의 소셜 미디어 플랫폼에서 활용될 예정이라고 합니다.

그림 9-9 무비 젠

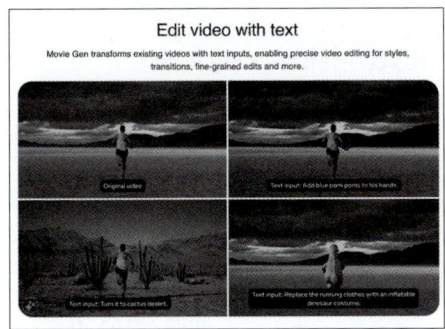

https://ai.meta.com/research/movie-gen/

Section 097

동영상 인트로를 만들 때 편리합니다
아바타를 이용해
내레이션 동영상 생성하기

사용 AI Elai.io(https://elai.io/)

추천 포인트 Elai.io는 비즈니스에 특화된 AI 동영상 생성 서비스입니다. 텍스트나 자료를 업로드하면 전문적인 고품질 비디오 콘텐츠를 제작할 수 있습니다.

Elai.io로 내레이션 원고에서 동영상 만들기

최근 비즈니스 세계에서도 상품 소개, 기업 연수, 고객용 FAQ 비디오처럼 동영상을 이용한 콘텐츠 관련 수요가 늘어나고 있습니다. 하지만 동영상 콘텐츠를 만드는 것은 카메라, 스튜디오 등 비용이 많이 들고 독자적인 기술도 필요하므로 자체 제작이 어렵습니다.

==Elai.io는 텍스트로 아바타(디지털 캐릭터)를 이용한 고품질 비디오 콘텐츠를 만들 수 있는 도구입니다. 다국어를 지원해 아이디어에 따라 충분히 비즈니스에 활용할 수 있습니다.== 무료로도 1분까지 동영상을 만들 수 있지만, 월 29달러 베이직 플랜을 이용하면 월 15분까지, 월 125달러 어드밴스드 플랜은 월 50분까지 동영상을 제작할 수 있습니다.

그림 9-10 Elai.io로 동영상 만들기

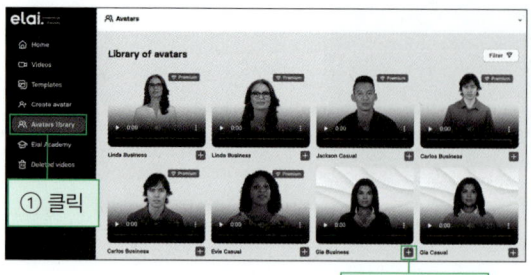

예제에서는 '안녕하세요, 유튜브 시청자 여러분! 저는 길벗입니다. 이 채널은 최신 AI 기술과 트렌드를 이야기합니다. AI와 머신러닝 진화는 놀라운 속도로 진행되고 있어서 그 최첨단 정보를 알기 쉽게 전달하는 것이 목표입니다.'라고 입력했습니다.

③ 내레이션 원고 입력

④ 목소리 종류 선택

▶를 클릭하면 예제 음성을 들을 수 있습니다.

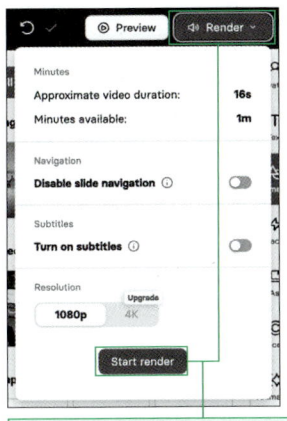

⑤ 화면 오른쪽 위의 [Render] → [Start render] 클릭

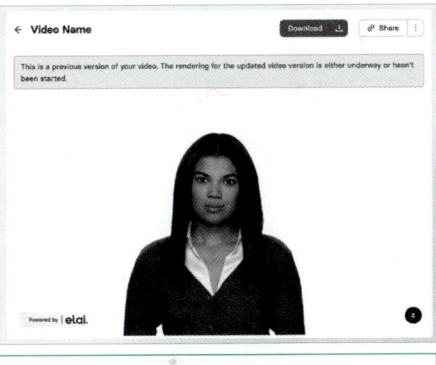

생성된 동영상은 이메일의 링크에서 확인할 수 있습니다. [Download] 버튼을 클릭해 내려받을 수 있고, 유료 플랜에 가입하면 워터마크도 제거할 수 있습니다.

HINT

유료로 아바타도 만들 수 있습니다

Elai.io는 스마트폰으로 촬영한 동영상을 바탕으로 나만의 아바타를 만들 수 있습니다. 요금은 연간 199달러인데 추가로 연간 200달러를 내면 자신의 목소리를 복제해 이용할 수 있습니다.

Section 098

기사 소개 동영상을 만드는 데 편리합니다
웹 기사를 요약해
동영상 만들기

사용 AI 픽토리(https://app.pictory.ai/)

 추천 포인트 픽토리(Pictory)는 Elai.io처럼 텍스트로 동영상을 생성할 수 있는 AI 서비스입니다. 웹 페이지 주소를 입력만 해도 동영상을 제작할 수 있는 기능을 살펴봅시다.

기사 URL만 입력해도 요약 동영상을 만들 수 있습니다

기업 입장에서 인터넷을 통한 이용자와의 커뮤니케이션이 요즘 점점 더 중요해지고 있습니다. 특히 최근에는 텍스트뿐만 아니라 동영상을 이용한 소통이 주목받고 있는데 제작 노하우가 없어 어려움을 겪는 분도 많을 것입니다.

픽토리를 이용하면 기사 URL만 입력해도 내용을 요약해서 동영상을 만들고 영어(자동 번역)나 한국어 자막도 작성할 수 있습니다. 무료로 이용할 수 있지만, 만들 수 있는 동영상은 3개, 자막은 15분까지로 제한됩니다.

구글 계정으로 간단히 가입할 수 있습니다.

그림 9-11 요약 영상 만들기

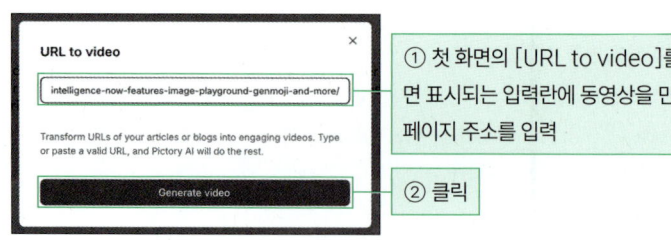

① 첫 화면의 [URL to video]를 클릭하면 표시되는 입력란에 동영상을 만들고 싶은 페이지 주소를 입력

② 클릭

몇 분만 기다리면 지정한 기사를 기반으로 한 동영상과 스크립트(자막 원고)가 자동으로 생성됩니다.

유료 플랜 정보

월 25달러의 스타터 플랜, 월 49달러의 프로페셔널 플랜 등이 있습니다. 다만 스타터 플랜은 영어, 프랑스어, 독일어, 스페인어, 포르투갈어, 이탈리아어, 네덜란드어 일곱 종류만 대응하므로 더 많은 언어 음성에 대응하려면 프로페셔널 플랜이 필요합니다.

③ 스크립트에서 수정하고 싶은 부분이 있으면 클릭해서 수정

④ 클릭

[▶ Preview video]를 클릭하면 생성 전에 미리보기를 확인할 수 있습니다.

⑥ [Download] → [Video]를 클릭하면 동영상 파일을 생성합니다.

⑤ 장면별로 스크립트를 클릭해 수정할 수 있습니다.

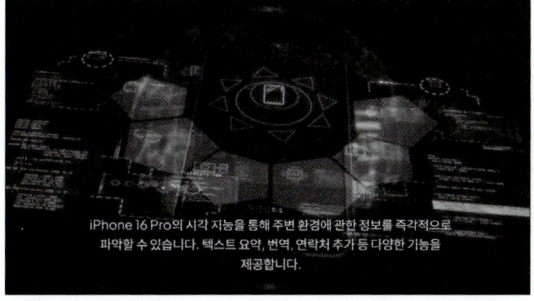

웹 기사 요약 동영상이 생성되었습니다. 배경 음악도 자동으로 추가됩니다.

Section 099

AI로 영상 크기를 두 배로 늘리기

기존 동영상의 해상도 올리기

사용 AI 캡컷(https://www.capcut.com/)[1]

추천 포인트 동영상 크기를 키우고 싶을 때 AI로 업스케일링할 수 있습니다. 처리하는 데 시간이 걸리지만, 영상 품질도 향상됩니다.

캡컷 동영상 업스케일러 이용하기

캡컷(CapCut)은 틱톡(TikTok)으로 유명한 중국 IT 기업 바이트댄스(ByteDance)가 제공하는 무료 동영상 편집 앱입니다. 주로 틱톡용 동영상 편집이 목적이라서 스마트폰 앱에 주력하지만, PC 앱도 다양한 기능이 있습니다.

이번에는 그중에서도 동영상 업스케일러를 써 보겠습니다. 동영상 업스케일러는 동영상 해상도를 두 배로 확대하는 도구입니다. 이 기능을 이용하면 1200×800픽셀의 동영상을 2400×1600픽셀로 바꿀 수 있습니다. 간단한 작업처럼 보일지도 모르겠지만 ==해상도 즉, 픽셀 개수가 두 배가 되는 것은 늘어난 만큼의 픽셀을 AI가 모두 생성==하는 것이므로 상당히 부담스러운 작업입니다.

업스케일링은 어도비 프리미어 프로(Adobe Premiere Pro)나 다빈치 리졸브(Davinci Resolve) 같은 고기능 동영상 편집 앱에서 표준으로 제공하는 기능이지만, **캡컷은 흔하지 않은 무료 앱**입니다.

---

1 역주 [083]은 스마트폰 앱이고, 여기는 웹 브라우저용 앱의 설명입니다. 제공하는 기능이 조금 다릅니다.

그림 9-12 캡컷으로 동영상 업스케일링하기

캡컷 계정은 구글 계정으로 만들 수 있습니다. 계정 생성 후에 로그인합니다.

① 메인 메뉴에서 [마법 도구] → [동영상 업스케일러]를 클릭

② 동영상을 업로드

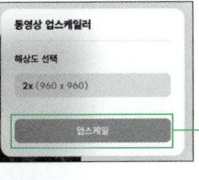

③ 클릭

동영상이 업스케일링됩니다.

업스케일링된 동영상은 화면 오른쪽 위에 있는 [내보내기]를 클릭해 내려받거나 틱톡을 비롯한 SNS에 공유할 수 있습니다.

> **HINT**
> **이 외에도 이용할 수 있는 AI 도구**
> 캡컷은 '배경 제거', 종횡비를 변경하는 '동영상 크기 조절', 흔들림을 줄여 주는 '동영상 손떨림 보정', '슈퍼 슬로 모션' 같은 AI를 활용한 이미지 및 동영상용 도구를 다양하게 제공합니다. 틱톡뿐만 아니라 다른 동영상을 만들 때도 활용할 수 있습니다.

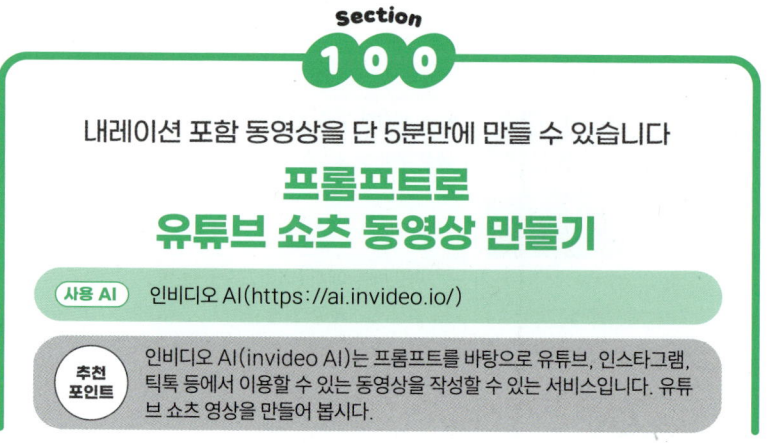

Section 100

내레이션 포함 동영상을 단 5분만에 만들 수 있습니다

프롬프트로
유튜브 쇼츠 동영상 만들기

사용 AI 인비디오 AI(https://ai.invideo.io/)

추천 포인트 인비디오 AI(invideo AI)는 프롬프트를 바탕으로 유튜브, 인스타그램, 틱톡 등에서 이용할 수 있는 동영상을 작성할 수 있는 서비스입니다. 유튜브 쇼츠 영상을 만들어 봅시다.

유튜브 쇼츠 동영상 간단히 만들기

스마트폰 카메라 보급과 고성능화 등의 요인으로 인스타그램의 스토리나 틱톡처럼 최근에는 세로형 동영상이 인기를 모으고 있습니다. 유튜브도 2021년 7월부터 유튜브 쇼츠(YouTube Shorts)에 세로형 동영상을 게시할 수 있게 되었습니다.

이번에는 **프롬프트로 스톡 사진을 이용해 매력적인 동영상을 만들 수 있는 생성형 AI 서비스 인비디오 AI를 이용하여 유튜브 쇼츠 동영상을 만들어 보겠습니다**. 최근에는 한국어도 지원해 더욱 편리하게 동영상을 만들 수 있습니다.

그림 9-13 쇼츠 영상 만들기

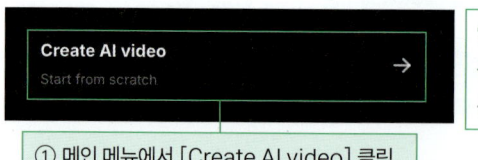

인비디오 AI 계정은 구글 계정, 애플 계정 등으로 만들 수 있습니다. 생성한 계정으로 로그인합니다.

① 메인 메뉴에서 [Create AI video] 클릭

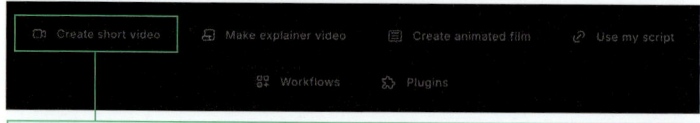

② [Create short video]를 클릭해 표시되는 창에 YouTube Shorts가 선택되어 있는지 확인

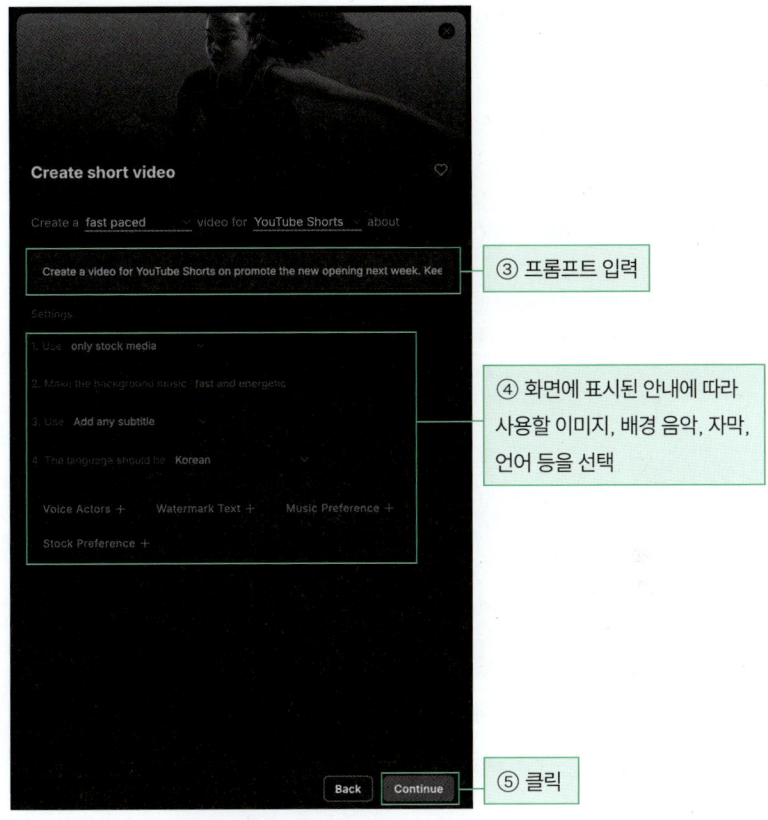

프롬프트 입력

Create a video for YouTube Shorts on promote the new opening next week. Keep the duration under 15 seconds.
Cafe's name is 'Sunshine'. place is near Seoul station and illustrate with relevant stock clips.

번역하면 다음과 같습니다. '다음 주 새로 오픈하는 가게를 홍보하는 유튜브 쇼츠 영상을 만들어주세요. 영상 길이는 15초 이내로 유지해 주세요. 카페 이름은 'Sunshine'이며, 위치는 서울역 근처입니다. 관련 스톡 클립을 활용해 주세요.'

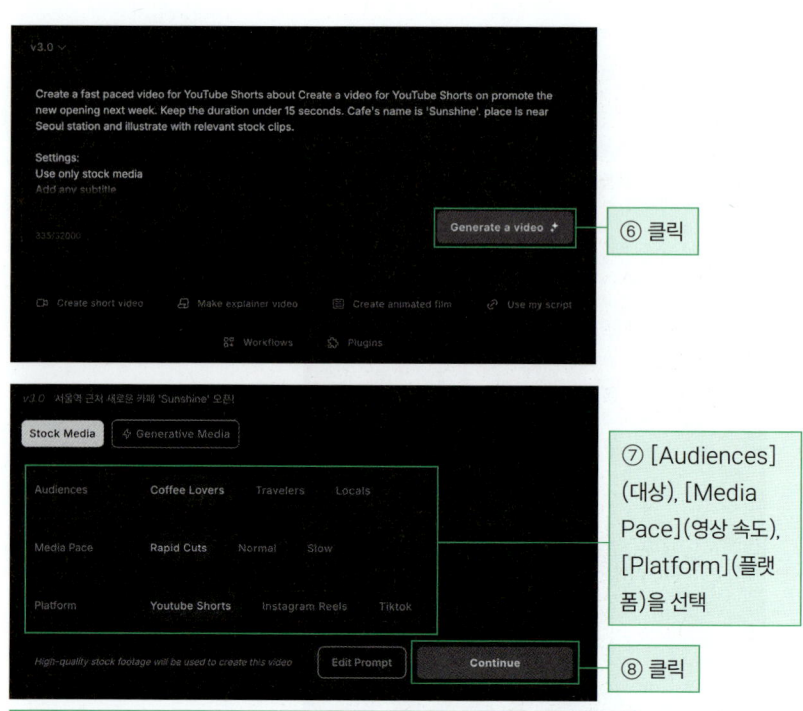

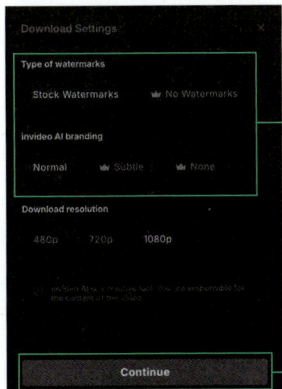

월 35달러부터 시작하는 유료 플랜에 가입하면 워터마크를 제거할 수 있습니다. 무료 플랜에서는 제거할 수 없으므로 [Stock Watermarks]와 [Normal]을 선택합니다.

⑩ 클릭해 동영상 내려받기

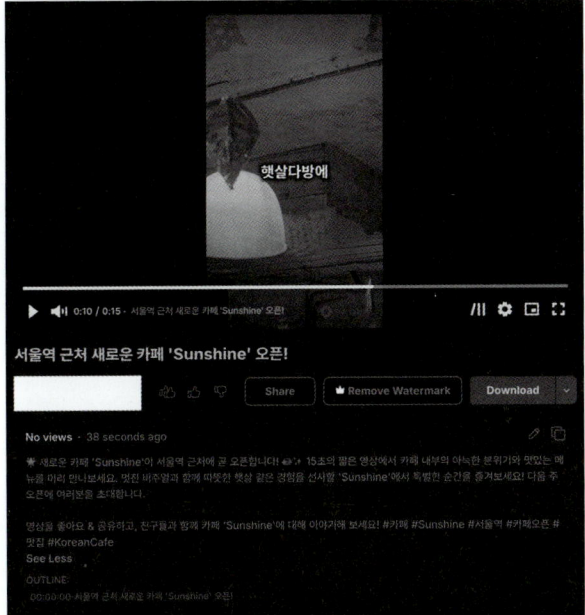

약 5분 만에 유튜브 쇼츠에 적합한 동영상이 만들어졌습니다.

찾아보기

Generative AI Encyclopedia

ㄱ

구글 번역 291
기계학습 25
깃허브 코파일럿 30

ㄴ

내 GPT 75
노션 AI 201

ㄷ

대규모 언어 모델 36
드림 스튜디오 305
딥러닝 25

ㄹ

런웨이 34

ㅁ

맞춤형 지침 50
머신러닝 25
명령 44
미드저니 32

ㅅ

샘 올트먼 77
생성형 AI 24
서치 랩 244
소라 34
스노 AI 33
스테이블 디퓨전 32
스테이블 오디오 33
스플라인 AI 35
심층학습 25

ㅇ

업스케일링 34
음성 모드 60
이미지 크리에이터 296

ㅈ

자연어 처리 26
저작권 325
제미나이 28
지시 31

ㅊ

채팅 이력 49
챗GPT 36
챗GPT 플러스 62

ㅋ

코파일럿 28
클로드 28
클로바노트 33

ㅌ

토큰 81
트랜스포머 26

ㅍ

프롬프트 44

ㅎ

환각 38

번호

4o Image Generation 73

A

AIR 214

C

Custom instructions 50

D

DALL-E 3 71
deep learning 25

G

GitHub Copilot 208
GPT-4o 172
GPU 26

H

hallucination 38
HTML 파일 115

I

Image Creator 296

J

JS 파일 115

L

LLM 36

M

machine learning 25
My GPTs 75

N

NLP 26

O

OpenAI 40

P

prompt 44

S

SGE 244
Smart Slides 138

T

token 81
Transformer model 26

V

VOICEVOX 33